Anforderungsbereich III (Reflexion und Problemlösung)
Er umfasst den kritischen und reflektierten Umgang mit neuen Problemstellungen, den eingesetzten Methoden und den gewonnenen Erkenntnissen. Ziel sind eigenständige Begründungen, Folgerungen, Deutungen und Wertungen.

beurteilen	den Stellenwert von Sachverhalten oder Prozessen in einem Zusammenhang ➧ *überprüfen*, um kriterienorientiert zu einem begründeten Sachurteil zu gelangen
entwickeln	zu einem Sachverhalt oder zu einer Problemstellung eine Einschätzung, ein konkretes Lösungsmodell, eine Gegenposition oder ein Lösungskonzept inhaltlich weiterführend und/oder zukunftsorientiert darlegen
erörtern	zu einer vorgegebenen Problemstellung eine reflektierte, abwägende Auseinandersetzung führen und zu einem begründeten Sach- und/oder Werturteil kommen
interpretieren	Sinnzusammenhänge aus Quellen erschließen und eine begründete Stellungnahme abgeben, die auf einer Analyse (➧ *analysieren*), Erläuterung (➧ *erläutern*) und Bewertung beruht
Stellung nehmen	Beurteilung (➧ *beurteilen*) mit zusätzlicher Reflexion individueller, sachbezogener und/oder politischer Wertmaßstäbe, die Pluralität gewährleisten und zu einem begründeten eigenen Werturteil führen
überprüfen	Inhalte, Sachverhalte, Vermutungen oder Hypothesen auf der Grundlage eigener Kenntnisse oder mithilfe zusätzlicher Materialien auf ihre sachliche Richtigkeit bzw. auf ihre innere Logik hin untersuchen

Übergreifende Aufgaben
Sie umfassen themen-, modul- oder semesterübergreifende Aufgaben auf der Grundlage der Anforderungsbereiche I bis III.

Kompetenter Umgang mit schriftlichen Quellen und wissenschaftlichen Texten

Eine schriftliche Quelle analysieren und interpretieren

- Klären Sie zunächst Ihnen unbekannte oder unklare Begriffe.
- Sammeln Sie Hinweise und Informationen über
  - den Autor: seine Funktion, seinen Beruf, seine soziale Stellung und Lebensumstände, seine politische Haltung, seinen Bezug zum Thema,
  - die Entstehungszeit der Quelle, die Einordnung in den historischen Kontext (Anlass, Umstände),
  - die Gattung der Quelle (Urkunde, Vertrag, Rede, Brief, Tagebuch, Flugblatt, Denkschrift, Biografie, Zeitungsartikel bzw. nachträglich verfasste Beschreibung eines Ereignisses oder einer Person, wissenschaftliche Arbeit etc.) und deren spezifische Kennzeichen sowie ihre begrifflichen und sprachlichen Besonderheiten,
  - die Intentionen (Absichten), die Perspektive der Darstellung, die Interessenlage und den Standort des Verfassers, seine Wertungen, Belege, Lücken, Glaubwürdigkeit und Urteilsfähigkeit,
  - die Adressaten des Textes (eventuelle Beeinflussungsversuche durch den Autor?).
- Erarbeiten Sie aus Ihren Notizen strukturiert und prägnant
  - die formalen Merkmale der Quelle, beschreiben Sie in eigenen Worten den Aufbau und Gang der Argumentation,
  - die inhaltlichen Aussagen, um das Verständnis zu klären, und belegen Sie Ihre erläuternden Aussagen mit wichtigen, markant formulierten Zitaten aus der Vorlage. Ziehen Sie ein Fazit.
- Prüfen Sie abschließend kritisch den Gehalt, nennen Sie erkannte Probleme. Ordnen Sie die Ergebnisse Ihrer Quellenanalyse in den historischen Kontext ein.

Mit wissenschaftlichen Texten arbeiten

- Bestimmen Sie nach dem ersten Lesen das Problem, um das es dem Autor geht, und seine Absicht.
- Gliedern Sie den Text. Unterstreichen Sie wichtige Aussagen. Beschränken Sie sich dabei weitgehend auf das Markieren einzelner Wörter (Schlüsselbegriffe). Fassen Sie in eigenen Worten die wesentlichen Aussagen zusammen. Zitieren Sie dabei kurze, besonders aussagestarke Textstellen und erläutern Sie diese. Formulieren Sie ein abstrahierendes Fazit ohne Wiederholungen.
- Prüfen Sie die Art der Darstellung: Überwiegen Thesen und Beispiele oder werden Argumente sorgfältig entwickelt? Was wird festgestellt? Was wird erklärt? Was will der Autor zeigen? Werden die Aussagen belegt? Ist die Darstellung multiperspektivisch? Wie wird gewertet? Welche Kriterien sind dem Autor dabei wichtig? Formulieren Sie Einwände gegen die Darstellung, falls es Ihnen notwendig erscheint.

***Tipp**: Hinweise zu Methoden des wissenschaftlichen Arbeitens finden Sie hinten im Buch.*

KRISE UND ENDE DER RÖMISCHEN REPUBLIK

KRISEN, UMBRÜCHE UND REVOLUTIONEN

Klaus Dieter Hein-Mooren und Stephan Kohser
unter Mitarbeit von Jana Bretschneider

BUCHNERS KOLLEG. THEMEN GESCHICHTE

Buchners Kolleg. Themen Geschichte

Krise und Ende der römischen Republik

Krisen, Umbrüche und Revolutionen

Klaus Dieter Hein-Mooren und Stephan Kohser
unter Mitarbeit von Jana Bretschneider

Dieses Werk folgt der reformierten Rechtschreibung und Zeichensetzung. Ausnahmen bilden Texte, bei denen künstlerische, philologische oder lizenzrechtliche Gründe einer Änderung entgegenstehen.

1. Auflage 1 3 2 1 2014 2013 2012
Die letzte Zahl bedeutet das Jahr dieses Druckes.
Alle Drucke dieser Auflage sind, weil untereinander unverändert, nebeneinander benutzbar.

www.ccbuchner.de

Herstellung: Artbox Grafik & Satz GmbH, Bremen
Druck: creo Druck & Medienservice GmbH, Bamberg
Bindearbeiten: Stürtz GmbH, Würzburg

ISBN 978-3-7661-7314-0

Inhalt

Liebe Schülerinnen und Schüler,

mit dem vorliegenden Band für das erste Halbjahr der Jahrgangsstufe 11 können Sie sich auf das Zentralabitur 2014 vorbereiten. Für den Unterricht sind das **Pflichtmodul** „Krise und Ende der römischen Republik" und das **Kern-** sowie ein **Wahlmodul** (z. B. „Die Französische Revolution und ihre Wirkung") verbindlich.
Das Kernmodul dient der Vernetzung der Themen. Wir haben es in Form von drei **Theorie-Bausteinen** aufgearbeitet („Krise", „Revolution" und „Modernisierung"). Die Theorie-Bausteine müssen nicht am Schluss der jeweiligen Großkapitel behandelt werden, sondern können jederzeit in die Arbeit am Pflicht- oder Wahlmodulthema einbezogen werden. Querverweise und Arbeitsvorschläge liefern Ihnen dazu Anregungen.
Im Kapitel zur „**Geschichts- und Erinnerungskultur**" sprechen wir Themen an, die Sie vor allem im vierten Semester bearbeiten werden. Als Beispiel wurde der 14. Juli 1789 gewählt, der Tag, an dem die Bastille in Paris gestürmt wurde.
Im Zentrum Ihres Geschichtsunterrichts wird die Arbeit mit historischen Quellen und Darstellungen stehen. Hilfreiche Tipps dazu finden Sie vorne und hinten im Buch. Darüber hinaus stellen wir Ihnen in **Methoden-Bausteinen** bestimmte historische Arbeitstechniken exemplarisch vor. Sie vermitteln Kompetenzen, die nicht nur für die Arbeit mit diesem Buch nützlich sind, sondern Ihnen auch bei der Beschäftigung mit anderen Epochen und Themen helfen können.
Unsere **Aufgabenvorschläge** verwenden die „Operatoren" des Zentralabiturs, also Verben zu genau definierten Arbeitsweisen. Sie sind in drei Anforderungsbereiche unterteilt. Dazu haben wir auch einige themen- und modulübergreifende Aufgaben gestellt. Denn „jede Abituraufgabe erwächst aus einem der Schulhalbjahre und den daraus gesetzten Pflicht- und Kernmodulen und nimmt darüber hinaus auf weitere Schulhalbjahre Bezug" (*Allgemeine Hinweise zur schriftlichen Abiturprüfung 2014*). Zur besseren Orientierung haben wir die verschiedenen Aufgabenformate farblich unterschiedlich markiert (siehe die Angaben vorne im Buch).

Wir wünschen Ihnen Spaß und viel Erfolg bei der Arbeit mit diesem Buch!

Krise und Ende der römischen Republik

Die gesellschaftliche und politische Ordnung der Republik

11. Jh. v. Chr.
Erste Siedlungsspuren im Bereich der Hügel am Tiber sind für den Zeitraum nachweisbar.

753 v. Chr.
Rom wird der Sage nach gegründet.

um 500 v. Chr.
Die Herrschaft der etruskischen Könige endet. Rom wird Republik.

seit Ende des 5. Jh. v. Chr.
Die Plebejer fordern politische und gesellschaftliche Gleichberechtigung. Die Auseinandersetzungen zwischen Plebejern und Patriziern („Ständekämpfe“) ziehen sich mehr als zwei Jahrhunderte hin.

▶ **Der „Volksredner“ (Arringatore).**
1,85 m hohe Ehrenstatue aus Bronze, um 80 v. Chr.
Der Mann trägt eine Toga mit eingewebten Streifen auf dem Saum und an der linken Hand einen Siegelring. Beides kennzeichnet ihn als Patrizier. Die Toga durften nur freie Bürger tragen.

- *Erklären Sie, warum die Statue als „Arringatore“ bezeichnet wird.*

Von der Monarchie zur Republik

Mit seiner rund tausendjährigen Geschichte prägt das Römische Reich bis heute die Kultur Europas. Den Ausgangspunkt dieses Weltreiches bildete eine kleine Siedlung, die an einer strategisch günstigen Stelle entstand. Durch ihre Hügellage war sie leicht zu verteidigen und besaß mit dem Tiber eine direkte Verbindung zum Meer. Archäologen haben im Bereich der Hügel am Tiber Spuren einer ersten Ansiedlung aus dem 11. Jahrhundert v. Chr. gefunden. Könige aus dem Volk der *Etrusker* fassten in der ersten Hälfte des 6. Jahrhunderts v. Chr. den losen Siedlungsverband zu einem Stadtstaat zusammen und gaben ihm mit der Anlage des *Forums* als Markt und Versammlungsplatz einen religiösen, politischen und wirtschaftlichen Mittelpunkt. Tempel, Häuser aus Stein und die erste Kanalisation wurden errichtet und die Stadt mit einer Mauer umgeben. Das von der römischen Geschichtsschreibung überlieferte Datum 21. April 753 v. Chr. mit dem Gründerkönig *Romulus* gehört demnach ins Reich der Legenden.[1]

Eine entscheidende Rolle bei der schrittweisen Entmachtung der etruskischen Könige spielte der einflussreiche Adel. Er vertrieb 509 v. Chr. den letzten etruskischen König, übernahm selbst die „öffentlichen Angelegenheiten" (*res publicae*) und gründete eine *Republik*. Sie lässt sich allerdings nicht mit einer freiheitlich-demokratischen Republik im modernen Sinne vergleichen, sondern ist zutreffender als *Aristokratie*[2] zu bezeichnen.

Der kleine Stadtstaat führte in den folgenden Jahrhunderten ständig Kriege. Er schloss Bündnisse, bestritt siegreiche Feldzüge und verkraftete militärische Niederlagen. Im Jahr 272 v. Chr. hatte Rom die Vorherrschaft über ganz Mittel- und Süditalien erlangt. Danach begann der Aufstieg zu einer den Mittelmeerraum beherrschenden Weltmacht.[3] Die außenpolitischen Erfolge verhalfen der Republik zu hohem Ansehen, stürzten sie aber später in mehrere Krisen,[4] da das neue Weltreich nicht mit den Institutionen des alten Stadtstaates zu regieren war (➧ M1).

Lesetipps

- *Martin Jehne, Die römische Republik: Von der Gründung bis Caesar, München 2006*
- *Rom. Die Geschichte der Republik 500 v. Chr. bis 27 v. Chr., Hamburg 2011 (Geo Epoche, Nr. 50)*

Grundlagen der römischen Gesellschaft

Die römische Gesellschaft setzte sich aus einer kleinen aristokratischen Elite, den *Patriziern* (lat. *patres*: die Väter), und einer wesentlich größeren Gruppe römischer Bürger, den *Plebejern* (lat. *plebs*: die Menge), zusammen.

Das Patriziat bestand aus den Oberhäuptern der reichen grundbesitzenden Familien, den *patres familias*. Zur römischen „familia" gehörten nicht nur Eltern und Kinder, sondern alle Generationen einer Familie mit Sklaven und Freigelassenen. Der *pater familias* besaß aufgrund seines Alters und seines Ansehens die Entscheidungsgewalt über alle Familienmitglieder und durfte über das Vermögen verfügen. Alle patrizischen Familien, die sich auf einen gemeinsamen Stammvater berufen konnten, bildeten eine *gens*[5].

Die Plebejer unterstanden nicht den Patriziern. Sie waren zwar persönlich frei, besaßen anfangs aber keine politischen Mitbestimmungsrechte. Viele von ihnen betätigten sich als Kleinbauern. Die Erträge, die ihre kleinen Landstücke abwarfen, reichten aber meistens nur aus, um die eigenen Familien zu versorgen. Missernten, Kriege oder Krankheiten konnten schnell zu einer existenziellen Gefahr werden. Selbst Plebejer, die in Rom und

---

1) *Das „sagenhafte" Gründungsjahr Roms wurde vom römischen Geschichtsschreiber Marcus Terentius Varro (116–27. v. Chr.) überliefert.*
2) ***Aristokratie** („Regierung der Besten"): Adelsherrschaft*
3) *Zur territorialen Expansion des Römischen Reiches siehe Seite 24 f.*
4) *Siehe zum Krisen-Begriff den Theorie-Baustein auf Seite 86 f.*
5) ***gens** (lat.): Geschlecht, Sippenverband*

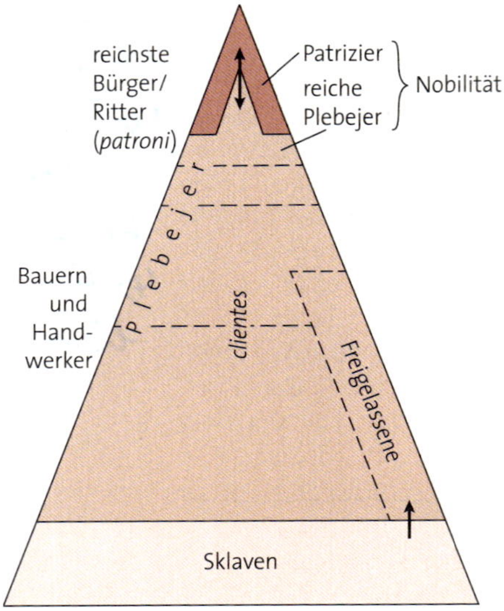

◀ **Die sozialen Verhältnisse in der Republik.**
Nach: Louis de Blois und Robert J. van der Spek, Einführung in die Alte Welt, Stuttgart 1994, S. 127 (leicht verändert)

- *Erklären Sie anhand des Schaubildes die Beziehungen zwischen den Bevölkerungsgruppen der römischen Gesellschaft. Gehen Sie dabei auf die Mengen- und möglichen Machtverhältnisse zwischen den einzelnen Gruppen ein.*
- *Setzen Sie das Schaubild in Beziehung zu M4 (siehe Seite 17f.) und prüfen Sie, inwieweit sich die von Ihnen erarbeiteten Machtverhältnisse (erste Arbeitsfrage) dort wiederfinden.*
- *Arbeiten Sie den Durchlässigkeitsgrad der Gesellschaft heraus.*

den umliegenden Städten lebten, waren in einer ähnlich misslichen Lage. Als Kleinhändler, Handwerker und Tagelöhner konnten sie von ihrem Verdienst gerade so überleben. Da sich das Patriziat streng abkapselte, wurden selbst von außen zuziehende Adelsfamilien, von wenigen Ausnahmen abgesehen, den Plebejern zugerechnet.

Sklaven gehörten nicht zu den römischen Bürgern. Sie waren meist Kriegsgefangene und galten rechtlich nicht als Person, sondern als Sache. Einige arbeiteten für ihre Besitzer im Bergbau oder auf Feldern. Bessergestellte Sklaven verrichteten Tätigkeiten als Köche, Handwerker, Ärzte und Lehrer. Das römische Bürgerrecht erwarben sie erst bei ihrer Freilassung. Sie standen dann allerdings immer noch auf der niedrigsten sozialen Stufe der Bürgerschaft, blieben ihren Herren durch Dienstleistungen verpflichtet und hatten ihnen Gehorsam zu leisten.

Treue und Vertrauen

Mittellose römische Bauern und Handwerker, aber auch freigelassene Sklaven unterstellten sich als *Klienten* (lat. *clientes*: Schutzbefohlene) dem Schutz eines gesellschaftlich höherstehenden und materiell bessergestellten *Patrons* (lat. *patronus*: Schutzherr). Unter dem *Klientelwesen* verstand man ein Treueverhältnis auf Gegenseitigkeit (➧ M2). Der Patron schützte seine Klienten vor sozialer Not, vertrat sie vor Gericht und in der Politik. Dagegen verpflichteten sich die Klienten, den Patron bei seinen Geschäften zu unterstützen. Bewarb sich der Patron beispielsweise um ein politisches Amt, unterstützten die Klienten tatkräftig seinen Wahlkampf und stimmten auch in den Volksversammlungen[1)] im Sinne ihres Schutzherrn ab. Patrone übernahmen sogar den Schutz für ganze ländliche und städtische Gemeinden, hing doch ihre Bedeutung von der Zahl ihrer Klienten ab.

Ein moralisches Vorbild

Für das Leben in der Familie und für die Erziehung der Kinder waren stets die „Sitten der Vorfahren" (lat. *mos maiorum*) maßgeblich. Der ideale Bürger verhielt sich gerecht, führte ein einfaches Leben, verehrte die Götter und diente in der Armee. Er stärkte auf diese Weise den Staat nach innen und außen (➧ M3). Durch das ständige und demonstrative Zurschaustellen der Leistungen der Vorfahren sowie der eigenen Erfolge (Ämter, Eroberungen, Zahl der Klien-

---

1) *Zu den Volksversammlungen siehe ausführlich Seite 12f.*

um 494 v. Chr.	Das Volkstribunat wird eingerichtet.
vor 450 v. Chr.	Die Plebejer werden an der Wahl der Heerführer beteiligt.
um 450 v. Chr.	Erstmals werden Gesetze, die für Patrizier und Plebejer gelten, aufgezeichnet und veröffentlicht (Zwölftafelgesetzgebung).
445 v. Chr.	Patrizier und Plebejer dürfen heiraten.
367 v. Chr.	Reiche Plebejer können in das höchste Verwaltungsamt (Konsulat) gewählt werden.
326 v. Chr.	Die Schuldknechtschaft wird aufgehoben, d.h. kein Römer kann wegen Überschuldung versklavt werden.
287 v. Chr.	Die von der plebejischen Volksversammlung gefassten Beschlüsse (*plebiscita*) haben Gesetzeskraft für das ganze römische Volk (*lex Hortensia*).

▲ **Die Plebejer kämpfen um politische und gesellschaftliche Gleichberechtigung.**
Nach der Überlieferung sollen die Plebejer 494 v. Chr. Rom verlassen haben und auf den Hügel Aventin, ein religiöses Zentrum der Plebejer, gezogen sein, um ihren Forderungen nach Gleichstellung mit den Patriziern Nachdruck zu verleihen. Ein solcher Auszug gefährdete die Sicherheit und den Wohlstand Roms, benötigten die Patrizier doch die Plebejer als Soldaten und Arbeitskräfte. Der erste Erfolg nach diesem „Generalstreik" war die Einführung des Volkstribunats.

ten und Sklaven) erwarb er Ansehen (*dignitas*). Die dignitas allein legitimierte die Teilhabe an den öffentlichen Angelegenheiten im Staat und war die Voraussetzung für jede politische Karriere. Dadurch entstand ein ständiger Konkurrenzkampf um Erfolge und Ansehen zwischen den ehrgeizigen Männern der römischen Führungsschicht.

Die traditionellen Führungsschichten

Der politische und soziale Gegensatz zwischen der kleinen Schicht des großgrundbesitzenden Adels und der großen Menge der Plebejer führte zu Auseinandersetzungen, die sich mehr als zwei Jahrhunderte hinzogen (*Ständekämpfe*). In deren Verlauf konnten die Plebejer eine fast vollständige Gleichstellung mit den Patriziern erreichen.
Trotz dieser Erfolge gelang nur wenigen reichen Plebejern der Sprung in leitende politische Funktionen. Diejenigen, die es schafften, bildeten zusammen mit den Patriziern eine neue politische Elite: die *Nobilität* (lat. *nobilitas*: die Namhaften). Sie stand an der Spitze der Gesellschaft und lenkte die Geschicke Roms. Die Autorität dieser adligen Führungsschicht beruhte endgültig nicht mehr auf dem Vorrecht der Geburt, sondern auf der Machtstellung, die sie durch die Bekleidung der hohen Staatsämter innehatte.
Sie schloss sich im Laufe der Zeit immer stärker gegen aufstrebende Konkurrenten ab. Diese „neuen Männer" (*homines novi*) besaßen keine Vorfahren aus der Nobilität und mussten außerordentliche Fähigkeiten vorweisen, um überhaupt in ein hohes Amt gewählt zu werden (▶ M4). Nur reiche und angesehene, oft mit adligen Familien verwandte, römische Bürger besaßen die Voraussetzung, diesen Karrieresprung zu vollziehen. Aufgrund ihres Vermögens konnten sich diese Bürger im Kriegsfall ein Pferd und die entsprechend teuren Waffen leisten. Daher erhielten sie den Namen *Ritter* (*equites*). Ein Teil von ihnen wartete auf die Gelegenheit, in ein hohes Amt und in die Nobilität aufgenommen zu werden. Andere waren Großkaufleute, Großunternehmer, Bankiers, Reeder oder Gutsbesitzer und hielten sich von der aktiven Politik fern. Die Ritter verfügten über eine ansehnliche Zahl von Klienten und hatten aufgrund ihres Reichtums beträchtlichen wirtschaftlichen und politischen Einfluss.

▲ **Der Senat tagt.**
Fresko von Cesare Maccari im Palazzo Madama in Rom (Sitz des italienischen Senats), 1888. Konsul Cicero (106–43 v. Chr.) klagt den aus einer alten Patrizierfamilie stammenden Catilina (um 108–62 v. Chr.) an.

- *Erklären Sie, auf welches historische Ereignis der Maler Bezug nimmt. Dazu können Sie auch Lexika oder geeignete Internetseiten heranziehen.*
- *Analysieren Sie, welche Aussageabsichten und Geschichtsdeutungen des Malers in dem Gemälde deutlich werden.*

Der Senat

Drei politische Einrichtungen prägten das „Gemeinwesen": der Senat, die Magistrate und die Volksversammlungen. Die eigentliche Regierung Roms war der *Senat* (*senatus*). Ihm gehörten in der frühen Republik 300 ehemalige Magistrate auf Lebenszeit an. Die Senatssitzungen fanden im Normalfall zweimal im Monat bei geöffneten Türen statt. Die Konsuln oder die Prätoren saßen dem Senat vor, jedoch hatten auch die Volkstribune das Recht dazu. Die Senatoren berieten und kommentieren vorgelegte Berichte und Anträge, versahen sie mit Zusätzen, änderten Anträge ab oder formulierten sie neu. Die Reihenfolge der Redner richtete sich nach dem Alter und den bisherigen Ämtern. Die einflussreichsten Angehörigen der Nobilität waren in der Regel die einzigen, die zu allen Punkten sprachen und sie diskutierten. Stimmte die Senatsmehrheit einer Meinung zu, wurde daraus ein Senatsbeschluss, der eine verbindliche Empfehlung darstellte.
Der Senat besetzte die Geschworenengerichte und bestimmte die Steuersätze für die Bürger und die Gebiete unter direkter römischer Herrschaft (*Provinzen*). Er empfing ausländische Gesandtschaften, verhandelte mit ihnen und schloss Verträge mit fremden Staaten. Das Gremium befahl, wie viele Truppen im Kriegsfall ausgehoben und eingesetzt werden sollten. Es ernannte ferner die Oberkommandierenden und gewährte einen Triumph für den siegreichen Feldherrn. Schließlich konnte der Senat in Krisensituationen den Staatsnotstand erklären und den Konsul beauftragen, mit allen Mitteln die Sicherheit wiederherzustellen.

Das römische Beamtentum

Fundament des Staates bildete die Beamtenschaft (*Magistrate*). Die Ämter waren bis in die Kaiserzeit unbesoldet, sodass sich nur wohlhabende Bürger zur Wahl stellen konnten. Als wichtigste Wahlrechtsprinzipien galten *Annuität* und *Kollegialität*. Annuität bedeutete die Begrenzung der Amtszeit auf ein Jahr. Der Grundsatz der Kollegialität sah für jedes Amt mindestens zwei gleichberechtigte Beamte vor, die sich gegenseitig kontrollierten. Dabei konnte der eine Beamte die Amtshandlung seines Kollegen unterbinden (*Interzessionsrecht*).
Die ranghöchsten Beamten waren die *Konsuln*. Als Träger des *Imperiums*[1] besaßen sie die uneingeschränkte zivile und militärische Macht. Sie beriefen und leiteten Volksversammlungen und Senatssitzungen und hatten für die Durchführung der Gesetze Sorge zu tragen. Gleichrangig dazu war ihr weiterer Aufgabenbereich als Heerführer im Kriegsfall.
Verließen die beiden Konsuln die Stadt, wurden sie von *Prätoren* (zwei, ab 241 v. Chr. vier, seit 80 v. Chr. acht) vertreten. Sie überwachten die Rechtsprechung und erhielten ab dem späten dritten Jahrhundert v. Chr. auch Provinzen zugewiesen. Die kurze Amtsdauer von einem Jahr reichte häufig nicht aus, um alle Aufgaben im wachsenden römischen Herrschaftsgebiet zu bewältigen. Der Senat konnte daher bei Bedarf die Amtszeit verlängern. Den Konsuln und Prätoren war es dann als *Prokonsuln* und *Proprätoren* möglich, laufende Feldzüge zu beenden oder die Provinzialverwaltung für längere Zeit zu übernehmen.
Den vier *Ädilen* wurde die Aufsicht über die Staatstempel und die Sorge für die öffentliche Ordnung anvertraut. Sie prüften Preise, Maße und Gewichte. Außerdem waren sie für die Lebensmittelversorgung zuständig und organisierten Spiele und Feste in Rom. Den untersten Rang in der Beamtenlaufbahn nahmen die *Quästoren* (anfangs zwei, ab 421 v. Chr. vier, ab 267 v. Chr. acht und seit 80 v. Chr. 20) ein. Sie verwalteten die Staatskassen in Rom, bei den Heeren und an anderen Orten.
Die hohen Staatsämter konnten nur in einer bestimmten Reihenfolge (*cursus honorum*) und mit einem festgesetzten Mindestalter übernommen werden. Der Weg zum Konsu-lat, das frühestens mit 43 Jahren bekleidet werden durfte, führte zunächst über das Amt eines Quästors (ab 30 Jahre), dann eines Prätors (ab 40 Jahre). In der Regel konnte man sich erst nach zehn Jahren zum zweiten Mal um das Konsulat bewerben.

▲ **Liktor.**
11,6 cm hohe vergoldete Bronzefigur, 1. Jh. n. Chr.
Die hohen Amtsinhaber (Magistrate) wurden in der Öffentlichkeit von Liktoren (Amtsdienern) begleitet. Als Zeichen ihres Amtes und ihrer Macht trugen sie Rutenbündel (lat. fasces), die aus Ulmen- oder Birkenzweigen bestanden.

1) **imperium** *(lat.): Handlungsvollmacht, absolute und umfassende Amtsgewalt*

„Sonderämter"

Wenn beide Konsuln beispielsweise auf einem Feldzug umkamen, konnte der Senat einen *Zwischenkönig* (*interrex*) berufen, der umgehend die Wahl der Nachfolger leitete. Drohte Gefahr für den Staat, durfte der Konsul im Auftrag des Senats für sechs Monate einen *Diktator* ernennen. Dieser besaß unbeschränkte Vollmachten und konnte nach eigenem Ermessen alle Maßnahmen treffen, um den Notstand zu beseitigen. Der Diktator ernannte bei seinem Amtsantritt einen Reiteroberst als seinen Vertreter bei Abwesenheit. Der Reiterführer war die rechte Hand des Diktators und der nächsthöhere Beamte. Er war außerdem berechtigt, ähnlich wie ein Prätor, Truppen anzuführen.
Ein ebenso aus dem Rahmen herausfallendes Amt war die *Zensur*. Die beiden *Zensoren* zählten das Volk und teilten es in Vermögensklassen ein. Sie veranlassten größere Bauprojekte und schlossen Verträge für die Versorgung der Heere. Ihre wichtigste Aufgabe war die Erstellung der Senatsliste. Darauf befanden sich zunächst alle ehemaligen Magistrate. Gab es darüber hinaus noch freie Plätze, ergänzten die Zensoren die Liste mit würdigen Mitgliedern, z.B. aus dem Ritterstand. Die Wahl der Zensoren erfolgte alle fünf Jahre für 18 Monate. Das Zensorenamt galt in Rom als das ehrenvollste und angesehenste, weshalb man es nur besonders vertrauenswürdigen Personen, meist ehemaligen Konsuln, überließ.

Das Volkstribunat

Die ungleiche Machtverteilung zwischen den Plebejern und den Patriziern hatte in der frühen Republik zu den Ständekämpfen geführt. Das Amt der *Volkstribune* war u.a. ein Ergebnis des plebejischen Widerstandes gegen patrizische Willkür (➧ M5). Seit 450 v. Chr. gab es zehn jährlich gewählte Volkstribune. Sie sollten Leben und Vermögen der Plebejer schützen und waren in ihrem Amt unverletzlich (*sakrosankt*).
Die Volkstribune leiteten die *Volksversammlung der Plebejer* (*concilium plebis*). Dort konnten sie Gesetzesentwürfe zur Abstimmung vorlegen. Seit 287 v. Chr. wurden die meisten Gesetze durch diese Volksversammlung verabschiedet, da sie am unkompliziertesten einzuberufen war. Durch ein *Vetorecht* (lat. *veto*: ich verbiete) war es den Volkstribunen möglich, Amtshandlungen der Magistrate und jeden Senatsbeschluss zu verhindern. Das Volkstribunat stellte damit ein wirksames Gegengewicht zur Macht der führenden Schicht dar. Im Laufe der Zeit entwickelte es sich allerdings zu einem „ordentlichen" Amt, das von Vertretern der Nobilität besetzt wurde.

Die Volksversammlungen

Neben dem Senat und den Magistraten stellten die Volksversammlungen die dritte Macht in der römischen Republik dar (➧ M6). Zur *Volksversammlung* (*comitia*) waren alle wehrfähigen Männer Roms zugelassen. Frauen, Fremde ohne Bürgerrechte und Sklaven blieben davon ausgeschlossen. Die römische Republik besaß mehrere Formen der Volksversammlungen, die auf unterschiedlichen Zuordnungskriterien basierten. Es gab das gentilizische[1] Ordnungsprinzip der Kuriatsversammlungen, das timokratische[2] der Zenturiatsversammlungen und das territoriale der Tributversammlungen.

---

1) ***gentilizisch***: *aus Geschlechtern bzw. Familien bestehend*
2) ***time*** *(griech.): das Vermögen*

Die *Kuriatsversammlung* (*comitia curiata*) war die Versammlungsform der Königszeit, bei der die gentes Roms in 30 Kurien zusammengetreten waren, je zehn aus den drei Stadtbezirken (*tribus*). Selbst noch in republikanischer Zeit behielten sie das Recht, die Amtsgewalt der höheren Beamten zu bestätigen.

▲ **Stimmabgabe bei einer Volksversammlung.** *Münze von 113/122 v. Chr. Das aufgeprägte Wort nennt den Münzmeister.*

In den ersten Jahren der Auseinandersetzung zwischen Patriziern und Plebejern wurde die Heeresversammlung, auch *Zenturiatsversammlung* (*comitia centuriata*), als neue Volksversammlung eingerichtet. Im Gegensatz zu den Kuriatsversammlungen besaßen die Plebejer hier Stimmrecht. Allerdings wurden die römischen Bürger entsprechend ihrem Besitz fünf Vermögensklassen zugeordnet und dann auf 193 Abstimmungseinheiten, die Zenturien, aufgeteilt. Jede dieser Einheiten entschied nach dem Mehrheitsprinzip, wie sie sich zu einem Antrag verhielt. Die Zenturie besaß bei der eigentlichen Abstimmung eine Stimme. Die Ritter und Mitglieder der Nobilität besetzten aufgrund ihres großen Vermögens die Mehrheit der Zenturien und hatten damit das stärkste Gewicht an Stimmen. Die Zenturiatsversammlung stimmte über Gesetze ab, wählte die Konsuln, die Prätoren und die Zensoren, hatte zudem die Entscheidungsgewalt über Krieg und Frieden und kontrollierte die Strafgerichtsbarkeit.

Die Volksversammlung fand am häufigsten in Form der *Tributversammlungen* (*comitia tributa*) statt. Sie wählten die Ädile und Quästoren. In der comitia tributa waren die Bürger innerhalb der 35 Wohnbezirke, in die das römische Staatsgebiet eingeteilt war, stimmberechtigt. In die Bürgerlisten der vier Stadttribus wurde nahezu die gesamte ärmere Bevölkerung eingeschrieben, während die 31 Landtribus, und damit 31 Stimmen, dem zahlenmäßig viel kleineren Besitzbürgertum vorbehalten blieben, sodass hier die Proletarier[1)] benachteiligt waren.

Von sich aus durfte das Volk nicht aktiv werden. Allein der leitende Beamte war befugt, Anträge zu stellen oder Kandidaten zur Wahl zu präsentieren. Bei Abstimmungen oder Wahlen konnte das Volk nur zustimmen oder ablehnen. War der Magistrat mit dem Ergebnis der Abstimmung nicht zufrieden, musste er es nicht verkünden. Er hatte das Recht, den Abstimmungsvorgang beliebig oft wiederholen zu lassen.

1) **Proletarier** *(lat. proles): die Nachkommen; Proletarier waren also diejenigen, die als einzigen Besitz ihre Nachkommen hatten.*

M1

„Die Gesellschaft bricht in Stücke"

Im Interview mit dem Nachrichtenmagazin „Der Spiegel" am 6. Oktober 1997 äußert sich der Historiker Christian Meier über die Krise der römischen Republik:

SPIEGEL: Sie haben in einem Aufsatz [...] einen Vergleich hergestellt zwischen den Verhältnissen in der Bundesrepublik von heute und in der späten römischen Republik. Damals brach eine Oligarchie[1] zusammen, die ziemlich geringe Ähnlichkeiten mit einer parlamentarischen Demokratie hatte. Ist dieser Vergleich nicht etwas gewagt?

Meier: Natürlich. Aber dass da ähnliche Gefahren lauern, meine ich schon. Wir alle wollen, genauso wie es die Römer wollten, unsere Ordnung bewahren. Und doch geschah damals alles Mögliche, was diese Bewahrung faktisch unmöglich machte. Die Römer haben einen Prozess vorangetrieben, ohne ihn zu wollen, haben die Republik vernichtet, ohne sie zu verneinen.

SPIEGEL: Mit welchen Mitteln?

Meier: Die Republik stand vor dem Problem, dass sie ein Weltreich beherrschen musste. Es wurden immer mehr Kriege geführt [...]. Also wurden Berufsarmeen aufgebaut, deren Feldherren eine politische Macht darstellten, die der Senat nicht mehr eindämmen konnte. Allgemein gesagt: Die Krise brauchte neue Kräfte, die sich der Republik nicht einfach einordnen konnten. Obwohl sie es wollten. Und in den darob entbrennenden Kämpfen wurden diese Kräfte stärker, ohne dass das einer gewollt hätte. Zugleich wurden die republikanischen Institutionen aufgerieben. [...]

SPIEGEL: Ganz so dramatisch sind die Verhältnisse heute nicht.

Meier: Nein, dramatisch sind sie überhaupt nicht. Aber man darf doch fragen, ob wir nicht auch heute Kräfte entwickeln, die die Institutionen schwächen und bedrohen, und ob sich nicht auch heute Resignation, dieses Gift für eine Demokratie, allzu breitmacht. Unsere Herausforderung ist heute das Weltreich des Kapitals, die Globalisierung. Und das bringt einen kleinen Teil der Deutschen dazu, vor allem die Wirtschaftskapitäne, der Wirtschaft im eigenen Lande nur noch bedingt zu dienen. In Deutschland werden zwar noch Güter produziert, aber keine Arbeitsplätze. Mit dem Steigen der Aktien steigt auch die Arbeitslosigkeit. Damit bricht diese Gesellschaft in Stücke, es bleiben zu viele Opfer auf der Strecke. [...]

SPIEGEL: Politische Konzepte werden heute wohl stärker denn je personalisiert. Einzelne Gestalten, sei es Bill Clinton[2] [...] oder selbst Helmut Kohl[3], prägen mit schlichten Modellen der Veränderung oder Besitzstandswahrung das Geschehen. Manche Politologen sehen vor allem darin ein Zeichen für die Schwäche der Demokratie.

Meier: Man muss nur fragen, was da passiert. Es hat immer herausragende Personen gegeben [...]. Das Besondere ist eher eine Tendenz, die schon der römischen Republik zu schaffen machte, nämlich die Patronage. Ein Zunicken von Kohl ist viel mehr wert als ein ganzer Sack voll guter Argumente. [...] Institutionen wie das Parlament haben nicht mehr viel zu sagen. Entschieden wird vom Machthaber.

www.spiegel.de/spiegel/print/d-8790709.html (Zugriff: 16. Januar 2012)

1. *Fassen Sie die Vergleichspunkte zwischen der Krise der römischen Republik und der Bundesrepublik nach Meier zusammen.*
2. *Arbeiten Sie heraus, welche Begriffe und Sachverhalte zu klären sind, um Meiers Aussagen beurteilen zu können.*
3. *Problematisieren Sie die Vorgehensweise Meiers, Gegenwartsbezüge zwischen der Krise der römischen Republik und der Bundesrepublik Deutschland im Jahr 1997 herzustellen.*
4. *Formulieren Sie ausgehend vom Interview Leitfragen für die Beschäftigung mit der Krise der römischen Republik.*

---

[1] **Oligarchie** *(griech. oligarchia: Herrschaft der Wenigen): Bezeichnung für die Herrschaft einer kleinen Gruppe, die ihre eigenen Interessen verfolgt*

[2] ***William Jefferson („Bill") Clinton*** *(*1946): von 1993 bis 2001 Präsident der USA (Demokrat)*

[3] ***Helmut Kohl*** *(*1930): von 1982 bis 1998 deutscher Bundeskanzler (CDU)*

M2
Patron und Klienten

▲ **Marcus Tullius Cicero (106–43 v. Chr.).**
Römische Marmorbüste, 93 cm, Mitte des 1. Jahrhunderts n. Chr.

Der britische Journalist und Schriftstellter Robert Harris beschreibt in seinem 2006 erschienenen historischen Roman „Imperium" den Aufstieg des römischen Anwalts und Politikers Marcus Tullius Cicero (siehe auch Seite 17, M4). Die fiktive Erzählung basiert auf umfangreichen Quellenrecherchen. Sie wird aus der Perspektive von Ciceros Haussklaven und Schreiber Tiro geschildert:

Draußen in der Kälte wartete schon die übliche Menge an Unglücksraben und Verzweifelten. Während sie eintraten, notierte ich mir die Namen. Die meisten waren mir bekannt. Fremde fragte ich nach dem Namen. Die üblichen Versager schickte ich wieder weg. Die unumstößliche Anweisung lautete: „Wenn er wählen darf, lass ihn rein." Folglich füllte sich das Tablinum[1)] schnell mit nervösen Klienten, von denen jeder seinen Teil an des Senators Zeit beanspruchte. Ich blieb an der Tür stehen, bis ich glaubte, dass alle Wartenden hereingekommen waren, und […] ging in Ciceros Arbeitszimmer. […] Als ich eintrat, […] bedeutete [er] mir, ihm die Besucherliste zu geben. Er las sie begierig durch, wie jeden Morgen. Wer war ihm über Nacht ins Netz gegangen? Irgendein prominenter Bürger aus einem nützlichen Wahlbezirk? […] Oder ein Geschäftsmann, der so reich war, dass er bei den Konsulatswahlen zu den ersten stimmberechtigten Zenturien[2)] gehörte? Aber heute handelte es ich nur um die üblichen kleinen Fische, sodass sein Gesicht immer länger wurde, je näher er dem Ende der Liste kam. […]

Ich […] ging ins Tablinum, um den Wartenden mitzuteilen, dass der Senator auf dem Weg ins Gericht sei und jetzt keine Zeit mehr habe. […] Kurz darauf erschien Cicero mit der kleinen Tullia[3)] an der Hand und begrüßte jeden mit Namen. („Die wichtigste Regel in der Politik, Tiro: Vergiss nie ein Gesicht!") Wie immer war seine Erscheinung makellos: pomadisiertes, glatt zurückgekämmtes Haar, parfümierte Haut, die Toga frisch gewaschen und gebügelt, kein Staubkörnchen auf den rot glänzenden Lederschuhen, das Gesicht braun gebrannt vom jahrelangen Plädieren unter freiem Himmel. Gepflegt, schlank, fit. Kurz: ein glänzender Auftritt. Seine Gäste folgten ihm in den Flur, wo er sein kleines strahlendes Mädchen hochhob und den Anwesenden präsentierte. Dann drehte er Tullias Gesicht zu sich und küsste sie zum Abschied laut schmatzend auf die Lippen. Ein lang gezogenes „Ahh", vereinzeltes Klatschen war zu hören. Der Abschiedskuss war nicht nur Inszenierung – wenn er allein gewesen wäre, hätte er es nicht anders gemacht, denn sein Leben lang hat er nie jemanden mehr geliebt als seinen Liebling Tulliola. Aber er wusste auch, dass das römische Wahlvolk ein sentimentaler Haufen war, und wenn sich seine väterliche Hingabe herumsprach, würde ihm das jedenfalls nicht schaden.

Und so traten wir an diesem vielversprechenden Novembermorgen hinaus in die zum Leben erwachende Stadt. Cicero ging voraus, ich an seiner Seite, die Wachstafel einsatzbereit; hinter uns Sositheus und Laurea mit den Körben, die die Beweismittel für Ciceros Auftritt bei Gericht enthielten; und um uns herum ein bunt zusammengewürfelter Haufen von etwa zwei Dutzend Bittstellern und Anhängern, […] die die Aufmerksamkeit des Senators zu erregen versuchten, aber auch schon damit

---

1) **Tablinum**: *Empfangsraum eines römischen Hauses für Besucher und Klienten*
2) *Über die Zenturien informiert Seite 13.*
3) **Tullia** *(79/75–45 v. Chr.): Tochter Ciceros*

zufrieden waren, sich nur in seiner Nähe aufhalten zu dürfen. Von den Höhen des schattigen, vornehmen Esquilin[4] tauchten wir in den lärmenden, dunstigen Gestank von Subura[5] ein. Die Mietshäuser waren so hoch, dass kein Sonnenstrahl den Boden erreichte, und die schiebenden Menschenmengen rissen immer wieder Lücken in die Schar unserer Begleiter, die es jedoch irgendwie schafften, nie den Anschluss zu verlieren. Cicero war ein bekannter Mann in diesem Viertel, er war ein Held für die Ladenbesitzer und Händler, deren Interessen er vertreten hatte und die ihn schon seit Jahren durch ihre Straßen gehen sahen. Nicht ein einziges Mal verlangsamte er seinen schnellen Schritt, und doch registrierten seine wachsamen blauen Augen jeden geneigten Kopf, jede grüßende Hand, und nie musste ich ihm einen Namen ins Ohr flüstern – er kannte seine Wähler weit besser als ich.

Robert Harris, Imperium, London/München 2006, S. 29f. und 37f.

1. *Gliedern Sie den im Text beschriebenen Ablauf des Morgens in Phasen und versehen Sie diese mit passenden Überschriften.*
2. *Analysieren Sie arbeitsteilig das Verhalten der Klienten sowie das des Patrons Cicero.*
3. *Charakterisieren Sie das Verhältnis von Patron und Klienten. Tipp: Gestalten Sie hierzu ein Standbild, durch das Sie das Verhältnis von Patron und Klienten darstellen.*
4. *Vergleichen Sie das Verhalten Ciceros in Symbolik und Intention mit dem heutiger Politiker. Bereiten Sie dazu mithilfe einer Internetrecherche ein Kurzreferat vor.*
5. *Erörtern Sie, ob ein historischer Roman einen Beitrag zum Geschichtsverständnis liefern kann.*

4) ***Esquilin**: einer der sieben Hügel Roms*
5) ***Subura**: Stadtviertel Roms*

M3
Ein tugendhaftes Leben führen

Der griechische Schriftsteller Plutarch (46 – 120 n. Chr.) stellt in seinen Biografien (um 96 n. Chr.) bedeutende Römer und Griechen vergleichend gegenüber. Im Zusammenhang mit dem römischen Geschichtsschreiber und Staatsmann Marcus Porcius Cato (234 – 149 v. Chr.) berichtet er folgende Anekdote:

In der Nähe von Catos Gute lag das Häuschen, wo einst Manius Curius [Dentatus], der dreifache Triumphator[1], gewohnt hatte. Da ging er oft hin, betrachtete den geringen Umfang des Gutes und die Bescheidenheit der Wohnung und vergegenwärtigte sich, wie dieser Mann, der der Größte unter den Römern war, die streitbarsten Völker unterworfen und Pyrrhos[2] aus Italien verjagt hatte, nach drei Triumphen dieses Gütchen selbst umgrub und diese Hütte bewohnte. Hier war es, wo die Gesandten der Sabiner[3] ihn trafen, wie er am Herde saß und Rüben kochte, und ihm eine große Geldsumme boten. Aber er schickte sie weg mit den Worten, wem ein solches Essen genüge, der brauche kein Geld, und rühmlicher als Geld zu haben schiene es ihm, die zu besiegen, die Geld hätten.

Der römische Offizier und Schriftsteller Plinius der Ältere (um 23 – 79 n. Chr.) geht in seinem um 77 n. Chr. verfassten enzyklopädischen Werk „Naturalis historia“ (dt.: „Naturgeschichte“) auch auf die Leichenrede auf den römischen Konsul Lucius Caecilius Metellus (um 160 – 103 v. Chr.) ein:

Quintus Metellus hat in der Lobrede, die er bei der letzten Ehrung seines Vaters Lucius Metellus hielt, der Pontifex[4], zweimal Konsul, Diktator, Befehlsha-

1) ***Triumphator**: römischer Feldherr, der siegreich einen Krieg beendet und eine Mindestanzahl von Feinden getötet hatte. Als höchste Auszeichnung durfte er feierlich in die Stadt Rom einziehen.*
2) ***Pyrrhos** (um 319/18 – 272 v. Chr.): König von Epirus (Nordgriechenland), der seine Macht in Italien ausdehnen wollte. Im Krieg gegen Rom (280/279 v. Chr.) erlangte er viele Siege unter hohen eigenen Verlusten. 276 v. Chr. besiegten ihn schließlich die Römer.*
3) ***Sabiner**: Volksstamm in Mittelitalien, der in unmittelbarer Nachbarschaft der Römer siedelte*
4) ***Pontifex**: religiöser Beamter, verantwortlich für die Opfer und Rituale zu Ehren der Götter*

ber der Reiterei und einer der zur Verteilung von Land erwählten Fünfzehnmänner war […], schriftlich überliefert, sein Vater habe die zehn höchsten und besten Vorzüge, deren Erlangung die Weisen ihr Leben widmeten, in sich vereinigt: Sein Wunsch sei gewesen, der erste Krieger, der beste Redner, der tapferste Feldherr zu sein, sein Trachten, dass unter seiner Leitung die wichtigsten Taten vollbracht würden, er habe die höchsten Ehrenstellen, die größte Weisheit, die höchste Senatorenwürde erstrebt, ein großes Vermögen auf rechte Weise sammeln, viele Kinder hinterlassen und der Angesehenste im Staate sein wollen; alles dies sei ihm und sonst niemandem seit der Gründung Roms gelungen.

Erster Text: Plutarch, Cato der Ältere 2, nach: Walter Arend (Bearb.), Altertum, Geschichte in Quellen, München ³1978, S. 407 (übersetzt von K. Ziegler); zweiter Text: Plinius der Ältere, Naturkunde 7, 43, 139f., nach: Bernhard Linke, Die römische Republik von den Gracchen bis Sulla, Darmstadt ²2012, S. 4 (übersetzt nach Roderich König)

1. *Fassen Sie die Hauptaussagen der Quellentexte zusammen.*
2. *Analysieren Sie, wodurch „Erfolg" und „ein moralisch einwandfreies Leben" in der römischen Gesellschaft geprägt sind.*
3. *Beurteilen Sie die Lebensweise des Manius Curius Dentatus aus der Perspektive von Quintus Metellus.*
4. *Nehmen Sie Stellung dazu, ob die in den Materialien genannten römischen Moralvorstellungen auch heute noch Relevanz besitzen.*

M4
Ratschläge an einen homo novus

Der aus dem Ritterstand stammende Politiker Quintus Tullius Cicero (102–43 v. Chr.) erteilt seinem älteren Bruder Marcus Tullius Cicero (siehe Seite 15) Ratschläge für die Bewerbung um das Amt des Konsuls. In einem Brief aus dem Jahre 64 v. Chr. heißt es:

Bedenke, um welche Bürgerschaft es sich handelt, worum du dich bewirbst und wer du bist. Jeden Tag musst du dir, wenn du zum Forum hinuntergehst, dies klarmachen: „Ich bin ein Neuling [*homo novus*]; ich bewerbe mich um das Consulat, es handelt sich um Rom."
Die Neuheit deines Namens wirst du unschwer durch deinen Ruhm als Redner ausgleichen. Schon immer hat die Beredsamkeit eine besondere Würde verliehen; wer für würdig befunden wird, Consulare[1] vor Gericht zu verteidigen, kann nicht für unwürdig gehalten werden, selbst Consul zu werden. […]
Ferner achte darauf, dass die große Zahl deiner Freunde und ihr Rang in Erscheinung tritt; du hast auf deiner Seite, was nur wenige *homines novi* gehabt haben: alle Steuerpächter [*publicani*], fast den gesamten *ordo equester*[2], zahlreiche dir ergebene Landstädte, viele Menschen jeden Standes, die du verteidigt hast, […] dazu sehr viele Jünglinge, die mit dir durch das Studium der Redekunst verbunden sind; Tag für Tag sind die Freunde in großer Zahl präsent. Dies alles musst du festhalten, indem du ermahnst und bittest und auf jede Weise die Leute zu der Einsicht zu bringen suchst, dass es keine andere Gelegenheit mehr geben wird für diejenigen, die dir verpflichtet sind, sich dir erkenntlich zu zeigen, und für diejenigen, die etwas von dir wollen, sich dir zu verpflichten.
Auch dürfte einem *homo novus* das Wohlwollen der Nobiles[3] und am meisten das der Consulare helfen; es ist nützlich, gerade von denen der Stellung und des Ranges für wert gehalten zu werden, deren Rang und Würden du erlangen willst. […]
Außerdem musst du dich um die Jünglinge aus der Nobilität bemühen, um sie für dich zu gewinnen oder um sie zu halten, wenn sie dir bereits gewogen sind; auf diese Weise wird dein Ansehen erheblich gefördert werden. Sehr viele hast du bereits auf deiner Seite; lass sie wissen, welchen Wert du auf sie legst! […]
Sehr hilfreich ist für dich angesichts deiner Herkunft aus einer Familie ohne Vorfahren im Senat[4] überdies der Umstand, dass unter den Nobiles, die sich mit dir bewerben, keiner zu behaupten wagt, es sei geradezu selbstverständlich, dass ihnen die Zugehörigkeit zur Nobilität mehr nütze, als dir deine Fähigkeiten. […]

1) **Consulare**: *ehemalige Konsuln*
2) **ordo equester**: *Gemeint ist hier der Ritterstand; siehe hierzu Seite 9.*
3) *Zur Nobilität siehe Seite 9.*
4) *Zum Senat siehe Seite 10.*

▲ **Patrizier mit Ahnenbildnissen.**
1,65 m hohe Marmorstatue aus dem 1. Jh. v. Chr. Der Ahnenkult, also die feierliche Verehrung der Vorfahren, wurde besonders von den Patriziern betont. Ahnenbildnisse standen in den Häusern vornehmer Familien und wurden zu festlichen Anlässen gezeigt.

- *Beschreiben Sie die Marmorstatue.*
- *Erläutern Sie, welche Bedeutung der Ahnenkult hatte.*

[…] [A]ber es gibt viele, die dir es neiden; denn als Mann, der aus dem Stand der *equites* [Ritter] stammt, erstrebst du die höchste Stellung im Gemeinwesen, und es ist gerade insofern die höchste Stellung, als dieses Amt einem tapferen, redegewandten, unbescholtenen Mann viel mehr Ansehen einbringt als jedem anderen.

[…] Und gerade diejenigen, die aus consularischen Familien stammen, die aber die Stellung ihrer Vorfahren nicht erreicht haben, beneiden dich, wie ich vermute, es sei denn, der eine oder andere besitzt eine große Wertschätzung für dich. Auch die *homines novi* unter den Prätoriern[5], soweit sie sich nicht durch eine von dir erwiesene Wohltat verpflichtet fühlen, wollen nicht, glaube ich, dass du sie an Ehre übertriffst. […]

Auch ist bei dieser Bewerbung wesentlich darauf zu achten, dass die Republik [*res publica*] ihre Hoffnung auf dich setzt und Ehrenvolles erwartet. Allerdings solltest du während deiner Bewerbung weder im Senat noch in der Volksversammlung[6] zu politischen Tagesereignissen Stellung nehmen, du solltest vielmehr Folgendes dir zur Regel machen: Der Senat muss aufgrund deiner Lebensführung glauben, dass du für seine Autorität eintreten wirst, die *equites* [Ritter] sowie die guten und reichen Bürger müssen angesichts deines bisherigen Lebens glauben, dass du dich um Ruhe [*otium*] und friedliche Verhältnisse bemühen wirst, die Menge [*multitudo*] muss aufgrund der Tatsache, dass du in deinen Äußerungen in den Volksversammlungen [*contiones*] und vor Gericht als Mann des Volkes aufgetreten bist, glauben, dass du ihren Interessen nicht ablehnend gegenüberstehst.

Quintus Tullius Cicero, Denkschrift über die Bewerbung 2–7, 13, 53, nach: Hans-Joachim Gehrke und Helmuth Schneider (Hrsg.), Geschichte in der Antike. Quellenband, Stuttgart 2007, S. 252–254 (übersetzt nach Helmut Kasten)

1. *Analysieren Sie M4 in Gruppenarbeit hinsichtlich der*
   a) Eigenschaften des Bewerbers
   b) Rolle von Freunden und der Nobilität
   c) Bedeutung des öffentlichen Ansehens
   d) Bedeutung der Konkurrenz.
2. *Arbeiten Sie aus dem Text das Selbstverständnis der Nobilität heraus.*
3. *Erläutern Sie ausgehend vom Text, welche Voraussetzungen und Strategien notwendig waren, um in Rom in die Führungsschicht aufzusteigen.*
4. *Arbeiten Sie heraus, inwieweit der moralische Anspruch der mos maiorum (siehe Seite 8) im Einklang mit dem Karrieredenken der römischen Führungsschicht steht.*
5. *Nehmen Sie Stellung dazu, welche der von Quintus Tullius Cicero empfohlenen Strategien für einen politischen bzw. gesellschaftlichen Aufstieg in der Gegenwart illegal bzw. moralisch angreifbar wären. Erläutern Sie die auftretenden Differenzen vor dem Hintergrund der damaligen bzw. gegenwärtigen Wertevorstellungen.*

---

5) *Über das Amt des Prätors informiert Seite 11.*

6) *Vgl. zur Volksversammlung Seite 12 f.*

mos majorum
- Beachten der Regeln älterer Generationen

M5
„Sich mit Füßen treten lassen“

Der griechische Schriftsteller Plutarch (siehe Seite 16) äußert sich über das Amt des Volkstribuns:

Man glaubt, dass das Tribunat eher etwas ist, das das Amt zügelt und diesem entgegengesetzt ist, als ein wirkliches Amt. Denn seine Befugnis und Gewalt besteht darin, der Gewalt eines Beamten entgegenzutreten und ihre allzu große Befugnis zu beschneiden. [...] Da das Tribunat seinen Ursprung vom Volke ableitet, ist das Volkselement in ihm stark, und es ist von großer Bedeutung, dass der Tribun nicht gegenüber den andern überheblich ist, sondern sich im Auftreten, in Kleidung und Lebensweise den gewöhnlichen Bürgern angleicht. Würde steht dem Konsul und Prätor an, der Tribun aber muss [...] sich „mit Füßen treten lassen“, darf keine stolze Miene zeigen, nicht schwer zugänglich noch barsch dem Volke gegenüber sein. [...] Daher ist es Brauch, dass die Tür seines Hauses nie verschlossen ist, sondern offen bleibt, Tag wie Nacht, wie ein Hafen und eine Zuflucht für alle, die der Hilfe bedürfen. Je mehr er aber in seinem Auftreten sich erniedrigt, umso mehr steigert sich seine Macht [...], und durch die Ehre, die man ihm zollt, wird seine Person hochheilig und unverletzlich.

Plutarch, Röm. Fragen 81 (283), nach: Walter Arend (Bearb.), a. a. O., S. 412 (übersetzt von Walter Arend)

1. *Beschreiben Sie die Rolle der Volkstribune nach Plutarch.*

2. *Arbeiten Sie die Unterschiede zwischen dem Volkstribunat und anderen „ordentlichen“ Ämtern heraus.*

3. *Charakterisieren Sie, welches Konfliktpotenzial zwischen Volkstribunat und den ordentlichen Magistraturen besteht.*

4. *Das Amt des Volkstribuns wurde zunehmend von Mitgliedern der Nobilität (siehe Seite 12) besetzt. Beurteilen Sie diese Entwicklung aus Sicht der unterschiedlichen gesellschaftlichen Gruppen der römischen Republik.*

M6
Die „gemischte Verfassung“

Der griechische Geschichtsschreiber Polybios (um 200 – um 120 v. Chr.), der mit etwa 30 Jahren nach Rom verschleppt worden ist, beschreibt die Verfassung der römischen Republik so:

Es gab also [...] drei Teile, die im politischen System der Republik Macht hatten. So gerecht und angemessen aber war alles geordnet, waren die Rollen verteilt und wurden in diesem Zusammenspiel die politischen Aufgaben gelöst, dass auch von den Einheimischen niemand mit Bestimmtheit hätte sagen können, ob das Gemeinwesen aristokratisch, demokratisch oder monarchisch war. Und dies musste natürlich jedem so ergehen. Denn wenn man seinen Blick auf die Amtsgewalt der Konsuln richtete, erschien das Gemeinwesen vollkommen monarchisch und königlich, wenn auf die des Senats, wiederum aristokratisch, und wenn man auf die Machtfülle der Menge sah, schien sie unzweifelhaft demokratisch. [...]
Obwohl jeder der drei Teile solche Macht hat, einander zu schaden oder zu helfen, so besitzen sie doch in allen kritischen Situationen eine solche Übereinstimmung, dass man unmöglich ein besseres politisches System finden kann. Denn wenn eine von außen her sie alle gemeinsam bedrohende Gefahr zum gemeinsamen Handeln und zur Zusammenarbeit zwingt, dann entfaltet dieses Gemeinwesen eine solche Kraft, dass weder eine notwendige Maßnahme versäumt wird, denn alle wetteifern miteinander, Mittel zu ersinnen, und das Unheil abzuwehren, noch die Ausführung eines Beschlusses zu spät kommt, da alle zusammen und jeder Einzelne Hand anlegt, um das Beabsichtigte durchzuführen. Daher ist dieses Gemeinwesen dank seiner eigentümlichen Verfassung unwiderstehlich, und es erreicht alles, was es sich vorgesetzt hat. Wenn sie dann aber nach Abwendung der äußeren Gefahren im Genuss des Reichtums, den ihre Erfolge ihnen eingebracht haben, im Überfluss leben und, von Schmeichlern oder durch eigene Sorglosigkeit verführt, hochmütig und stolz werden, wie dies so zu geschehen pflegt, da kann man erst richtig erkennen, wie diese Verfassung durch sich selbst ein Heilmittel dagegen findet. Denn wenn einer der

▲ **SPQR.**
Foto, um 1990.
Die Abkürzung der Formel „Senat und Volk von Rom" (lat. ***S****ENATUS* ***P****OPULUS****Q****UE* ***R****OMANUS) finden wir u. a. auf Münzen und Gebäuden. Noch heute dient die Abkürzung in Rom – wie auf diesem Kanaldeckel – zur Bezeichnung öffentlichen Eigentums.*

● *Durch das Kürzel SPQR gaben die Römer zu erkennen, dass sie die Machtverteilung anders als Polybios (M6) sahen. Erklären Sie dies.*

drei Teile die ihm gezogenen Grenzen überschreitet und sich eine größere Macht anmaßt, als ihm zusteht, dann erweist sich der Vorteil dessen, dass keiner der Teile für sich besteht, sondern von den anderen zurückgehalten und in seinen Plänen gehindert werden kann und ein Gegengewicht hat; keiner der Teile kann in seiner Macht zu sehr wachsen, keiner kann die anderen Teile verachten. Alle bleiben in dem gewohnten Zustand, und jedes aggressive Vorgehen wird gehindert, und von Beginn an fürchtet der eine den Widerstand der anderen.

Polybios, Historien 6, 11 ff., nach: Hans-Joachim Gehrke und Helmuth Schneider (Hrsg.), a. a. O., S. 215 f., 218 (übersetzt nach H. Drexler)

1. *Polybios bezeichnet die politische Ordnung Roms als „gemischte Verfassung". Erklären Sie diese Aussage.*

2. *Beurteilen Sie Polybios' Einschätzung der römischen Verfassung. Gehen Sie hierbei besonders auf seine Darstellung des Zusammenwirkens der Institutionen ein.*

3. *Der Historiker Fergus Millar deutet die Verfassung der römischen Republik als Demokratie. Nehmen Sie Stellung zu dieser These.*

Methoden-Baustein: Verfassungsschema

Ein Schaubild auswerten

Aufbau und Arbeitsweise eines Staates sind komplex und oft kompliziert. Schaubilder können helfen, Zusammenhänge und Beziehungen zu veranschaulichen. Sie sind konstruierte Hilfsmittel und ersetzen keine historischen Quellen und Darstellungen. Grafiken vereinfachen, lassen Aspekte weg und berücksichtigen Entwicklungen und Veränderungen nur bedingt. Ihre Vorteile sind, dass sie Wesentliches deutlich und Vergleiche leichter möglich machen. Jedes Schaubild muss aber zunächst einmal richtig gelesen und dann geprüft werden.

Kompetenz:
Verfassungsschemata als Modelle für den Aufbau und die Arbeitsweise eines Staates beschreiben und interpretieren, ihren Modellcharakter dekonstruieren und beurteilen

Beschreibung

- Welches politische System zeigt das Verfassungsschema?
- Wie ist das Schema aufgebaut (hierarchisch, von unten nach oben, von links nach rechts, konzentrisch)?
- Gibt es einen schlüssigen Ansatz zur Beschreibung des Schemas? Verändert sich die Art der Beschreibung, wenn an einer anderen Stelle begonnen wird?
- Welche Ämter und Einrichtungen werden erwähnt? Wer hat Zugang zu ihnen, wer nicht?
- Welche Teile der Bevölkerung werden genannt, welche nicht?
- Welche Elemente sind zu erschließen (Bezugspfeile, Farben, Symbole, Größenverhältnis der Elemente)?

Analyse und Interpretation

- In welcher Beziehung stehen die einzelnen Elemente der Verfassung zueinander? Welche Institutionen stehen „oben", welche „unten"?
- Wer hat welche Aufgaben, Rechte und Pflichten?
- Welche Institutionen der Verfassung sind am bedeutsamsten?
- Welche Grundprinzipien der Verfassung lassen sich aus dem Schaubild herausarbeiten?
- Welche „Stärken" und „Schwächen" der Verfassung sind zu erkennen?
- Welche Grundform hat das dargestellte politische System (Diktatur, Oligarchie, Demokratie etc.)?

Beurteilung und Dekonstruktion

- Welche Elemente der Verfassung werden korrekt erfasst, welche bleiben in ihrer Darstellung unklar?
- Inwieweit stimmt die Darstellung mit der historischen Wirklichkeit überein? (Welche Aspekte werden vereinfacht oder weggelassen? Inwieweit berücksichtigt das Schema historische Veränderungen im Staatsaufbau?)
- In welcher Weise müsste das Schaubild verändert werden, um den tatsächlichen Aufbau des Staates angemessener zu erfassen?

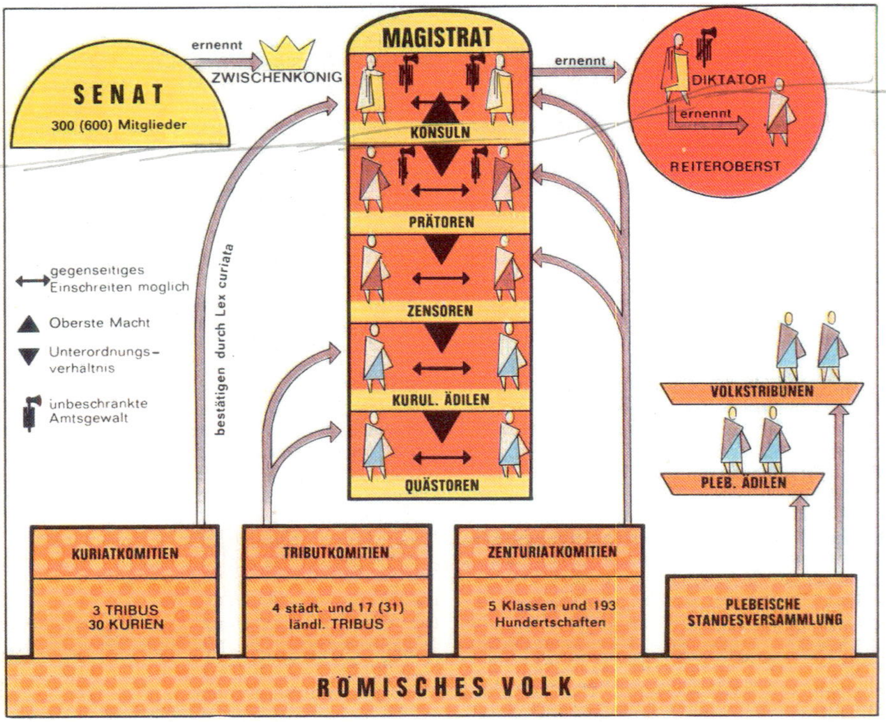

▲ **Die Verfassung der Republik.**
Nach: Dtv-Atlas Weltgeschichte, Bd. 1, München [32]*1998, S. 74*

Beschreibung
Das Schema zeigt die Verfassung der römischen Republik und ist hierarchisch aufgebaut. An der Spitze stehen Senat, Zwischenkönig, Konsul und Diktator, unten das römische Volk. Diese Darstellung bildet einen logischen Ansatzpunkt zur Beschreibung des Schemas.
Die Volksversammlungen setzen sich bis auf die plebejische Standesversammlung entweder nach (Vermögens-)Klassen oder nach Tribus (Verwaltungseinheiten) zusammen. Neben den Magistraten nennt das Schema mit dem Zwischenkönig, dem Diktator, dem Reiteroberst, den Volkstribunen und dem plebejischen Ädil weitere Ämter der römischen Republik.
Wer aus dem römischen Volk Zugang zum Senat, zu den Volksversammlungen und zum Magistrat hatte, lässt sich nicht aus dem Schema entnehmen. Auch die gesellschaftliche Zusammensetzung des römischen Volkes wird nicht gezeigt.
Symbole erläutern die Rangfolge und die Zuständigkeiten der Magistrate. Pfeile verdeutlichen, welche Institutionen die verschiedenen Ämter ernennen, wählen oder bestätigen. Durch eine ähnliche Farbgebung wird eine Verbindung von den Volkstribunen und plebejischen Ädilen zu den Volksversammlungen und dem römischen Volk hergestellt. Die Magistrate, der Diktator und der Reiteroberst stechen durch eine rote Farbhinterlegung besonders hervor. Die Darstellung des römischen Volks und die Volksversammlungen nehmen die größte Fläche ein.

Analyse und Interpretation

Das Schaubild zeigt das „römische Volk" als Basis des römischen Staates. Die Bevölkerung nimmt über die Volksversammlungen politischen Einfluss, indem sie die Magistrate wählt. Explizit erwähnt wird dabei die „Lex curiata de imperio" (dt.: „Kuriengesetz über die Amtsgewalt"). Nach diesem Gesetz bestätigen die Kuriatkomitien die Amtsgewalt der Konsuln.

An oberster Stelle stehen Senat, Diktator und die Konsuln. Die Magistrate bilden ausgehend von der Gestaltung des Schemas den Mittelpunkt. Die Konsuln besitzen eine unbeschränkte Amtsgewalt und in verminderter Form ebenso die Prätoren. Jeder Beamte hat zudem die Möglichkeit, gegen seinen Kollegen und rangniedrigere Beamte einzuschreiten. Dies gilt nicht für den Diktator, der ebenfalls eine unbeschränkte Amtsgewalt besitzt. Er wird direkt von den Konsuln ernannt. Dies erklärt seine Sonderstellung rechts von der oberen Mitte. Der Senat befindet sich links oben in einer Randposition. Er hat das Recht, den Zwischenkönig zu ernennen. Die Volkstribune sind durch ihre Position ganz rechts von den ordentlichen Magistraten abgesetzt und nehmen in der Ranghierarchie – etwa gleichauf mit den kurulischen Ädilen – eine mittlere Stellung ein.

Die gegenseitige Kontrolle der Beamten stellt eine Stärke der Verfassung dar. Dies gilt ebenso für die Rangfolge, die den Eindruck von einer klar abgegrenzten und dadurch effizienten Aufgabenteilung der Magistrate vermittelt. Die unterschiedlichen Zusammensetzungen und Wahlkompetenzen der Volksversammlungen deuten dagegen die politische Ungleichheit zwischen den verschiedenen Bevölkerungsschichten an. Eine Gefahr des Machtmissbrauchs liegt zudem im Amt des Diktators.

Beurteilung und Dekonstruktion

Die Rangfolge der Magistrate, sowie ihre Kontrollrechte werden deutlich dargestellt. Auch die Anordnung von oben nach unten entspricht den Machtverhältnissen. Die Wahl der Magistrate ist ebenfalls nachvollziehbar.

Unklar bleibt, welche genauen Zuständigkeiten und Aufgaben die einzelnen Institutionen hatten. Konkrete politische Abläufe veranschaulicht das Schema nicht. Der wichtige Prozess der Gesetzgebung wird z. B. nicht beschrieben.

Die herausragende Rolle des Senats als eigentliche Regierung Roms wird nicht deutlich. Seine Randposition in dem Schema ist fragwürdig. Zudem wird die unterschiedliche Anzahl der Senatsmitglieder nicht erläutert (in der frühen Republik gehörten dem Senat 300 Mitglieder an). Auch die Anzahl der jeweiligen Magistrate wird nicht erwähnt. Es entsteht der Eindruck, dass jedes Amt außer der Diktatur doppelt besetzt war, obwohl dies in der Realität beispielsweise für die Volkstribune nicht zutraf. Informationen über die Dauer der Amtszeiten finden sich nicht. Ebenso ist die Bezeichnung „römisches Volk" kritisch zu betrachten. Es wird hier suggeriert, dass alle Einwohner Roms wählen durften. Richtig ist, dass nur wehrfähige Männer mit Bürgerrecht zur Wahl zugelassen waren. Frauen, Fremde und Sklaven hatten keine politischen Rechte.

Das Schema ist nur mit entsprechendem Hintergrundwissen lesbar und interpretierbar. Da es bei den Römern keine geschriebene Verfassung wie unser Grundgesetz gab, kann diese Grafik nur einen ungefähren Einblick in die Verfassungswirklichkeit der römischen Republik geben.

1. *Erklären Sie mithilfe des Verfassertextes die dargestellte Verfassung der römischen Republik in ihrer Funktionsweise (mit den Zuständigkeiten und Aufgaben der politischen Einrichtungen).*
2. *Vergleichen Sie das Verfassungsschema mit den Ausführungen von Polybios (M6, Seite 19).*
3. *Entwickeln Sie auf Basis Ihrer Ergebnisse aus der ersten Aufgabe ein treffenderes Verfassungsschema der römischen Republik.*
4. *Überprüfen Sie in Partner- oder Gruppenarbeit anhand der Leitfragen auf Seite 21 Ihr Verfassungsschema und ändern Sie es ggf.*

Die Expansion und ihre Folgen

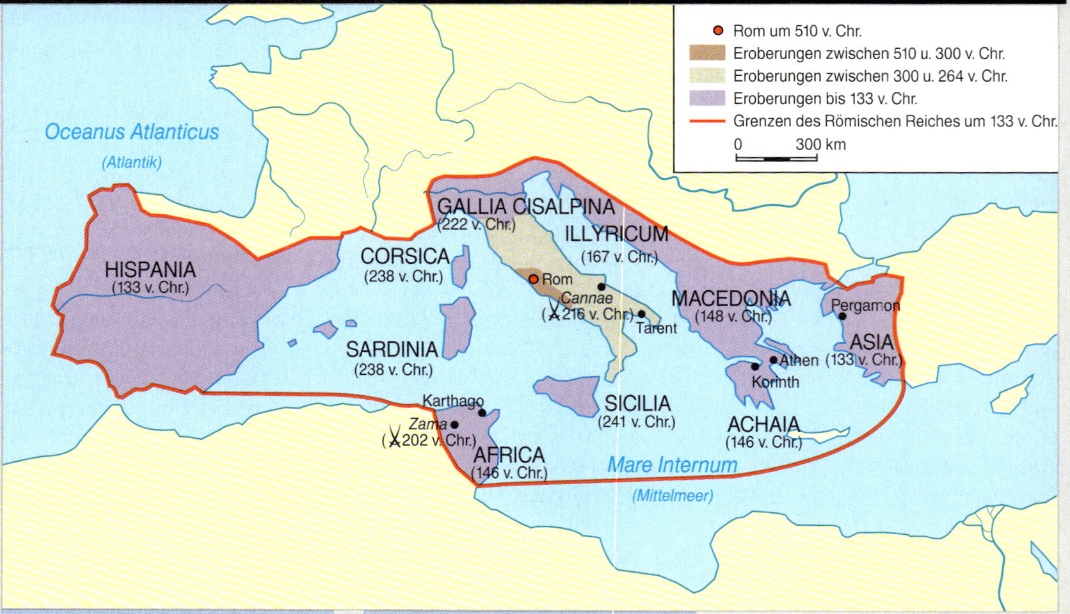

272 v. Chr.
Rom erringt die Vorherrschaft über Süd- und Mittelitalien.

zwischen 215 und 168 v. Chr.
Rom zerschlägt in drei Kriegen das griechische Königreich Makedonien.

zwischen 264 und 146 v. Chr.
Die Römer besiegen in den drei Punischen Kriegen Karthago, das am Ende zerstört wird.

216 v. Chr.
Der karthagische Feldherr Hannibal schlägt bei Cannae das römische Heer vernichtend (Zweiter Punischer Krieg).

202 v. Chr.
Hannibal wird von den Römern bei Zama besiegt (Zweiter Punischer Krieg).

218 v. Chr.
Die „lex Claudia“ verbietet Senatoren, Bank-, Handels- und Steuergeschäfte zu betreiben.

154 – 133 v. Chr.
Rom führt verlustreiche Kriege im westlichen und nördlichen Spanien.

seit Ende des 2. Jh. v. Chr.
Rom beherrscht den gesamten Mittelmeerraum.

▲ **Das Römische Reich dehnt sich aus.**

- *Beschreiben Sie, wie sich der römische Machtbereich bis 133 v. Chr. ausdehnte. Nennen Sie die heutigen Staaten, die ganz oder teilweise auf ehemals römischem Gebiet liegen.*
- *Bilden Sie Hypothesen zu folgenden Fragen:*
  a) Welches sind die Ursachen der römischen Expansion?
  b) Welche Anforderungen an die römische Republik ergeben sich durch die Expansion?
  c) Wer sind die Gewinner und die Verlierer der Expansion?
- *Überprüfen Sie Ihre Hypothesen anhand der Darstellungen und der Materialien.*

Die Herrschaft der Römer in Italien

Die Römer lebten auf der italienischen Halbinsel nicht allein. Rom war von verschiedenen Stämmen eingekreist und musste sich mehrmals gegen die Angriffe seiner Nachbarn verteidigen. Das Bedürfnis, die eigene Sicherheit zu gewährleisten, aber auch den eigenen Machtbereich auszudehnen, bestimmte jahrhundertelang die römische Außenpolitik.

Rom entwickelte verschiedene Formen der Herrschaftsausübung in Italien, um sich gegen seine Feinde erfolgreich behaupten zu können. Mit unabhängigen Städten und Stämmen Italiens schloss es Bündnisverträge ab. Diese *Bundesgenossen* (*socii*) blieben zwar formal eigenständig, wurden jedoch durch den Vertrag mit Rom stark eingeschränkt. Sie verpflichteten sich, allein und auf ewig mit den Römern verbündet zu sein und ihnen im Falle eines Krieges ein festgelegtes Truppenkontingent zu stellen. Diese wichtigen Hilfstruppen machten etwa die Hälfte des römischen Heeres aus. Als Gegenleistung bekamen die socii einen Teil der Kriegsbeute und des eroberten Gebiets. Zunehmend fühlten sich die Bundesgenossen als ein wichtiger Bestandteil Roms.[1)]

Die Römer errichteten auf eroberten Gebieten zudem *Kolonien* (*coloniae*). Hier wurden römische Bürger in neu gegründeten Städten angesiedelt, die die Region sichern sollten. Die Siedler waren meist Besitzlose oder ausgediente Soldaten. Sie verloren ihr Stimmrecht in der Volksversammlung und konnten daher weder Magistrate wählen noch über Gesetze abstimmen. Bei der Rückkehr nach Rom bekamen die Kolonisten ihr Vollbürgerrecht zurück. Dies war jedoch nur selten der Fall, da die Siedler durch den Landbesitz für den geleisteten Kriegsdienst bzw. die verlorenen Rechte entschädigt wurden. Der Grund und Boden ermöglichte es ihnen, sich selbst zu versorgen und sicherte damit ihre Existenz.

Jahr	Fläche
nach 500	822 km²
396	1510 km²
340	1902 km²
338	5289 km²
298	7600 km²
290	14000 km²
280	17390 km²
264	24000 km²
180	55000 km²

▲ **Ausdehnung des römischen Herrschaftsgebietes bis 180 v. Chr.**
Nach: Boris Dreyer, Die Innenpolitik der römischen Republik 264–133 v. Chr., Darmstadt 2006, S. 90 (gekürzt)

- *Beschreiben Sie die Statistik.*
- *Analysieren Sie die Statistik. Beachten Sie dabei materialkritische Aspekte wie Skalierung, Ermittlung der Daten und Aussagekraft.*
- *Stellen Sie die Daten in einem Linien-/Kurvendiagramm dar.*
- *Erklären Sie, welche Rückschlüsse sich aus der Analyse der Statistik auf die Situation in Rom und in den von Rom beherrschten Gebieten ziehen lassen.*

„Defensiver Imperialismus"?

Die erfolgreiche Kriegsführung und Herrschaftssicherung der Römer führten dazu, dass sie 272 v. Chr. die Vorherrschaft über ganz Süd- und Mittelitalien erlangten. Nur wenige Jahre Frieden blieben der römischen Bevölkerung, denn schon bald rückten Mächte außerhalb Italiens in den Fokus. Auf der einen Seite war dies das nordafrikanische Reich von Karthago, dessen Einflussgebiet sich über den gesamten westlichen Mittelmeerraum erstreckte. Auf der anderen Seite waren es die griechischen Reiche, die im Osten an Roms Herrschaftsgebiet angrenzten. Die Römer fühlten sich von diesen Nachbarn bedroht und hielten es für notwendig, vorbeugend militärisch gegen sie vorzugehen. Die Punischen[2)] Kriege gegen Karthago (zwischen 264 und 146 v. Chr.) und die makedonischen[3)] Kriege im Osten (zwischen 215 und 168 v. Chr.) waren die Folge. Der Historiker *Jochen Bleicken* sprach bei dieser Vorgehensweise von einem „defensiven Imperialismus"[4)]. Rom entschied die

Lesetipp
Klaus Zimmermann, Rom und Karthago, Darmstadt ²2009

1) *Zur weiteren Entwicklung des Verhältnisses zwischen Rom und seinen Bundesgenossen lesen Sie Seite 40 f.*
2) ***Punier*** *(lat. poeni): römische Bezeichnung für die Phöniker (= Karthager) in Nordafrika*
3) *Die griechischen Reiche im Osten entstanden in der Nachfolge des Makedonenkönigs Alexander des Großen (356–323 v. Chr.).*
4) ***Imperialismus*** *(lat. imperare: herrschen): Ausdehnung der Herrschaft eines Staates über andere Länder und Völker*

Konflikte für sich und wurde nach einem weiteren langwierigen Krieg in Spanien 133 v. Chr. endgültig zu einer den gesamten Mittelmeerraum beherrschenden Macht. Seit dieser Zeit wird das Herrschaftsgebiet Roms als *Imperium Romanum* (dt.: Römisches Reich) bezeichnet.

Ohne den persönlichen Einsatz der Feldherren und Offiziere wäre die Ausdehnung des römischen Territoriums nicht denkbar gewesen. Jeder römische Adlige diente zehn Jahre in der Armee, bevor er überhaupt die Möglichkeit hatte, politische Ämter zu übernehmen. Erfolge auf dem Schlachtfeld waren notwendig, zeigten sie doch, ob jemand würdig und fähig war, ein führender Politiker zu werden. Diese Einstellung bewahrte Rom oftmals vor Niederlagen. Dennoch war der Ausgang der militärischen Auseinandersetzungen keineswegs vorhersehbar. Eine große Gefahr drohte Rom beispielsweise, als der karthagische Feldherr *Hannibal* (um 246–183 v. Chr.) im Verlauf des *Zweiten Punischen Krieges* (218–201 v. Chr.) über die Alpen in Italien einfiel. In der *Schlacht bei Cannae* (216 v. Chr.) erlitten die Römer die schlimmste Niederlage in ihrer Geschichte: Etwa 60 000 Soldaten starben. Die karthagischen Truppen verwüsteten Italien und Hannibal stand bald vor den Toren Roms. Dem Karthager gelang es zudem, einige römische Bundesgenossen für sich zu gewinnen. Der Konsul *Publius Cornelius Scipio* (235–183 v. Chr.) zwang Hannibal im letzten Moment zum Rückzug, indem er mit seinen Truppen Karthago direkt bedrohte. Er schlug Hannibals Armee bei *Zama* (202 v. Chr.) und beendete damit den Zweiten Punischen Krieg. Die abtrünnigen Bundesgenossen mussten sich den Römern ergeben. Ihr ehemaliges Gemeindeland wurde nun römisches Staatsland (*ager publicus*).

▲ **Rückseite eines Denars (Silbermünze) aus Karthago mit Kriegselefanten.**
Um 230 v. Chr., Durchmesser 25 mm. Im Jahre 218 v. Chr. zog Hannibal mit seinen Truppen und mehreren Kriegselefanten über die Alpen nach Oberitalien. Auf diesem Gewaltmarsch kamen tausende Soldaten ums Leben, alle Elefanten bis auf einen starben.

Weitere Formen der Herrschaftsausübung

Das in Italien praktizierte Bündnissystem und die Koloniegründungen kamen nicht mehr infrage, als überseeische Gebiete annektiert wurden. Die Römer besetzten nun eroberte Gebiete auch mit Soldaten. Ein *Prätor* stand an der Spitze der Besatzung und beherrschte diesen Militärbezirk (*provincia*) als Statthalter Roms. Ein kleiner Stab an Mitarbeitern unterstützte ihn bei seinen Aufgaben. Um die Kontrolle über die Verwaltung nicht zu verlieren, richteten die Römer bis zur Mitte des zweiten Jahrhunderts v. Chr. nur sechs *Provinzen* ein und schufen eine dementsprechende Anzahl zusätzlicher Prätorenstellen. Die Größe der Miliärbezirke führte meistens dazu, dass der Statthalter die lokale Führungsschicht in den Städten und bei den Stämmen in die Verwaltung einbinden musste. Römische Privatunternehmer beteiligten sich ebenso mit Dienstleistungen im staatlichen Auftrag. Die prätorischen Statthalter übten eine nahezu unbeschränkte militärische und zivile Macht in den Bezirken aus und bereicherten sich oft durch wirtschaftliche Ausbeutung (➧ M1).

Da ein ausreichender Verwaltungsapparat fehlte, begnügten sich die Römer häufig mit einer Form *indirekter Herrschaftsausübung*. Könige fremder Völker blieben dabei im Amt, wurden aber von Rom kontrolliert. Senatoren konnten persönlich oder über Gesandte die Politik des Landes bestimmen. Der fremdländische Herrscher befolgte bedingungslos die Wünsche Roms und gab römischen Magistraten, Gesandten und Händlern in seinem Reich Sonderrechte. Römische Unternehmer nutzten diese Vormachtsstellung für eigene Geschäfte aus, sodass manche antike Reiche wirtschaftlich verarmten. Dies veranlasste die jeweiligen Herrscher oft dazu, Rom resigniert als Erben einzusetzen.

Die „publicani"

Die Römer übernahmen im zweiten Jahrhundert v. Chr. von den Griechen die Geldwirtschaft. Das römische As, der Sesterz und der Silberdenar wurden nun anstelle von Vieh oder Metallbrocken das gängige Zahlungsmittel. Das neue Münzgeld bot den Vorteil, Kriegskosten und andere Dienstleistungen unkompliziert abzuwickeln. Der römischen Republik standen anfangs allerdings keine ausreichenden Geldmengen zur Verfügung, um Schiffe, Waffen und Ausrüstung zu bezahlen. Reiche römische Bürger erklärten sich daher bereit, die für die Kriegsführung notwendigen Dinge auf Kredit vorzufinanzieren (➧ M2). Ihre Dienste weiteten sich mit der römischen Expansion aus. Rom versteigerte zunehmend Aufträge an finanzstarke römische Geschäftsleute. Sie übernahmen bald nicht nur den Transport von Kriegsmaterial und Nachschubgütern, sondern bewirtschafteten auch Minen und führten lukrative staatliche Bauaufträge im wachsenden Rom durch. Ihre wichtigste Aufgabe bestand darin, in den Provinzen die Steuern für den Staat einzutreiben. Sie bezahlten den erhobenen Steuerbetrag zunächst aus ihrem eigenen Vermögen an Rom und zogen ihn anschließend in den Provinzen für sich selbst ein. Die Bewohner einer Provinz hatten durch dieses Prinzip der Steuerpacht erhebliche Nachteile. Die *Provinzialen*[1] mussten meist hohe Zinsen und Zusatzgebühren an die römischen Pächter bezahlen, die den eigentlichen Steuerbetrag weit überstiegen (➧ M3). Die *„publicani"* hingegen strebten danach, durch gezielte Ausbeutung der Provinzen ihren Gewinn zu maximieren und mit den gewonnenen Geldmitteln auch Einfluss auf die Politik zu nehmen. Vetternwirtschaft, Korruption und Betrug bestimmten zunehmend den Alltag.
Im Jahre 218 v. Chr. verbot schließlich ein Gesetz (*lex Claudia*) der senatorischen Aristokratie, Handel zu treiben sowie Bankgeschäften und steuerlichen Unternehmungen nachzugehen. Die Nobilität sollte sich im Sinne der mos maiorum[2] nicht in solchen als anrüchig und mit der Würde eines Senators unvereinbar geltenden Geschäften betätigen. Die Privatunternehmer im staatlichen Auftrag kamen von nun an aus dem Kreis der Ritter, die zu einer reichen und sehr einflussreichen gesellschaftlichen Gruppe wurden. Die Senatoren profitierten dennoch von dieser Entwicklung: Die „publicani" bildeten oftmals Handelsgesellschaften (*societas*), um die Risiken der Geschäfte auf mehrere Schultern zu verteilen. Senatoren wurden ganz legal stille Teilhaber dieser Gesellschaften und erhielten große Gewinnanteile.

Gewinner und Verlierer der Expansion

Neben der Ritterschaft war die Nobilität der Gewinner der römischen Expansion. Die Adligen hatten dem Staat für die Kriegskosten Kredite gegeben und forderten diese nach dem Zweiten Punischen Krieg zurück. Der Senat überließ den Gläubigern anstelle von Geld Staatsland und ermöglichte es ihnen, gegen eine geringe Nutzungsgebühr noch weitere Teile des *ager publicus* zu besetzen, das vormals abtrünnigen Bundesgenossen gehört hatte.[3] Die Nobilität kam auf diese Weise in den Besitz von ausgedehnten Landgütern (*latifundia*). Durch die vielen Kriege stand gleichzeitig eine Fülle von Sklaven aus den Reihen der Kriegsgefangenen als billige Arbeitskräfte zur Verfügung. Die Adligen kauften so viele wie notwendig und ließen von ihnen den entstandenen Großgrundbesitz bewirtschaften. Wein, Öl und Fleisch versprachen jetzt große Gewinne ge-

---

1) ***Provinzialen**: Name für die nichtrömische Provinzbevölkerung*
2) *Siehe dazu Seite 8.*
3) *Lesen Sie hierzu auch Seite 26.*

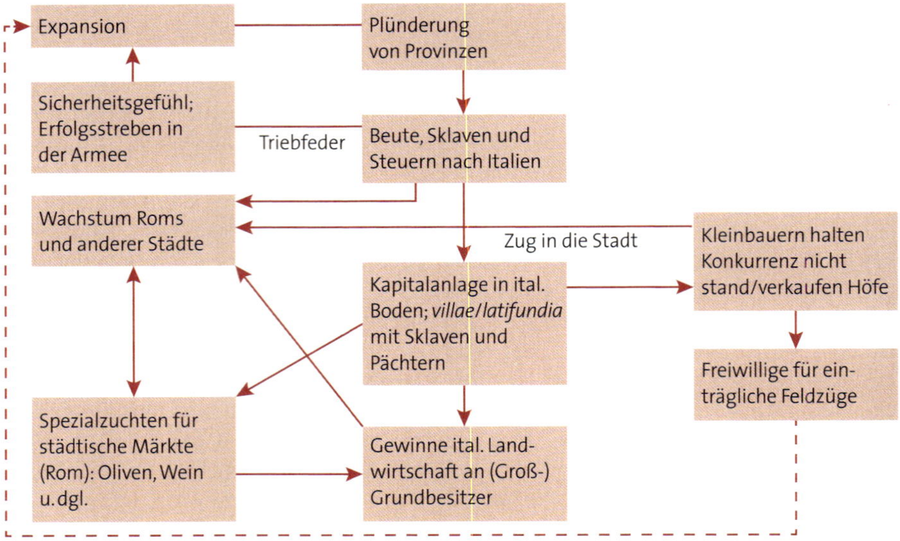

▲ **Die Folgen der römischen Expansion im zweiten Jahrhundert v. Chr.**
Nach: Louis de Blois und Robert J. van der Spek, Einführung in die Alte Welt, Stuttgart 1994, S. 141 (verändert)

- *Erläutern Sie die hier gezeigten Beziehungen im Gesamtzusammenhang. Greifen Sie dabei auch auf die Informationen aus der Darstellung zurück.*
- *Beurteilen Sie, inwiefern das Schaubild die Ursachen und Folgen der Expansion sinnvoll darstellt. Entwickeln Sie auf der Basis ihrer Beurteilung ggf. ein verändertes Schaubild.*

genüber Getreide, das Rom ab der Mitte des zweiten Jahrhunderts v. Chr. günstig aus den Provinzen in Spanien und Nordafrika importierte. Die Großgrundbesitzer konzentrierten sich daher vor allem darauf, diese Produkte zu erzeugen, sodass ihre Bauernhöfe zu lukrativen mittelgroßen Agrarbetrieben (*villae*) heranwuchsen. Die Nobilität gewann mit den neuen Wirtschaftsformen großen Reichtum und konzentrierte den Besitz von Grund und Boden zulasten der Kleinbauern in ihrer Hand. Diese konnten es sich nicht leisten, den zeitintensiven Anbau von Ölbäumen und Weinstöcken zu betreiben, und besaßen kein ausreichendes Land für die Viehzucht. Oft mussten sie ihre Höfe notgedrungen an die Großgrundbesitzer verkaufen (➧ M4). Einige blieben als Pächter ihres ehemaligen Besitzes oder standen als gering bezahlte Erntehelfer im Dienst des adligen Neueigentümers. Viele dieser verarmten Bürger gingen nach Rom, um als Tagelöhner Arbeit zu finden oder in neuen Kolonien Land zugeteilt zu bekommen. Diese Hoffnung schwand jedoch, als 177 v. Chr. die letzte Kolonie in Italien errichtet wurde und damit alles Land verteilt war. Die Landlosen wurden auf diese Weise Teil einer stark wachsenden, verarmten römischen Stadtbevölkerung (*plebs urbana*). Sie stellte aufgrund ihrer Masse in den Volksversammlungen einen zunehmend wichtigen Machtfaktor dar.

Die Macht des Geldes

Viele römische Adlige, aber auch einige Ritter nutzten die erwirtschafteten Gewinne für ihre politische Karriere. Sie finanzierten u.a. die Errichtung von öffentlichen Bauten. Auf diese Weise entstanden zahlreiche Tempel, Säulenhallen und Badehäuser in Rom. Die Sponsoren veranstalteten auch Gladiatorenspiele in den Amphitheatern. Sie gewannen damit öffentliches Ansehen und die Gunst der plebs urbana mit ihren wichtigen Wählerstimmen.

Die Politiker mussten zunehmend größere Summen investieren, um ihre wachsende Konkurrenz zu übertreffen. Dies ging so weit, dass Stimmen gekauft wurden und der Senat gezwungen war, diese „Geldverteilungen“ gesetzlich zu verbieten. Das Gesetz konnte jedoch leicht umgangen werden, da ein Patron nach geltendem Recht Geld an seine Klienten spenden durfte. Der Konkurrenzkampf setzte die Nobilität fortwährend unter den Druck, ausreichende Geldmittel zu beschaffen. Sie musste daher ständig ihren Landbesitz und damit ihre Gewinne steigern. Dies verstärkte die Kluft zwischen Arm und Reich noch mehr.

Veränderungen in der Armee

Die römische Armee war der Grund für den erfolgreichen Aufstieg Roms zur Weltmacht. Ursprünglich waren alle römischen Bürger mit Ausnahme der Besitzlosen vom 17. bis 60. Lebensjahr zum Heeresdienst verpflichtet. Die größte militärische Einheit des Heeres bildete die Legion, die aus bis zu 6 000 Fußsoldaten bestand. Da jeder Bürger für seine Ausrüstung selbst aufkommen musste, war ein bestimmtes Vermögen Voraussetzung, um im Kriegsfall als Soldat vom Staat eingezogen werden zu können. Der Zensor teilte die Bürger nach ihrer finanziellen Situation den jeweiligen Waffengattungen zu. Die römische Expansion brachte dieses erfolgreiche System allerdings ins Wanken. Rom benötigte für die langen Kriege viele Soldaten. Zahlreiche Kleinbauern, die den Hauptteil der Soldaten stellten, waren aber spätestens seit Ende des Zweiten Punischen Krieges verarmt und hatten ihr Land an Großgrundbesitzer verloren. Sie verfügten nun nicht mehr über das erforderliche Mindestvermögen für den Heeresdienst. Der Senat senkte zwar die dazu nötige Grenze von 11 000 auf 4 000 Asse ab, konnte aber auch damit nicht für die nötige Anzahl an Legionären sorgen. Die Ausrüstung der Soldaten verschlechterte sich zudem durch ihre geringeren finanziellen Mittel, während ihre Dienstzeit von einem auf sechs Jahre stieg. Der Krieg gegen die lusitanische und keltiberische Bevölkerung im westlichen und nördlichen Spanien (154–133 v. Chr.) machte die Folgen dieser Entwicklung besonders deutlich. Obwohl die Römer die langwierigen Kämpfe siegreich beenden konnten, erlitten sie hohe Verluste. Eine Aussicht auf große Kriegsbeute bestand nicht. Auch neues Siedlungsland in Italien stand den lang im Militärdienst stehenden Soldaten, den *Veteranen*, nicht zur Verfügung. Die Mehrheit von ihnen hatte nach der Rückkehr von einem Feldzug keine Aussicht mehr auf eine gesicherte Existenz. Einige gingen zurück zu ihren Familien und versuchten, ihren wenigen Landbesitz gegen die Großgrundbesitzer zu behaupten. Andere schlossen sich freiwillig einem neuen Feldzug an und hofften dabei auf gute Bezahlung und reiche Beute. Die Armee schien eine bessere Perspektive zu bieten, sich und seine Angehörigen dauerhaft zu versorgen (➧ M5 und M6).

▲ **Cicero beschuldigt Verres.**
Deckengemälde (221 x 291 cm) von Eugène Delacroix, 1838/44. Die Szene stammt aus einem Zyklus zur antiken Geistesgeschichte, der im Palais Bourbon (Sitz der französischen Nationalversammlung) abgebildet ist.

- *Beschreiben Sie das Gemälde.*
- *Analysieren Sie das Bild auch unter Berücksichtigung der Rede Ciceros gegen Verres (M1).*
- *Ordnen Sie das Gemälde in den zeitlichen Entstehungskontext ein.*
- *Erklären Sie, warum gerade dieses Motiv als Deckengemälde in der französischen Nationalversammlung gewählt wurde.*
- *Recherchieren Sie über Leben, Wirken und die politische Einstellung von Eugène Delacroix. Setzen Sie die Resultate in Beziehung zu Ihren bisherigen Ergebnissen.*

M1
Eine Schande des römischen Volkes

Marcus Tullius Cicero (siehe auch Seite 15) vertritt im Jahre 70 v. Chr. die Gemeinden der Provinz Sizilien gegen den Statthalter Gaius Verres. Dieser hat sich an der Provinz enorm bereichert. Der Prozess legt den Grundstein für Ciceros politische Karriere.

Doch von allen seinen Lastern hat er [Verres] die meisten und größten Denkmäler und Wahrzeichen in der Provinz Sizilien errichtet, die er in einem Zeitraum von drei Jahren so schlimm heimsuchte und verwüstete, dass sie den alten Zustand überhaupt nicht mehr zu erreichen vermag, ja dass es scheint, sie werde sich in vielen Jahren und unter redlichen Statthaltern [praetores] kaum einmal wieder einigermaßen erholen. Unter diesem Prätor konnten die Sizilier weder ihre eigenen Gesetze noch unsere Senatsbeschlüsse noch die allgemeinen Rechtsgrundsätze geltend machen: In Sizilien hat ein jeder nur das, was dem habgierigsten und zügellosesten aller Menschen versehentlich entging oder aus Überdruss zu viel wurde. Keine Sache hat man drei Jahre lang vor Gericht anders entschieden als auf seinen Wink hin; kein Besitz, und mochte er vom Vater oder Großvater stammen, war jemandem so sicher, dass er ihm nicht auf Befehl des Verres aberkannt werden konnte. Unzählbare Geldbeträge hat er aus den Besitzungen der Landwirte durch ein schändliches Verfahren erpresst, er hat die treuesten Bundesgenossen wie Feinde behandelt, römische Bürger wie Sklaven kreuzigen und töten lassen, Gerichtsverfahren gegen Schuldige gegen eine Geldzahlung eingestellt, die ehrenhaftesten und untadeligsten Männer in Abwesenheit angeklagt, ohne rechtliches Gehör verurteilt und verbannt, die sichersten Häfen, die größten und am besten befestigten Städte Seeräubern und Wegelagerern übergeben, sizilische Matrosen und Soldaten, unsere Verbündeten und Freunde, des Hungertodes sterben lassen, die besten und brauchbarsten Flotten zur großen Schande des römischen Volkes verloren und zugrunde gerichtet.

Eben dieser Prätor hat noch so alte Kunstdenkmäler – sie stammen teils von den sehr reichen Königen her, die ihre Städte damit schmücken wollten, teils auch von unseren Feldherren, die sie als Sieger den sizilischen Gemeinden übergaben oder zurückgaben – geraubt und alles geplündert. Und das tat er nicht nur mit öffentlichen Bildwerken und Schmuckstücken, er raubte auch sämtliche durch die heiligsten Kulte geweihten Tempel aus; schließlich ließ er den Siziliern kein einziges Götterbild übrig, das ihm meisterhaft und mit alter Kunstfertigkeit gearbeitet zu sein schien.

Cicero, Reden gegen Verres 1, 12 - 14 nach: Hans-Joachim Gehrke und Helmuth Schneider (Hrsg.), Geschichte in der Antike. Quellenband, Stuttgart 2007, S. 245 f. (übersetzt nach M. Fuhrmann)

1. *Geben Sie die Hauptanklagepunkte Ciceros wieder.*
2. *Charakterisieren Sie Ciceros Intention und Motivation bei der Prozessführung. Analysieren Sie dazu auch Sprache und Stilmittel der Rede.*
3. *Gestalten Sie auf Basis ihres Wissens über die römische Gesellschaft eine Verteidigungsrede für Verres.*

M2
Privatisierung im Römischen Reich?

Der römische Geschichtsschreiber Titus Livius (59 v. Chr.- 17 n. Chr.) verfasst eine Geschichte Roms von seiner legendären Gründung bis zum Jahre 9 v. Chr. Über die Rolle der „publicani" schreibt er:

Am Ende des Sommers, in dem die von uns beschriebenen Ereignisse stattfanden [215 v. Chr.], kam ein Brief von P. und Cn. Scipio[1] über ihre großen und erfolgreichen Operationen in Spanien; aber Geld für Sold, Bekleidung und Getreide für das Heer fehle und für die in der Flotte dienenden Bundesgenossen ebenfalls alles. Was den Sold anbelange, so würden sie, wenn die Staatskasse leer sei, einen Weg finden, auf dem sie das Geld von den Spaniern beschafften; alles übrige aber müsse unbedingt von Rom geschickt werden, auf andere Weise könne weder das Heer unterhalten noch die Provinz gehalten werden. Als der Brief verlesen worden war, gab es niemanden, der nicht zugab, dass der Lagebericht den Tatsachen entsprach und die Forderungen angemessen waren; aber ihnen stand vor Augen, welche großen Heere sie zu Lande und zu Wasser unterhielten, dass bald eine große Flotte zum Auslaufen bereit gemacht werden müsse, falls ein Krieg mit Makedonien ausbreche: Sizilien und Sardinien, die vor dem Krieg Naturalabgaben beisteuerten, ernährten kaum noch die dort stationierten Heere; durch die auf das Einkommen (der Bürger) erhobenen Umlagen würden die Ausgaben aufgebracht; doch die Zahl der diese Umlagen Aufbringenden sei durch die großen Verluste der Heere am Trasimenischen See und bei Cannae[2] vermindert; die wenigen, die übrig seien, würden, wenn sie durch Vervielfältigung der Umlagen belastet würden, an dieser anderen Katastrophe zugrunde gehen: Wenn man sich nicht auf einen Kredit stützen könne, werde die Staatskasse aus eigenen Mitteln nicht für den Bedarf einstehen können: Der Prätor Fulvius solle vor die Volksversammlung treten, dem Volk den Bedarf des Staates darlegen und an diejenigen appellieren, die durch die Kontrakte mit dem Staat ihr Vermögen vermehrt hätten, dass sie dem Staat Zeit gäben und einen Kontrakt schlössen, unter der Bedingung zu liefern, was für das Heer in Spanien nötig sei, dass sie als erste bezahlt würden, sobald wieder Geld in der Staatskasse sei. So sprach der Prätor vor der Versammlung und legte einen Termin fest, an dem die Aufträge zur Lieferung von Kleidung und Getreide für das Heer sowie den sonstigen Bedarf für die bundesgenössischen Flottenmannschaften vergeben würden. Als der Tag gekommen war fanden sich drei Gesellschaften mit 21 Personen zur Übernahme der Kontrakte ein und stellten zwei Forderungen: einmal Freistellung vom Militärdienst solange sie für den Staat tätig seien, sodann dass der Staat das Risiko für Schiffsladungen in Hinblick auf Feindeinwirkungen und Sturmschäden übernehme. Beides wurde gewährt. So

[1] *Die beiden Brüder befehligten seit 217 v. Chr. des römische Heer in Spanien.*

[2] *Am Trasimenischen See (217 v. Chr.) und bei Cannae (216 v. Chr.) erlitten die Römer die zwei verheerendsten Niederlagen gegen Hannibal. Auf römischer Seite starben in beiden Schlachten zusammen schätzungsweise 90 000 Soldaten.*

schlossen sie die Lieferungskontrakte ab und der Staatsbedarf wurde mit privatem Geld beschafft. Eine solche Einstellung der Vaterlandsliebe beherrschte ohne Einschränkung alle Stände. So wie alle Kontrakte mit großzügiger Gesinnung geschlossen waren, so wurde mit größter Vertragstreue und keineswegs sparsamer den Soldaten geliefert, als wenn sie wie früher von einer wohlgefüllten Staatskasse unterhalten worden wären.

Livius, Römische Geschichte, 23, 48,4 – 49,4, nach Klaus Bringmann, Krise und Ende der römischen Republik (133 – 42 v. Chr.), Berlin 2003, S. 113 f.

1. *Analysieren Sie die Rolle und die Position der Privatunternehmer.*
2. *Erläutern Sie mögliche Folgen, die sich aus dem in der Quelle beschriebenen Einsatz von Privatunternehmern ergeben.*
3. *Recherchieren Sie, in welchen Bereichen in der heutigen Zeit staatliche Aufgaben an private Unternehmer übergeben werden, und vergleichen Sie diese Beispiele von „Privatisierung" mit dem Einsatz der „publicani" in der römischen Republik.*
4. *Livius interpretiert das Verhalten der „publicani" als „Vaterlandsliebe" (siehe Zeile 56). Beurteilen Sie diese Einschätzung.*

M3
Die Macht der „publicani"

Quintus Tullius Cicero (siehe auch Seite 17, M4) ist von 61 bis 59 v. Chr. Statthalter in der Provinz Asia. Sein älterer Bruder Marcus Tullius Cicero gibt ihm in einem Brief Ratschläge zur Verwaltung der Provinz und zum Umgang mit den „publicani":

Deinem guten Willen und deiner Aufmerksamkeit machen nur die Steuerpächter [publicani] große Schwierigkeiten: Wenn wir ihnen entgegentreten, dann werden wir ihren Stand, der große Verdienste um mich hat und den ich für das Gemeinwesen gewonnen habe, uns und dem Gemeinwesen entfremden; wenn wir ihnen aber in allen Dingen nachgeben, lassen wir zu, dass diejenigen völlig zugrunde gehen, für deren Wohlergehen und Glück wir sorgen müssen. Das ist aber auch, wenn wir es recht bedenken, die einzige Schwierigkeit in deiner gesamten Statthalterschaft. Denn selbst uneigennützig zu sein, alle Begierden zu beherrschen, bei den eigenen Untergebenen Disziplin durchzusetzen, unparteiisch Recht zu sprechen, freundlich bei gerichtlichen Untersuchungen, Vernehmungen und Audienzen zu sein, das alles gilt zwar als ausgezeichnet, ist aber nicht gerade schwer, denn dazu bedarf es keiner besonderen Anstrengung, sondern nur des festen Vorsatzes und des guten Willens.
Welche Härte das Verhalten der Steuerpächter [publicani] den Verbündeten [der Provinzbevölkerung] verursacht, habe ich von [römischen] Bürgern erfahren, die sich kürzlich, als es um die Aufhebung der Hafenzölle in Italien ging, nicht so sehr über den Hafenzoll als vielmehr über die zahlreichen Übergriffe der Zollpächter beschwerten. Wie mag es da erst den Verbündeten in den entlegendsten Ländern gehen, wenn ich schon hier in Italien die Klagen der Bürger vernehme! Sich in dieser Frage so zu verhalten, dass man die Steuerpächter [publicani] zufrieden stellt [...] und zugleich nicht zulässt, dass die Verbündeten ruiniert werden, das scheint geradezu eine gottbegnadete, das heißt Deine Vernunft zu erfordern. Und den Griechen sollte das, was besonders hart ist, nämlich die Steuern, nicht gerade als Härte erscheinen, weil [die Steuerpflicht] auch vor der römischen Herrschaft aufgrund ihrer eigenen Einrichtungen schon bestand. [...]
Dass aber die Griechen bei der Eintreibung von Steuern nicht sanfter verfahren als unsere Steuerpächter [publicani], ist klar einzusehen, denn neulich nahmen die Caunier und alle Bewohner der Inseln, die Sulla den Rhodiern übergeben hatte, ihre Zuflucht zum Senat, um lieber uns als den Rhodiern steuerpflichtig zu sein. [...] Zugleich sollte Asia auch bedenken, dass ihm das Unheil auswärtiger Kriege und innerer Konflikte nicht erspart geblieben wäre, wenn wir es nicht unter unserer Herrschaft hielten. Da diese Herrschaft aber ohne Abgaben nicht aufrechterhalten werden kann, so sollte es auch gelassen den andauernden ungestörten Frieden mit einem Teil seiner Einkünfte bezahlen.

Cicero, An den Bruder Quintus 1,1, 32 – 34, nach: Hans-Joachim Gehrke und Helmuth Schneider (Hrsg.), a. a. O., S. 249 f. (übersetzt nach Helmut Kasten)

1. *Fassen Sie die Haltung zusammen, die Marcus Cicero gegenüber den „publicani" vertritt (M3).*
2. *Analysieren Sie das Verhalten der „publicani" in den Provinzen.*
3. *Arbeiten Sie aus dem Brief die Bedeutung der „publicani" für die römische Führungsschicht heraus.*
4. *Überprüfen Sie, ob die Vorgehensweise der „publicani" Ausdruck einer krisenhaften Entwicklung ist. Berücksichtigen Sie dabei auch den Theorie-Baustein „Krise" auf Seite 86f.*

M4

„So kam es, dass die Mächtigen vollends reich wurden"

Der griechische Geschichtsschreiber Appian (um 95–165 n. Chr.) stammt aus der Hafenstadt Alexandria im heutigen Ägypten. Dort gehört er der städtischen Oberschicht an. Er erwirbt das römische Bürgerrecht und verfasst in der Rückschau, um die Mitte des zweiten Jahrhunderts n. Chr., eine römische Geschichte in griechischer Sprache. Sein ursprünglich aus 24 Büchern bestehendes Werk ist nur in Teilen erhalten. Er schildert die Situation in Italien in der Zeit um 133 v. Chr. so:

Als die Römer Italien nach und nach durch Krieg in ihre Hand gebracht hatten, pflegten sie einen Teil des Landes in Besitz zu nehmen und Städte zu erbauen oder in schon vorher bestehende Siedler einzureihen, die von ihnen selbst kamen. Dies sahen sie anstelle von Besatzungen vor. Von dem Land, das sie jeweils erbeuteten, teilten sie das bebaute sogleich den Siedlern zu oder verkauften oder verpachteten es. Das infolge des Krieges unbestellte Land aber, das sich am weitesten ausdehnte, ließen sie unterdessen, ohne noch die Zeit zu finden, es durch Los zu verteilen, durch öffentliche Ausrufung denen anbieten, die bereit waren, es gegen eine Abgabe von der jährlichen Ernte, und zwar eines Zehntels vom Getreide und eines Fünftels vom Obst, zu bebauen. Für die aber, die Vieh hielten, wurden Abgaben von Groß- und Kleinvieh festgesetzt. Sie taten dies, um die Bevölkerung des italischen Stammes zu mehren, in dem sie den zähesten erblickten, und versprachen sich davon, blutsverwandte Bundesgenossen zu haben. Doch trat das Gegenteil ein. Die Reichen nämlich, die den größten Teil des unverteilten Landes in Besitz nahmen und sich im Laufe der Zeit ermutigt fühlten zu glauben, man werde ihnen ihren Besitz nicht streitig machen, gingen dazu über, das in ihrer Nachbarschaft gelegene Land aufzukaufen und teils mit Gewalt an sich zu ziehen, erschlossen weite Landstriche anstelle einzelner Grundstücke und benutzten Sklaven als Bauern und Hirten, um nicht befürchten zu müssen, dass die Freien vom Ackerbau zum Kriegsdienst abgezogen würden. Zur gleichen Zeit brachte ihnen dieser Besitz beträchtlichen Gewinn infolge des Kinderreichtums der Sklaven, konnten sie sich doch dank ihrer Befreiung vom Kriegsdienst ohne Gefahr vermehren. So kam es, dass die Mächtigen vollends reich wurden und die Menschenklasse der Sklaven sich über das ganze Land ausbreitete, die Italiker aber unter einem Rückgang in der Bevölkerungszahl und einem Mangel an Männern litten, da sie von Armut, Abgaben und Kriegsdienst hart getroffen wurden. Auch wenn sie davon Ruhe hatten, versanken sie in Untätigkeit, da die Reichen das Land in ihrer Hand hatten und statt Freigeborener Sklaven als Bauern verwandten.

Appian, bella civilia, 1,26–31, nach: Klaus Bringmann, a. a. O., S. 124f.

1. *Analysieren Sie den Text arbeitsteilig in Hinblick auf*
   a) die Bedeutung des Staatslandes,
   b) die Bedeutung der Sklaven,
   c) die Rückwirkungen des Krieges und der Expansion.
2. *Erläutern Sie wahrscheinliche Folgen der dargestellten Entwicklung.*
3. *Ordnen Sie die Darstellung Appians in den historischen Kontext ein. Verwenden Sie hierzu auch das Schaubild auf Seite 28.*
4. *Beurteilen Sie den Quellenwert von Appians Darstellung.*
5. *Überprüfen Sie, inwieweit in der vorliegenden Quelle eine „Krise" der römischen Agrarverfassung deutlich wird. Siehe hierzu auch den Theorie-Baustein „Krise" auf Seite 86f.*

▲ **Bewaffnete Soldaten.**
Knochentäfelchen aus Palestrina bei Rom, gefunden in einer Begräbnisstätte, 4. Jh. v. Chr.

M5
Soldaten ohne Perspektive?

Der Historiker Martin Jehne schreibt 2006 über die römischen Soldaten:

Wenn mehrere Söhne den Militärdienst überlebten und eine eigene Familie gründen wollten, dann war eine Aufteilung des Familienbesitzes bedrohlich für alle. Hier hatte die Kolonisation häufiger eine Alternative geboten, und die fiel nach der erst einmal erreichten Sicherung Italiens aus. Selbst in dem Fall, dass ein Legionär aus einem lukrativen Krieg im Osten mit einer schönen Prämie und ordentlichen Beuteanteilen zurückkehrte, war nicht unbedingt davon auszugehen, dass er sich einfach ein hinreichend großes Landstück kaufen konnte, denn gegen die Konkurrenz der expandierenden reichen Gutsbesitzer, die ganz andere Preise bezahlen und zudem auch Druck ausüben konnten, war der Veteran wahrscheinlich oft machtlos. Dass sich während des 2. Jh. eine offenbar steigende Zahl von Römern immer wieder freiwillig für den Militärdienst meldete, hing wohl nicht nur damit zusammen, dass die Verlängerung ununterbrochener Dienstzeiten auch eine intensivere Gewöhnung an diese Lebensweise nach sich zog – für einige scheint die Alternative darin bestanden zu haben, als überflüssige Esser im Elternhaus zu hocken. Gegen diese erbärmliche Existenz, in der einem die Geringschätzung des Hoferben, also des ältesten Bruders, und der Nachbarschaft gewiss gewesen sein dürfte, könnte der Dienst in der Legion, gewürzt durch berauschende Siegeserlebnisse und beachtliche Bereicherungschancen, richtiggehend attraktiv gewesen sein – sofern man ihn unbeschadet überstand.

Rom bekam dennoch im Laufe des zweiten Jahrhunderts eine Rekrutierungskrise zu spüren [...]. Bei näherem Hinsehen stellt sich freilich heraus, dass es fast ausschließlich die Kriege in Spanien waren, die den Bürgern verhasst waren – verständlicherweise: In Spanien wurde zwischen 154 und 133 heftig gekämpft, und zwar mit erheblichen Verlustraten für die römischen Heere, aber ohne nennenswerte Gewinne. Hohes Lebensrisiko bei geringen Verdienstchancen war natürlich nicht verlockend, während die Einsätze im Osten, wo die Kriege nicht lange zu dauern pflegten und große Beute und Prämien verhießen, meist sehr begehrt waren.

Die römische Armee veränderte sich also im Laufe des zweiten Jahrhunderts. Der typische Legionär dürfte nicht mehr der eingezogene Bauernsohn gewesen sein, der widerspruchslos dorthin ging, wohin ihn der Senat in seiner Weisheit schickte, getrieben von selbstverständlicher Erfüllung seiner Bürgerpflichten und der Aussicht, ein wenig Beute zu machen und vielleicht einmal als Kolonist eine eigene Bauernstelle zu erhalten, sofern er nicht den Vater beerben konnte. Die langen Kriege, die das ganze Jahr über andauerten und in denen die Soldaten ununterbrochen unter Waffen standen, veränderten die Perspektive. Der Kriegsdienst wurde für eine größere Zahl von Römern zum Beruf, indem sie sich dann, wenn für einen neuen Krieg ausgehoben wurde, freiwillig meldeten. Ihre Erfahrung ermöglichte diesen Berufssoldaten wahrscheinlich häufiger den Aufstieg im militärischen Rang, und die Centurionen, die Führer der kleinsten Gliederungseinheiten der Legion, wurden ein wesentliches Element der Stärke der Gesamtarmee. Dass man diesen Veränderungen und der gesteigerten Bedeutung der Centurionen auch Rechnung trug, zeigt die Verdoppelung ihres Soldes und ihrer Prämien gegenüber jenen der einfachen Soldaten.

Martin Jehne, Die römische Republik. Von der Gründung bis Caesar, München 2006, S. 79f.

1. *Arbeiten Sie heraus, welche Möglichkeiten und Perspektiven sich einem römischen Legionär aus dem Kreis der Plebejer für seinen weiteren Lebensweg boten.*
2. *Erläutern Sie die Auswirkungen der zunehmenden Expansion in Hinblick auf die*
a) Kriegsschauplätze
b) Veränderung der Heeresstruktur
c) Traditionelle Rolle der römischen Kleinbauern.
3. *Charakterisieren Sie, wie sich das Bewusstsein der einfachen römischen Soldaten veränderte.*
4. *Überprüfen Sie ausgehend vom Text, inwieweit von einer „Krise" der Heeresverfassung gesprochen werden kann.*

M6
Ein Soldat macht Karriere

Bei der Aufstellung der Legionen für den Feldzug gegen König Perseus von Makedonien (um 212 – um 165 v. Chr.) weigern sich mehrere Bürger, Militärdienst zu leisten. Der römische Geschichtsschreiber Titus Livius (siehe Seite 31) berichtet, wie in dieser Situation der Offizier Spurius Ligustinus auftritt, um von seinem Militärdienst zu erzählen:

Ich bin Spurius Ligustinus […] und stamme aus Sabinum. Mein Vater hinterließ mir ein Morgen Land und eine kleine Hütte, in der ich selbst geboren und aufgezogen worden bin, und heute wohne ich dort. Als ich in das Erwachsenenalter kam, gab mir mein Vater die Tochter seines Bruders zur Frau, die nichts mit sich brachte als ihre freie Geburt und ihre Keuschheit, und außerdem eine Fruchtbarkeit, die für eine reiche Familie ausgereicht hätte. Wir haben sechs Söhne und zwei Töchter, die beide verheiratet sind. Vier unserer Söhne haben bereits die *toga virilis* angelegt [sind volljährig], zwei sind noch im Knabenalter. Soldat wurde ich unter den Consuln Publius Sulpicius [Galba] und Gaius Aurelius [Cotta; 200 v. Chr.]. In dem Heer, das nach Makedonien übergesetzt worden ist, diente ich zwei Jahre als einfacher Soldat im Krieg gegen König Philipp [V.]. Im dritten Jahr machte mich Titus Quinctius Flamininus meiner Tapferkeit wegen zum Centurio[1] […] der *hastati* [ersten Schlachtreihe]; nach der Niederlage Philipps und der Makedonen, nach der Rückkehr nach Italien und der Entlassung ging ich als Freiwilliger […] mit dem Consul Marcus Porcius [Cato] nach Spanien. […] Dieser Imperator hielt mich für würdig, dass mir die Stelle eines Centurio der ersten Centurie der *hastati* gegeben wurde. Das dritte Mal leistete ich Heeresdienst, wiederum als Freiwilliger, in dem Heer, das gegen die Aetoler und gegen den König Antiochus eingesetzt wurde [191 v. Chr.]. Unter Manius Acilius erhielt ich die Stelle des Centurio der ersten Centurie der *principes* [des Kerns der Kampftruppen]. Als der König Antiochus [aus Griechenland] vertrieben worden war und die Aetoler geschlagen worden waren, wurden wir nach Italien zurückgeführt.
Danach leistete ich zweimal Militärdienst, wobei die Legionen jeweils ein Jahr kämpften. Zweimal kämpfte ich in Spanien, einmal unter Quintus Fulvius Flaccus, dann unter dem Praetor Tiberius Sempronius Gracchus[2]. Von Flaccus wurde ich zusammen mit denen, die er ihrer Tapferkeit wegen aus der Provinz zum Triumph [nach Rom] führte, [nach Italien] zurückgebracht.
Von Tiberius Gracchus wurde ich zweimal für den Dienst in der Provinz angefordert. Viermal bekleidete ich innerhalb weniger Jahre die Stellung eines ranghöchsten Centurio […]. Vierunddreißigmal wurde ich von den Feldherren wegen meiner Tapferkeit ausgezeichnet; sechsmal erhielt ich die *corona civica* [Auszeichnung für die Rettung eines Bürgers]. Über zweiundzwanzig Jahre habe ich im Heer gedient, und ich bin jetzt über fünfzig Jahre alt.

[1] **Centurio**: *römischer Offizier, der eine Hundertschaft anführt*
[2] *Zu Tiberius Gracchus siehe insbesondere Seite 38f.*

Aber auch wenn ich noch nicht alle meine Dienstjahre abgeleistet hätte und aufgrund meines Alters vom Militärdienst befreit wäre, sollte es dennoch billig sein, Publius Licinius, mich von einem neuen Militärdienst zu befreien, da ich vier Soldaten für mich stelle. Ich möchte, dass ihr das, was ich in meiner Sache gesagt habe, hört, aber ich selbst werde niemals, solange irgendein Feldherr, der eine Armee aufstellt, mich für einen geeigneten Soldaten hält, mich mit einer Entschuldigung dem Militärdienst zu entziehen suchen.
Für welchen Rang die Militärtribunen mich für geeignet halten, liegt in ihrer Kompetenz; ich werde mich bemühen, dass mich keiner im Heer an Tapferkeit übertrifft. Ich habe immer so gehandelt, und dafür sind sowohl meine Feldherren [*imperatores*] als auch die Soldaten, die mit mir dienten, Zeugen.
Kameraden, auch wenn ihr für euch das Recht in Anspruch nehmt, Widerspruch gegen die Einberufung einzulegen, ist es nur billig, dass ihr, die ihr in eurer Jugend nichts gegen die Autorität [...] der Magistrate und des Senates unternommen habt, nun auch jetzt die Kompetenz der Consuln und des Senates anerkennt und jeden Platz, an dem ihr das Gemeinwesen verteidigt, für ehrenvoll haltet.

Livius, Römische Geschichte 42, 34 nach: Hans-Joachim Gehrke und Helmuth Schneider (Hrsg.), a. a. O., S. 223 f. (übersetzt nach H. J. Hillen)

1. *Fassen Sie den Lebenslauf des Spurius Ligustinus zusammen.*
2. *Analysieren Sie den Text in Hinblick auf*
a) die private Situation,
b) den Werdegang beim Militär,
c) die innere Einstellung des Spurius Ligustinus.
3. *Verfassen Sie ein fiktives Gespräch zwischen Ligustinus und einem römischen Kleinbauern über die Frage, ob ein römischer Bürger bezogen auf die eigenen Zukunftsperspektiven Militärdienst leisten solle.*
4. *Erläutern Sie, welche Rückwirkungen die andauernden Kriege auf die römische Bevölkerung, die Kriegsdienst leistet, haben. Beziehen Sie dabei M5 und M6 ein.*

Reformversuche und Konflikte

▲ **Tiberius Gracchus – Tod eines Reformers.**
Stahlstich von 1842, aus: Bilder-Gallerie zur allgemeinen Weltgeschichte von C. v. Rotteck.

- *Beschreiben Sie die Wirkung des Stahlstichs.*
- *Analysieren Sie, durch welche Bild- und Gestaltungselemente diese Wirkung erzeugt wird.*
- *Arbeiten Sie heraus, welche Rückschlüsse sich aus dem Stich über die innenpolitische Situation in Rom ziehen lassen.*
- *Stellen Sie auf Basis Ihres Vorwissens Hypothesen auf, wie es zu den inneren Unruhen gekommen sein könnte, und überprüfen Sie diese anhand der Materialien und des Darstellungstextes.*

133 v. Chr.
Der Volkstribun Tiberius Gracchus setzt eine Agrarreform durch. Nach dem Versuch, sich um eine zweite Amtszeit zu bewerben, wird er zusammen mit etwa 200 Gefolgsleuten von Senatoren erschlagen.

123/122 v. Chr.
Gaius Gracchus wird zweimal in Folge zum Volkstribun gewählt und setzt ein Reformpaket gegen den Widerstand des Senats durch.

121 v. Chr.
Gaius Gracchus und 3000 seiner Anhänger kommen gewaltsam ums Leben. Seine Reformen werden schrittweise zurückgenommen.

104–100 v. Chr.
Gaius Marius wird fünfmal hintereinander zum Konsul gewählt. Er reformiert das römische Heer. 102/101 v. Chr. schlägt er die germanischen Stämme der Kimbern und Teutonen vernichtend.

91–88 v. Chr.
Die Bundesgenossen erheben sich gegen Rom. Sie erhalten schließlich das geforderte römische Bürgerrecht.

88 v. Chr.
Der Konsul Sulla besetzt mit seinem Heer Rom.

83/82 v. Chr.
Der erste Bürgerkrieg endet mit dem Sieg Sullas.

82–79 v. Chr.
Sulla wird zum Diktator ernannt und stellt die politische Ordnung in Rom wieder her. Seine Gegner werden für vogelfrei erklärt, ihre Namen auf Tafeln veröffentlicht (Proskriptionen).

Filmtipp
Rom und seine großen Herrscher. Episode 3: Kampf des Tiberius, England 2007, Regie: Nick Murphy, Nick Green u. a. (Dokumentarfilmreihe der BBC)

Lesetipp
Bernhard Linke, Die römische Republik von den Gracchen bis Sulla, Darmstadt ²2012

Eine zweite Chance

Die wachsende Verarmung der römischen Kleinbauern blieb der Nobilität nicht verborgen. Auf einer Reise durch Etrurien[1] im Jahr 137 v. Chr. erlebte der aus einem angesehenem Adelsgeschlecht stammende *Tiberius Gracchus* (162–133 v. Chr.) die Situation auf dem Lande hautnah. Angetrieben von diesen Eindrücken unternahm er den Versuch, den besitzlosen Bürgern durch Reformen eine neue Existenzgrundlage zu geben. Dabei bewegten ihn allerdings eher persönliche als soziale Motive. Tiberius hatte als Soldat in einem Feldzug gegen die spanische Stadt Numantia gedient, in dem das römische Heer unterlag. Der kommandierende Konsul bemühte sich in Verhandlungen, die verbliebenen Teile seiner Armee durch Kapitulation zu retten. Dieses Vorgehen bedeutete eine nicht zu akzeptierende Blamage für Rom. Da Tiberius den Friedensvertrag mit den Numantinern u. a. unterzeichnete, wurde er vom Senat mitverantwortlich gemacht und verlor stark an Ansehen. Die Reformen zugunsten der besitzlosen Plebejer boten ihm nun eine Chance, seine politische Situation wieder zu festigen und seinen Machteinfluss zu vergrößern.

Die Agrarreform

Im Jahre 133 v. Chr. bemühte sich der zum Volkstribun ernannte Tiberius um eine grundlegende Agrarreform, in der die Größe des öffentlichen Gemeindelandes, des ager publicus, nach oben begrenzt werden sollte. 500 iugera[2] wurden festgesetzt, die ein Bürger besitzen durfte. Das frei werdende Land sollten die besitzlosen Bürger in kleinen Parzellen zwischen 20 und 30 iugera erhalten, um sich damit selbst zu versorgen und ein für den Heeresdienst ausreichendes Vermögen zu erwirtschaften. Damit die Kleinbauern vor Übergriffen der Großgrundbesitzer sicher waren, durfte der Boden nicht verkauft werden. Eine Kommission sollte die Landumverteilung organisieren, überwachen und über mögliche Streitfälle bei der Verteilung entscheiden. Obwohl einflussreiche Senatoren das Vorhaben von Tiberius unterstützten, lehnte die Mehrheit es jedoch ab. Viele der Senatoren waren selbst im Besitz von Latifundien, die sich auch auf Staatsland erstreckten, und hätten durch die Umverteilung an Besitz verloren. Tiberius beschritt daraufhin einen anderen, völlig neuen Weg und umging den Senat: Ohne sich mit ihm zu beraten, vertrat er den Gesetzesentwurf direkt vor der plebejischen Volksversammlung (➧ M1). Als zahlreiche Nobiles das Gesetz durch das Veto eines anderen Volkstribunen zu verhindern versuchten, ließ Tiberius diesen wegen Verletzung der Volksinteressen durch die Volksversammlung absetzen – ein einmaliger Vorgang in der römischen Geschichte. Danach wurde der Vorschlag des Tiberius von der Volksversammlung als Gesetz angenommen.

Der Kampf um das Ackergesetz

Tiberius übernahm umgehend den Vorsitz der Kommission, die das öffentliche Gemeindeland verteilen sollte. Es stellte sich jedoch bald als schwierig heraus, die Eigentumsverhältnisse zu klären. So kam es häufig zu Klagen gegen das Vorgehen der Kommission. Als der Senat die Finanzierung der Agrarreform nicht bewilligte, brachte Tiberius in der plebejischen Volksversammlung erneut ein Gesetz ein. Es sah vor, die Erbschaft aus dem Königreich von Pergamon für die Durchführung des Ackergesetzes zu verwenden.[3] Auch

---

[1] ***Etrurien***: *ehemalige Landschaft in Mittelitalien*
[2] *500 iugera = 125 Hektar*
[3] *Der griechische König Attalos III. von Pergamon (171–133 v. Chr.) hatte testamentarisch festgelegt, dass die Römer nach seinem Ableben die Herrschaft über sein Reich erhielten.*

▲ **Die Brüder Gracchus.**
Bronzeplastik von Eugène Guillaume (1822–1905), 85,2 cm (hoch) x 90,02 cm (breit) x 60,7 cm (tief), 1853, Aufbewahrungsort: Musée d'Orsay, Paris.

- *Beschreiben Sie die Plastik. Berücksichtigen Sie dabei vor allem Mimik und Gestik der dargestellten Personen.*
- *Analysieren Sie die Plastik. Wodurch entsteht ihre Wirkung?*
- *Vergleichen Sie das Bild der Gracchen, das die Plastik vermittelt, mit dem Bild der Gracchen in der heutigen Geschichtsschreibung (Verfassertext, M2 und M4 auf Seite 48 f.).*

in diesem Fall stimmte die Volksversammlung der Gesetzesvorlage zu. Mit dem Volksbeschluss wurden allerdings nicht nur die Kompetenzen des Senats missachtet, sondern auch in das politische Gleichgewicht erheblich eingegriffen. Ein weiterer geplanter Verfassungsbruch, nämlich an das erste Volkstribunat ein zweites anzuhängen, um die Reformen vorantreiben zu können, ließ die Situation endgültig eskalieren. Tiberius und circa 200 seiner Gefolgsleute wurden von Senatoren erschlagen, weitere Anhänger zum Tode verurteilt (➧ M2). Das Ackergesetz blieb zwar formal in Kraft, doch wurden der Ackerkommission im Jahre 129 v. Chr. ihre richterlichen Befugnisse entzogen, was die Arbeit praktisch zum Erliegen brachte. Bis dahin hatten immerhin einige besitzlose Bürger Land erhalten, trotzdem blieb ihre Anzahl gering. Erneut musste das Mindestvermögen für den Heeresdienst von 4000 auf 1500 Asse abgesenkt werden, um den Bedarf an Soldaten zu decken.

Der Bruder als Nachfolger

Zehn Jahre später wollte *Gaius Gracchus* (153–121 v. Chr.) die Politik seines älteren Bruders fortführen. Das Scheitern des Tiberius hatte die Familie der Gracchen entehrt. Nach römischer Sitte lag es nun an seinen Angehörigen, alles zu tun, die dignitas der Familie wiederherzustellen.

Gaius ließ sich 123 v. Chr. zum Volkstribun wählen und die Volksversammlung der Plebejer ein erweitertes Reformpaket[1] beschließen. Hier eine Auswahl der beschlossenen Gesetze:

- Das Ackergesetz – *lex agraria* – gab der Landverteilungskommission ihre Rechte zurück, sodass sie wieder tätig werden konnte.
- Die *lex frumentaria* bestimmte, dass die römischen Bürger jeden Monat Getreide zu einem festen Preis kaufen konnten. Das Gesetz verfügte ferner den Bau von Getreidespeichern und Zufahrtsstraßen. Das Vorhaben sollte u. a. mit den Einnahmen aus der reichen Provinz Asia[2] finanziert werden. Das Recht, die Steuern in der Provinz einzutreiben, wurde an die „publicani" versteigert (*lex de provincia Asia*).
- Die *lex de imperio consulari* ordnete an, vor den Konsulatswahlen die Aufgabenbereiche der künftigen Konsuln durch den Senat genau festzulegen. Gegen die Entscheidung war kein Widerspruch möglich. Durch das Gesetz sollten Korruption und Amtsmissbrauch verhindert werden.
- Die *lex repetundarum* machte Gelderpressung zu einem Strafverfahren, sodass sich die Provinzialien leichter juristisch gegen korrupte Statthalter zur Wehr setzen konnten.
- Die *lex iudiciaria* schloss Senatoren als Richter in Strafprozessen, die Erpressung und Amtsmissbrauch behandelten, aus und übertrug dieses Amt den Rittern. Die Ritter erhielten dadurch Kontrollfunktionen gegenüber Magistraten und damit großen Einfluss. Durch dieses Gesetz wurde der Ritterstand erstmals klar von der Nobilität abgegrenzt (▶ M3).
- Mit der *lex de tribunis plebi reficiendis* wurde die Wiederwahl zum Volkstribunat legalisiert.
- Die *lex militaris* verfügte, dass der Staat künftig für die Bekleidung und Ausrüstung der Soldaten aufzukommen hatte. Es wurde verboten, Jugendliche unter 17 Jahren zum Kriegsdienst heranzuziehen.
- Die *lex de provocatione* untersagte, einen römischen Bürger durch ein Sondergericht zum Tode zu verurteilen, und setzte damit ein klares Signal gegen die Mörder von Tiberius Gracchus und seinen Anhängern.

Gaius Gracchus scheitert

Erneut waren Gesetze gegen das Einverständnis des Senats verabschiedet worden. Da sowohl die Plebejer als auch die Ritter von den Reformen profitierten, konnte Gaius – der 122 v. Chr. erneut zum Volkstribun gewählt worden war – viele Anhänger in beiden Gruppen gewinnen. Zahlreiche Senatoren betrachteten diesen Machtzuwachs allerdings mit großem Misstrauen. Gaius verlor weitere Stimmen in der Nobilität, als er versuchte, den italischen Bundesgenossen per Gesetz das volle römische Bürgerrecht zuzugestehen und öffentliches Gemeindeland zu überlassen. Auch das Projekt eine neue Kolonie in der Region von Karthago zu gründen, um neues Siedlungsland zu erschließen, stieß beim Adel auf Ablehnung. Die Mehrheit der Nobilität wollte weder mit den Bundesgenossen Rechte und Land teilen noch zulassen, dass sich römische Bürger allzu weit von Rom entfernten. Der Senat versuchte daher erneut, mithilfe eines anderen Volkstribunen gegen die Reformen vorzugehen. Er verhinderte durch seinen Einspruch, dass die Bundesgenossen per Gesetz das

---

[1] *Siehe hierzu auch den Methoden-Baustein „Textquelle", Seite 58 f.*
[2] *Zur Lage dieser römischen Provinz siehe die Karte auf Seite 24.*

Bürgerrecht erhielten, und sabotierte die Kolonisation in Afrika dadurch, dass er der plebs urbana auf der Volksversammlung die – völlig unrealistische – Gründung von zwölf neuen Kolonien in Italien in Aussicht stellte. Die Plebejer schwenkten auf seine Linie ein und unterstützten weder Gaius Gracchus' Vorhaben noch dessen Kandidatur für eine dritte Amtszeit als Volkstribun.
Der Senat entwarf 121 v. Chr. ein Gesetz, das den weiteren Aufbau der Kolonie in Nordafrika aufgrund angeblicher schlechter göttlicher Vorzeichen stoppen sollte. Gracchus versuchte daraufhin mit seinen Gefolgsleuten die Stadtbevölkerung dazu zu bringen, dieses Gesetz zu verhindern. Die Stimmung schlug bald in Gewalt um. Der Senat rief daraufhin zum ersten Mal in der Geschichte Roms den Notstand (*senatus consultum ultimum*) aus: Der amtierende Konsul wurde beauftragt, die Ordnung wiederherzustellen, und ließ den Aventin[1] erstürmen, auf dem sich der ehemalige Volkstribun mit seinen Anhängern verschanzt hatte. Zahlreiche Gefolgsleute wurden erschlagen. Als die Situation immer aussichtsloser erschien, ließ sich Gaius von einem treuen Sklaven töten. 3000 seiner Anhänger wurden ohne Prozess hingerichtet.

Popularen und Optimaten

Das große Ziel, eine Agrarreform dauerhaft durchzusetzen, hatten die Gracchen nicht erreicht. Ihr Reformprogramm wurde schrittweise rückgängig gemacht. Mit der *lex agraria* (111 v. Chr.) wurden ein großer Teil des ager publicus für die Kleinbauern abgabenfrei und damit praktisch zu Privateigentum. Dem Staat war der Zugriff auf den ager publicus entzogen, Landverteilungen ohne Weiteres nicht mehr möglich. Das frei verkäufliche Eigentum konnten die Großgrundbesitzer nun ohne Schwierigkeiten wieder aufkaufen.
Auch die Lage der Bundesgenossen verbesserte sich nicht. Maßnahmen wie die lex iudiciaria und die lex frumentaria fanden jedoch derart breite Zustimmung in der Ritterschaft bzw. der plebs urbana, dass der Senat sie aus Angst vor möglichen Unruhen nicht antastete. Tiberius und Gaius Gracchus veränderten die politische Ordnung der römischen Republik aber noch grundlegender: Beide Volkstribune hatten den Umstand ausgenutzt, dass die Volksversammlung der Plebejer durch Versprechungen und Vergünstigungen leicht zu manipulieren war. Sie machten sich dies zunutze, um Gesetze gegen den Willen des Senats durchzusetzen. Dadurch wurde die traditionelle Einigkeit, die zwischen Senatoren und Magistraten bestanden hatte, untergraben. Die Versammlung der Plebejer benutzten einige ambitionierte Politiker aus dem Senat künftig als Machtmittel. Sie wurden „Männer des Volkes" (*populares*) genannt. Als „die Besten" (*optimates*) wurden hingehen diejenigen Staatsmänner bezeichnet, die weiterhin im Einklang mit der Autorität des Senats handelten und ihn als Basis aller Entscheidungen sahen (➧ M4).

---

[1] ***Aventin**: einer der sieben Hügel Roms; er hatte vor allem symbolische Bedeutung für die Auseinandersetzungen zwischen den Plebejern und Patriziern in der frühen Republik. Siehe hierzu auch Seite 9 (oben).*

schwaches Heer

Die Krise der Heeresorganisation

Zehn Jahre nach dem Tod von Gaius Gracchus, kam es zu einer Reihe außenpolitischer Konflikte, die die Schwäche des römischen Heeres und seiner Führung offenlegten. In Nordafrika hatte sich der numidische König *Jugurtha* (um 160–104 v. Chr.) gegen die mit ihm verbündeten Römer gewendet. Im *Jugurthinischen Krieg* (111–105 v. Chr.) gelang es ihm, sich sowohl durch siegreiche Schlachten als auch durch Bestechung der Feldherren gegen die römische Armee lange Zeit zu behaupten. Die größte Bedrohung stellten jedoch die *Kimbern* und *Teutonen* dar. Diese beiden germanischen Stämme fielen 113 v. Chr. in den Nordosten Italiens und die nördlichen Provinzen ein und besiegten mehrfach römische Truppen. Schätzungsweise über 50000 Soldaten verloren ihr Leben in der *Schlacht von Arausio* (105 v. Chr.) im heutigen Südfrankreich.

▲ **Träger eines Legionsadlers.**
Bronzestatue von einer Pferderüstung, 1. Jh. n. Chr.
Zur Heeresreform des Marius gehörte auch eine Vereinheitlichung der Feldzeichen. So wurde der Adler – das Attribut des römischen Gottes Jupiter – alleiniges Erkennungszeichen der Legion.

Die Heeresreform des Marius

Die Rettung kam in Gestalt eines homo novus aus dem Ritterstand: *Gaius Marius* (156–86 v. Chr.). Dieser hatte aufgrund seiner militärischen Leistungen in früheren Feldzügen auf sich aufmerksam gemacht. Im Jahre 107 v. Chr. wurde er zum Konsul ernannt und zum Oberbefehlshaber im Krieg gegen Jugurtha bestimmt, den er 105 v. Chr. siegreich beendete. Von 104 bis 100 v. Chr. wählten ihn die Römer ohne Unterbrechung fünfmal zum Konsul. Das Verfassungsprinzip der Annuität wurde damit preisgegeben.

Um gegen äußere Feinde wie die Kimbern und Teutonen erfolgreich vorzugehen, strukturierte Marius das römische Heer um: Die Legionäre kämpften von nun an in kleineren beweglicheren Einheiten und wurden in effektiveren Nahkampftechniken ausgebildet. Um über eine ausreichende Zahl an Soldaten zu verfügen, rekrutierte Marius sie aus der Masse der Proletarier[1]. Dadurch durften zum ersten Male Bürger in das Heer eintreten, die ihre Ausrüstung nicht selber zahlen konnten, sondern diese von staatlicher Seite gestellt bekamen. Das bäuerliche Heer, das im Bedarfsfall zusammengerufen worden war, begann sich damit langsam zu einem besoldeten *Berufsheer* zu entwickeln.[2] Mit diesen gut ausgebildeten Truppen schlug Marius die Teutonen bei *Aquae Sextiae* (102 v. Chr.) und die Kimbern bei *Vercellae* (101 v. Chr.) (➧ M5).

Reformen durch Gaius Marius:
- kleine bewegliche Einheiten
- gut ausgebildet
- Rekrutierung aus der Masse der Proletarier
- Ausrüstung von Staat bezahlt

Filmtipp
Sturm über Europa. Teil 1: Kimbern und Teutonen, Deutschland 2002, Regie: Christian Feyerabend (Dokumentationsreihe)

---

1) *Siehe hierzu Seite 13.*
2) *Zur Entwicklung der römischen Heeresstärke siehe die Statistik auf Seite 72.*

Die Heeresklientel

Die Heeresreform erwies sich militärisch als Erfolg, führte aber zu einem neuen Problem. Viele der Soldaten standen nach geleisteter Militärzeit (zuerst 16, später 20 Jahre) wieder vor der Armut. Sollten sie nicht ausreichend vergütet werden, barg dies die Gefahr von Meutereien und Aufständen. Marius war daher gezwungen, sich für die Versorgung seiner Soldaten mit Land einzusetzen. Umgekehrt band er dadurch die Veteranen an seine Person. Feldherr und Soldaten traten so in ein gegenseitiges Treueverhältnis (*Heeresklientel*) (➧ M6). Allerdings konnte Marius den Senat nicht von der Notwendigkeit einer Soldatenversorgung überzeugen und schloss daher ein Bündnis mit dem popularen Politiker *Lucius Appuleius Saturninus* (um 138–100 v. Chr.). Unter Einsatz von Gewalt gelang es ihnen, wichtige Ämter zu erlangen: Aus seinen Veteranen bildete Marius „Schlägertrupps", ließ Gegenkandidaten von diesen töten und schüchterte die Volksversammlungen ein. So erreichte er es, erneut zum Konsul und Saturninus ein zweites Mal zum Volkstribun im Jahre 100 v. Chr. gewählt zu werden. Sein Verbündeter setzte mehrere Gesetze vor der Volksversammlung der Plebejer gegen den Senat durch. Die Veteranen sollten Land in neu zu gründenden Kolonien in Nordafrika, Sizilien, Korsika, Südgriechenland und Makedonien erhalten. Marius bekam die Vollmacht, einigen Bundesgenossen, die Hilfstruppen gestellt hatten, das römische Bürgerrecht zu verleihen und Landstücke in den geplanten Kolonien zuzuweisen. Er und seine popularen Anhänger zwangen den Senat, einen Eid auf diese Gesetze zu schwören oder ihren Senatssitz aufzugeben (➧ M7).

Marius Niedergang

Der Senat hatte sich der paramilitärischen[1] Bedrohung durch Marius' Veteranen zunächst gebeugt. Die Situation eskalierte jedoch, als sich Saturninus um eine weitere Amtsperiode bewarb und einen Gegenkandidaten aus den Reihen der Optimaten töten ließ. Der Senat rief den Notstand aus und befahl keinem anderen als Marius selbst, die Ordnung in seiner Rolle als Konsul wiederherzustellen. Marius sah darin die Möglichkeit, mit dem Senat zu einer Verständigung zu kommen, und wechselte die Seiten. Er ließ seinen ehemaligen Verbündeten mit einigen Gleichgesinnten in der Kurie[2] gefangen setzen und von ihren Gegnern steinigen. Der Senat erklärte die Versorgungs- und Reformgesetze daraufhin für ungültig, da Saturninus diese mit Gewalt durchgesetzt hatte. Marius Rechnung ging jedoch nicht auf: Der Senat kam seinen Wünschen in keiner Weise entgegen, sodass er letztlich alle Verbündeten verlor und damit politisch isoliert war.

Der Bundesgenossenkrieg

Die Bundesgenossen waren die Verlierer der innenpolitischen Auseinandersetzungen. Das römische Bürgerrecht hätte ihnen ermöglicht, auch die Politik Roms mitzubestimmen. Im Gegenzug hätten sie das von ihnen besetzte römische Staatsland abtreten müssen, das damit zur Verteilung an besitzlose Bürger bereit gestanden hätte. Die Gründe dafür, dass jeder Vorstoß in diese Richtung dennoch scheiterte, lagen auf der Hand. Der Senat wollte verhindern, dass der Politiker, der die Bundesgenossen durch seinen Antrag als römische Bürger aufnahm, eine zu große Klientel gewinnen würde. Die Angst bestand zudem, dass

---

[1] ***paramilitärisch**: Bezeichnung für militärisch vorgehende Gruppen, die aber kein Bestandteil eines regulär organisierten Heeres sind*

[2] ***Kurie**: Versammlungsgebäude des römischen Senats*

die Neubürger eine überwältigende Mehrheit in der Volksversammlung bilden würden. Adlige Familien aus den Reihen der Bundesgenossen hätten dadurch in Senat und Ämter gelangen können, sodass die kleine Schicht der alten römischen Nobilität um ihre Stellung fürchten musste. Als der Volkstribun *Marcus Livius Drusus* (um 124–91 v. Chr.) im Jahre 91 v. Chr. erneut mit einem entsprechenden Gesetz zugunsten der socii scheiterte und daraufhin sogar von seinen Gegnern ermordet wurde, kam es zu einem blutigen Krieg. Die Römer konnten den *Bundesgenossenkrieg* (91–88 v. Chr.) nicht kontrollieren und mussten ihren alten Verbündeten schließlich entgegenkommen: Die Bundesgenossen, die aufseiten der Römer geblieben waren, erhielten bereits 90 v. Chr. das Bürgerrecht. Dies galt ein Jahr später auch für diejenigen Aufständischen, die die Kämpfe einstellten. Diese Entscheidung machte die freien Einwohner Italiens zu römischen Bürgern.

Marius gegen Sulla

Während der Aufstand der Bundesgenossen Rom auf der italienischen Halbinsel in Bedrängnis brachte, nutzte der griechische König *Mithradates VI. von Pontos* (132–64 v. Chr.) die Lage für seine Zwecke. Er überfiel 88 v. Chr. die reiche römische Provinz Asia und ließ dort alle römischen Bürger in den Städten töten. Ihm gelang es, fast ganz Griechenland auf seine Seite zu ziehen. Der Senat beauftragte daraufhin den amtierenden Konsul *Lucius Cornelius Sulla* (138–78 v. Chr.) – einen Vertreter der Optimaten – den Feldzug gegen Mithradates zu führen. Diese Entscheidung brüskierte Marius, der gehofft hatte, das Kommando über den Feldzug zu übernehmen und damit sein Ansehen wieder zu erhöhen. Er verbündete sich erneut mit einem popularen Volkstribun, der über die plebejische Volksversammlung durchsetzte, Sulla das Kommando zu entziehen und es Marius zu übertragen. Dies war eine schwere Beleidigung für Sulla. Auch dessen Soldaten, die sich gerade für den Feldzug bereit machten, registrierten diesen Wechsel mit Besorgnis. Da Marius eine andere Heeresklientel besaß, war es wahrscheinlich, dass er anderen Männern den Vorzug geben würde, ihm auf dem reiche Beute versprechenden Feldzug zu folgen. Sulla fiel es daher nicht schwer, seine Truppen zu überzeugen, mit ihm nach Rom zu marschieren, um seinen Oberbefehl mit Gewalt zurückzuerlangen.

Bürgerkrieg auf den Straßen

Es war bewaffneten Truppen seit jeher verboten, die heilige Stadtgrenze Roms (*pomerium*) zu überschreiten. Der Feldherr hatte vorher seinen Oberbefehl abzugeben und die Soldaten zu entwaffnen. Sie kehrten daraufhin als Privatpersonen in die Stadt zurück. Der Konsul Sulla brach dieses Gesetz in eklatanter Weise und nahm 88 v. Chr. mit seinen Truppen Rom ein. Viele Anhänger der Popularen starben in blutigen Straßenkämpfen, während Marius die Flucht nach Nordafrika gelang. Sulla ließ seine Hauptgegner als Staatsfeinde hinrichten, stellte mit Gewalt die Ordnung wieder her und erhielt den Oberbefehl gegen Mithradates zurück. Vor seiner Abreise verständigte er sich mit dem 87 v. Chr. gewählten popularen Konsul *Lucius Cornelius Cinna* (um 130–84 v. Chr.) darauf, dass dieser über die innere Stabilität wachen würde. Kurz nachdem Sulla nach Osten aufgebrochen war, brach Cinna die Vereinbarung und rief Marius zurück nach Rom. Beide rissen dort die Herrschaft an sich. Mit der Unterstützung von Marius' Veteranen und anderen Klienten vertrieben oder ermordeten sie ihre Gegner und sorgten dafür, dass ihre popularen Anhänger in wichtige Positionen gelangten. Marius wurde 86 v. Chr. noch einmal zum Konsul gewählt, starb aber kurz darauf an einer Lungenentzündung. Sulla war es unterdessen gelungen,

▲ **Der Angriff Sullas auf Rom 82 v. Chr.**
Kolorierter Holzstich aus dem 19. Jahrhundert.

- *Gliedern Sie das Bild in sinnvolle Bereiche (z. B. nach Bildebenen, Handlungen, Personengruppen etc.).*
- *Charakterisieren Sie die einzelnen Personengruppen und deren Beziehungen zueinander.*
- *Erläutern Sie, welche Aussage der Künstler in seinem Bild trifft.*
- *Vergleichen Sie die Bildaussage mit den historischen Geschehnissen.*

Mithradates zu einem Friedensschluss zu zwingen. Er kehrte 83 v. Chr. mit seiner Armee nach Italien zurück und bekämpfte seine Rivalen in einem einjährigen Bürgerkrieg. Viele der gegnerischen Soldaten brachte er durch Geld- und Landversprechungen dazu, zu ihm überzulaufen (➧ M8). Cinna selbst starb bei einer Meuterei seiner Truppen. Seine verbliebenen Anhänger wurden in der Schlacht an der *Porta Collina*[1] 82 v. Chr. von Sulla besiegt.

Die Proskriptionen

Da beide Konsuln bei den Kämpfen im Jahr 82 v. Chr. ums Leben kamen, konnte Sulla mit seinem Heer im Rücken den Senat unter Druck setzen und überzeugen, seine Ernennung zum Diktator zu unterstützen. Allerdings nicht, wie es der eigentlichen Intention dieses Amtes entsprach, zur Überwindung einer äußeren Bedrohung, sondern um auf legale Weise gesetzgeberische Reformen im Sinne der Optimaten durchführen zu können. Zunächst nahm Sulla Rache an den Popularen. Die Namen seiner Gegner fanden sich auf Listen wieder, die öffentlich ausge-

[1] **Porta Collina**: *Stadttor im Norden Roms*

hängt wurden. Diese „Bekanntmachungen“ (*proscriptiones*) bedeuteten, dass jeder römische Bürger die aufgeführten Personen töten durfte. Ihr Vermögen fiel an den Staat. Die Proskriptionen kosteten etwa 40 Senatoren und über 1500 Ritter das Leben. Ihre Kinder hatten kein Recht mehr, die Ämterlaufbahn einzuschlagen, und verloren sowohl ihre dignitas als auch jeglichen Erbanspruch (➧ M9). Sulla siedelte zudem schätzungsweise 120 000 seiner Veteranen auf Land an, das er den italienischen Gemeinden wegnahm, die auf den Seiten der Popularen gestanden hatten. Die neuen Kolonien sollten gleichzeitig die Herrschaft des Diktators über seine Gegner auf dem Land sichern.

Die Restauration unter Sulla

Sulla verfolgte das Ziel, die politische Ordnung in Rom im Sinne der Senatsherrschaft wiederherzustellen. Der Ritterstand verlor die unter Gaius Gracchus gewonnene richterliche Gewalt. Senatorische Gerichtshöfe waren von nun an dafür zuständig, die Magistrate bei Fehlverhalten anzuklagen und Verstöße gegen die öffentliche Ordnung zu verfolgen. Die Prätoren übernahmen den Vorsitz über die Gerichte und wurden erst nach ihrer Amtszeit als Proprätoren für die Dauer von einem Jahr Statthalter einer Provinz. Allerdings war der Senat durch den Bürgerkrieg und die Proskriptionen stark dezimiert und rein zahlenmäßig nicht in der Lage, alle Aufgaben zu übernehmen. Daher ergänzte Sulla das Gremium mit seinen Anhängern aus der Ritterschaft. Er verdoppelte die Mitgliederzahl des Senats auf 600 Mann und erhöhte gleichzeitig auch die Zahl der Prätoren auf acht. Der Ritterstand wurde nun – seiner besten Köpfe beraubt – als Konkurrent der Nobilität wieder zurückgedrängt. Sulla verfügte zudem, dass bereits jeder Bürger, der die Quästur bekleidet hatte, nach seiner Amtszeit automatisch in den Senat gelangte. Dadurch wurden die Befugnisse der Zensoren erheblich geschwächt. Dies galt auch für die Volkstribunen, die ihr Vetorecht gegen Senatsbeschlüsse verloren und Gesetze nur noch dann der plebejischen Volksversammlung vorlegen durften, wenn der Senat sie vorher ausdrücklich genehmigte. Ein ehemaliger Volkstribun durfte künftig kein anderes höheres Amt mehr ausüben. Damit war das Volkstribunat für ehrgeizige Politiker unattraktiv geworden. Die Entmachtung des Volkstribunats sollte popularen Politikern jegliche Möglichkeiten nehmen, Beschlüsse gegen den Senat durchzusetzen.
Andere Maßnahmen dienten dazu, römischen Bürgern die Möglichkeit für einen schnellen politischen Aufstieg und eine Machtanhäufung, wie sie Marius und Sulla selbst gelungen waren, zu nehmen: Die *lex Cornelia annalis* regelte, dass ein römischer Politiker das Konsulat erst im Mindestalter von 42 bekleiden durfte. Er musste außerdem zuvor Quästor, Ädil und Prätor gewesen sein. Statthalter durften nur noch innerhalb ihrer zugewiesenen Provinzen Kriege führen und mit ihren Truppen die Grenzen dieser Gebiete nicht überschreiten. Damit sollten kriegerische Auseinandersetzungen im Inneren des Landes für die Zukunft ausgeschlossen werden.
Nachdem Sulla die neue Ordnung durchgesetzt hatte, legte er die Diktatur nieder. Er zog sich 79 v. Chr. ins Privatleben zurück und starb ein Jahr später. Sulla hatte die Stabilität gewaltsam und im Alleingang wiederhergestellt, was selbst bei seinen Anhänger letztlich auf Ablehnung stieß. Es zeigte sich daher bald, dass diese *Restauration*[1)] nicht von langer Dauer war (➧ M10 und M11).

---

*1) **Restauration** (lat. restaurare: wiederherstellen): bezeichnet im Allgemeinen die Wiederherstellung früherer politischer, rechtlicher und sozialer Zustände nach einem Umsturz*

M1
Agrarreform

Der griechische Geschichtsschreiber Appian (siehe Seite 33) gibt die Vorrede des Tiberius Gracchus zu seinem 133 v. Chr. vorgelegten Agrargesetz in eigenen Worten wieder:

Vor der Abstimmung brachte er ausführlich viele Argumente zugunsten des Gesetzes vor und fragte dann, ob es gerecht sei, gemeinsamen Besitz gemeinsam zu teilen, ob der Bürger nicht näher stünde als der Sklave, der Soldat nicht brauchbarer als der Nichtsoldat und der am politischen Leben teilhabende Bürger den öffentlichen Belangen nicht aufgeschlossener sei. Bei diesem Vergleich verweilte er wie bei etwas Unwürdigem nicht lange, sondern schritt voran zu den Hoffnungen und Befürchtungen für das Vaterland, dass sie bereits den größten Teil der Erde schon mit Gewalt in Besitz genommen und nun Aussicht hätten auf den Rest der Welt, dabei jedoch vor die alles entscheidende Frage gestellt seien, entweder den Rest dank der verbesserten Wehrkraft zu erwerben oder das Vorhandene aus Schwäche und gegenseitiger Missgunst an die Feinde zu verlieren. Dabei übertrieb er auf der einen Seite den Ruhm und die Vorteile sowie auf anderen die Gefahr und die Befürchtungen und forderte die Reichen auf, dies zu bedenken und das betreffende Land, wenn notwendig, als freiwillige Gabe mit Rücksicht auf die künftigen Erwartungen denen zu geben, die Kinder aufziehen würden, und nicht über den Streit um Kleinigkeiten die größeren Ziele zu übersehen, zumal sie als Kompensation für ihre Aufwendungen kostenlos 500 Morgen zu freiem Eigentum erhielten und für ihre Söhne, soweit sie welche hätten, jeweils die Hälfte davon. Nachdem Gracchus vieles in diesem Sinn gesagt hatte und so die Armen ebenso wie andere, die sich mehr von sachlicher Überlegung als vom Besitzstreben leiten ließen, eingestimmt hatte, ließ er den Schreiber den Gesetzesantrag verlesen.

Appian, Bella civilia, 1,43–47, nach: Klaus Bringmann, Krise und Ende der römischen Republik (133–42 v. Chr.), Berlin 2003, S. 150

▲ **Gracchischer Grenzstein.**
Zweites Jahrhundert v. Chr., Süditalien.
Der Grenzstein verweist mit seiner Gravur auf das Ackergesetz von Tiberius Gracchus.

1. *Fassen Sie Gracchus' Argumente zusammen.*
2. *Erläutern Sie auf Basis Ihrer Vorkenntnisse, warum Tiberius Gracchus das Amt des Volkstribunen wählt, um seine Reformvorhaben durchzusetzen.*
3. *Gestalten Sie ein Streitgespräch zwischen einem die Reform befürwortenden und einem der Reform abgeneigten Senator. Beachten Sie dabei auch, dass Sie als Senator die Interessen von Bevölkerungsgruppen vertreten, und beziehen Sie mögliche soziale und wirtschaftliche Folgen des Gesetzes sowie unterschiedliche Perspektiven (z. B. eines Großgrundbesitzers, Offiziers oder Kleinbauern) mit ein.*

M2

„Popularität durch Inhalt"?

Der Historiker Bernhard Linke schreibt 2005 über die Intention und Motivation von Tiberius Gracchus:

Es ist sehr gut möglich, dass im Umfeld dieses Mannes eine völlig neue und für römische Verhältnisse fast revolutionäre politische Strategie entwickelt wurde: Popularität nicht mehr nur durch militärische Erfolge zu suchen, […] sondern Popularität durch die gezielte Aufnahme von aktuellen Problemstellungen zu erlangen. So sollte es möglich werden, Menschen als Unterstützer der eigenen Ambitionen zu gewinnen, zu denen man vorher keine persönliche Beziehung hatte, nur weil sie der inhaltlichen Ausrichtung der eigenen Vorschläge zustimmten. Diese Strategie ‚Popularität durch Inhalt' bildete einen extremen Kontrast zu dem rein auf persönliche Bindungen ausgerichteten Verhalten, das bis dahin die politische Sphäre dominiert und die kollektive Machtausübung der Nobilität gewährleistet hatte. […]

Es gibt nur wenige Themen, über die in der althistorischen Forschung so intensiv und kontrovers diskutiert wurde wie über die Motivation von Tiberius Gracchus. […] Die einen sehen in Tiberius primär den Idealisten, der die in die Krise geratene Republik durch seine Reformen retten wollte. Die anderen glauben hingegen, dass er vor allem aus eigensüchtigen Motiven gehandelt habe und nur seinen persönlichen Vorteil im Sinn gehabt habe. Ein abschließendes Urteil darüber ist jedoch angesichts der Quellenlage kaum möglich, da Tiberius Gracchus ein Mann war, der schon in der Antike die Gemüter polarisierte. […] Die Faszination, die von Tiberius bis heute ausgeht, beruht zu einem nicht geringen Teil gerade auf dieser Unergründbarkeit seiner Motivation.

Von diesen Schwierigkeiten unberührt bleibt die Tatsache, dass die spezifischen Hintergründe seines eigenen Werdeganges den konkreten Ablauf der Ereignisse wesentlich beeinflussten. Der hohe Prestigeverlust, den die Kapitulation in Spanien mit sich brachte, lastete zweifellos schwer auf Tiberius.[1)] Gerade diese Last dürfte ihn bei seinem politischen Handeln deutlich risikobereiter gemacht haben als andere Aristokraten in seinem Alter, da für ihn die traditionelle Fortsetzung der Karriere nur ungewisse Erfolgschancen bot. Die Synthese[2)] aus seiner hervorragenden Abstammung und dieser Risikobereitschaft ließ ihn als Volkstribun zu einem geradezu idealen Partner bei der Umsetzung einer neuen politischen Strategie werden. […]

Die Bereitschaft […], die Reformvorschläge auch gegen den massiven Widerstand anderer Aristokraten durchzusetzen, musste aber nicht die billigende Inkaufnahme einer völligen Eskalation der Auseinandersetzung bedeuten. Diese war wohl kaum geplant, auch nicht von Tiberius Gracchus. Doch nachdem dieser sich so stark in der Öffentlichkeit exponiert hatte, konnte er das Projekt nicht mehr aufgeben, ohne sein Gesicht endgültig zu verlieren. Nach dem Scheitern in Spanien konnte er sich keine zweite Niederlage erlauben. Sein politisches Überleben hing vom Erfolg der Reformen ab. Je weiter der Streit ausuferte, umso bestimmender wurde diese Logik und umso höher wurde wiederum seine Risikobereitschaft.

Bernhard Linke, Die römische Republik von den Gracchen bis Sulla, Darmstadt ²2012, S. 40f.

1. *Geben Sie die Intention und Motivation von Tiberius Gracchus nach Bernhard Linke wieder.*
2. *Analysieren Sie, inwieweit Tiberius Gracchus für neue bzw. alte politische Haltungen und Handlungsweisen in der römischen Politik steht.*
3. *Überprüfen Sie, inwieweit die von Linke beschriebene „Strategie" des Tiberius Gracchus in Appians Schilderung (M1) zum Ausdruck kommt.*
4. *Beurteilen Sie, inwiefern die Aussagen des Historikers zutreffend sind.*
5. *Linke schreibt über Tiberius Gracchus: „Die Dynamik seiner eigenen Risikobereitschaft führte ihn ins Abseits." Beurteilen Sie diese These.*

---

1) *Siehe hierzu Seite 38.*

2) **Synthese**: Verschmelzung

M3
„Den Senat vollständig entmachtet“

Appian (siehe Seite 33) berichtet über die Auswirkungen der „lex iudiciaria“:

So war also C. Gracchus zum zweiten Mal Volkstribun. Wie er das Volk gekauft hatte, so brachte er auch die sogenannten Ritter, die in ihrem Rang zwischen dem Senat und der Plebs stehen, durch ein anderes derartiges politisches Manöver auf seine Seite. Die Gerichte, die durch Bestechungsaffären in Verruf geraten waren, übertrug er von den Senatoren auf die Ritter, dabei machte er ihnen vor allem die jüngsten Skandalfälle zum Vorwurf, dass Aurelius Cotta, [Livius?] Salinator und als dritter M. Aquilius, der [die Provinz] Asia erobert hatte, von den Richtern freigesprochen worden waren, obwohl ihre Bestechlichkeit klar zutage lag: Die Gesandten, die Klage gegen sie erhoben hatten, waren noch anwesend und erzählten in gehässiger Art und Weise überall davon. Da der Senat sich sehr schämte, gab er dem Gesetz seine Zustimmung, und das Volk verabschiedete es. Auf diese Weise wurden also die Gerichte vom Senat auf die Ritter übertragen. Wie man sagt, soll Gracchus kurz nach Ratifizierung des Gesetzes gesagt haben, er habe den Senat [damit] vollständig entmachtet, und als dann die Veränderung sich in der Praxis auswirkte, habe sich Gracchus' Wort noch stärker bewahrheitet. Denn die richterliche Gewalt über Römer und Italiker einschließlich der Senatoren selbst Strafen jeder Art zu verhängen – Geld, Aberkennung der bürgerlichen Ehrenrechte, Verbannung – erhob die Ritter gewissermaßen zu Herrschern über dies alles und machte ihnen die Senatoren gleich, ja zu Unterlegenen. Als sich die Ritter mit den Volkstribunen verbündeten und von ihnen Gegenleistungen empfingen, was immer sie wollten, wurden sie für die Senatoren zum Gegenstand großer Furcht. Binnen Kurzem wurden die politischen Machtverhältnisse auf den Kopf gestellt, allein die Ehre blieb dem Senat, die Macht hatten die Ritter. Sie gingen nämlich nicht nur so weit, dass sie die Macht ausübten, sondern sie erlaubten sich gegen die Senatoren offene Verletzungen des Rechts. Sie übernahmen die Bestechlichkeit und als sie durch die großen Gewinne auf den Geschmack gekommen waren, betrieben sie das Geschäft der Korruption noch schamloser und ungehemmter.

Appian, Bella civilia, 1,91 – 96, nach: Klaus Bringmann, a. a. O., S. 158

1. *Fassen Sie die Wirkungen des Gesetzes zusammen.*
2. *Arbeiten Sie Gaius Gracchus' Motive für die Gesetzesvorlage heraus, die von Appian unterstellt werden.*
3. *Analysieren Sie die Haltung Appians zu Gaius Gracchus' Vorgehen.*
4. *Überprüfen Sie auf der Basis Ihres Hintergrundwissens Appians Wertung des Vorgehens von Gaius Gracchus.*

M4
Die Bedeutung der Gracchen

Der Historiker Karl Christ schreibt 2008 über die Gracchen:

Am bedenklichsten aber waren die Folgen der Vorstöße der Gracchen auf lange Sicht auf dem Gebiet der innerstaatlichen Ordnung und der gesamten inneren Politik. Der Versuch des C. Gracchus, die Ritter zu politisieren und sie zu Verbündeten gegen den Senat zu gewinnen, war am Ende ebenso gescheitert wie derjenige, die Volksversammlung als politisch maßgebendes Gremium zu benutzen. Aber in beiden Fällen waren sich die politischen Partner des C. Gracchus ihrer Kräfte und ihrer Möglichkeiten bewusst geworden, die Gracchen hatten hier bleibende Gegensätze hinterlassen. Am stärksten traten diese Gegensätze, die alsbald die innere Einheit des römischen Staates zu sprengen drohten, in dem Antagonismus[1] zwischen den sogenannten Optimaten und den Popularen in Erscheinung, in jenen beiden Fronten, von denen sich die eine an den Senat und die Nobilität anschloss, die andere an Volk und Volksversammlung und von dieser Basis aus, und selbstverständlich immer unter der Parole, für die Interessen des Volkes einzutreten,

[1] **Antagonismus:** *Gegensatz*

politisch wirksam wurde. […] Dabei ist freilich immer zu berücksichtigen, dass auch die führenden popularen Politiker in der Regel von Haus aus Angehörige des Adels waren, die sich lediglich zu Stimmführern der plebs aufwarfen. Eine demokratische Partei im modernen Sinne hat es in Rom nicht gegeben, mit modernen Parteien haben Optimaten und Popularen nach Definition und Tradition nichts zu tun, die Vorstellung eines Zweiparteiensystems im Rom der späten Republik wäre ein klassischer Irrtum. […]
Wenn Theodor Mommsen[2)] einst die Auffassung vertreten hatte, dass Gaius Gracchus ein unbeschränktes Volkstribunat auf Lebenszeit und die Beseitigung der Republik durch eine „napoleonisch absolute Monarchie" erstrebt hatte, so gehen solche Äußerungen viel zu weit. Richtig gesehen ist indessen der allgemeine Zusammenhang. Denn die Bewegung der Gracchen lehrt, dass die römische plebs nicht aus eigenem Antrieb aktiv wurde, ebenso wenig wie die verarmten Bauern, dass sie gar nicht in der Lage war, ihre wirtschaftlichen und gesellschaftlichen Forderungen und Vorschläge zu formulieren. Noch immer wurde sie von Angehörigen der Führungsschicht, die sich ihrer Interessen – aus welchen Gründen auch immer – annahmen, mobilisiert. […]
Die Massenbewegungen verbanden sich mit einzelnen Politikern, sprengten die aristokratischen Normen und stellten zuletzt jene Verbindung zwischen popularer Basis und Monarchie her.

Karl Christ, Krise und Untergang der römischen Republik, Darmstadt [7]2010, S. 146 f.

1. *Erläutern Sie ausgehend vom Text die Begriffe „Popularen" und „Optimaten".*
2. *Erklären Sie anhand der von Ihnen entwickelten Definition und auf Basis Ihres Vorwissens, inwieweit die Gracchen Vertreter der Popularen waren.*
3. *Beurteilen Sie ausgehend vom Text und auf Basis Ihres Vorwissens, ob die Reformversuche der Gracchen einen revolutionären Vorgang darstellen. Beziehen Sie hierbei auch M2 und M3 (Seite 48 und 49) ein.*

[2)] **Theodor Mommsen** *(1817–1903): bedeutendster Altertumswissenschaftler des 19. Jahrhunderts, erhielt für seine „Römische Geschichte" 1902 den Literaturnobelpreis*

M5

Zwei bekannte Gallier in der Legionärsausbildung

Die römischen Soldaten tragen seit Marius' Heeresreform ihre gesamte Ausrüstung mit sich, was ihnen den Namen „Marius' Maultiere" (muli mariani) einbringt. Die Armee wird dadurch mobiler und flexibler. Ihre Ausrüstung, die neben den Waffen noch Werkzeuge, Töpfe und Pfannen sowie Proviant für mehrere Tage beinhaltet, wiegt bis zu über 40 kg.
René Goscinny und Albert Uderzo zeigen in ihrem Comic „Asterix als Legionär" von 1967 ein eigenes Bild der römischen Armee (siehe Seite 51). Im Verlauf der Geschichte melden sich Asterix und Obelix freiwillig zum Heeresdienst, wo sie auf Menschen unterschiedlicher Herkunft treffen. Der Ägypter Tennisplatzis hält die Armee aufgrund eines Verständnisproblems allerdings für eine Reisegruppe.

1. *Analysieren Sie anhand der Bild- und Textelemente, wie in der Comicsequenz (Seite 51) die Komik erzeugt wird.*
2. *Vergleichen Sie die Comicsequenz mit der tatsächlichen Organisation und dem Selbstverständnis der römischen Armee. Legen Sie dabei den Zeitraum von der römischen Expansion außerhalb Italiens bis zu Marius' Heeresreform und seinem Sieg über die Kimbern und Teutonen zugrunde (siehe dazu auch die Verfassertexte auf Seite 25 f. und 42 sowie M5 und M6 auf Seite 34 bis 36).*
3. *Erläutern Sie, warum sich Goscinny und Uderzo der römischen Geschichte bedienen, um in der Comicsequenz ein gesellschaftliches Statement zur Rolle des Militärs abzugeben. Beziehen Sie dabei relevante Text- und Bildaspekte mit ein.*
4. *Erörtern Sie, ob die Aussage auch heute noch eine Relevanz besitzt.*

Asterix als Legionär. Großer Asterix-Band X, Text von René Goscinny, Zeichnungen von Albert Uderzo, Stuttgart 1995, S. 28 (übersetzt von Gudrun Penndorf)

M6
Die Gunst der Masse

Der römische Geschichtsschreiber Sallust (86–35/34 v. Chr.) verfasst mehrere Werke über die römische Geschichte. In seiner um 40 v. Chr. entstandenen Darstellung über den Jugurthinischen Krieg (111–105 v. Chr.) berichtet er rückblickend über den Aufstieg des Gaius Marius, dem das Konsulat und der Oberbefehl gegen König Jugurtha übertragen wird:

Marius hingegen, nach dem dringenden Wunsche der Masse […] zum Konsul ernannt, ging […] dem Adel, dem er schon vorher feind war, jetzt erst recht unermüdlich und wild zu Leibe, beleidigte bald Einzelne, bald die Gesamtheit, erklärte, er habe das Konsulat als Beute nach seinem Siege über sie erhalten, und was solcher Äußerungen, die ihn selbst herausstellten und jene herabsetzten, mehr waren. Die Kriegsnotwendigkeiten stellte er dabei in die erste Linie. Er verlangte Ersatz für die Legionen, zog Hilfstruppen von freien Völkern, Königen und Bundesgenossen ein, holte außerdem aus Latium[1] herbei, was es an Tapferen gab, von denen er die meisten im Felde, einige bloß nach ihrem Ruf kennengelernt, und veranlasste durch persönlichen Besuch ausgediente Leute, mit ihm ins Feld zu gehen. Auch wagte der Senat, wie sehr er ihm entgegen war, doch nicht, ihm irgendetwas abzuschlagen. Den Ersatz bewilligte er ihm sogar gern, weil man glaubte, der Kriegsdienst sei nicht nach dem Sinne des Volkes, und Marius werde entweder um den nötigen Kriegsbedarf oder um die Gunst der Masse kommen. Doch die Hoffnung trog. Eine solche Begeisterung, mit Marius ins Feld zu gehen, hatte die meisten befallen. Jeder eine klammerte sich an die Vorstellungen, er werde durch die Beute ein reicher Mann werden, als Sieger heimkehren und anderes dergleichen […].

Nachdem der erste Teil seines Heeres aufgebrochen ist:

Er selbst hob inzwischen Soldaten aus, weder nach dem Brauch der Vorfahren noch nach Klassen, sondern wie ein jeder Lust hatte, die meisten aus der ärmsten Schicht. Dies habe er getan, berichteten die einen, weil es nicht genug besitzende Bürger gab, die andern, weil der Konsul sich beliebt machen wollte, da er von Leuten dieser Art gefeiert und erhoben worden war, und einem Manne, der Macht sucht, der Bedürftigste auch immer der Genehmste ist, da dem das Seine keine Sorge macht, weil er nichts besitzt, und ihm alles, was Gewinn bringt, auch ehrenhaft zu sein scheint.

Sallust, Jugurthinischer Krieg 84ff., nach: Walter Arend (Bearb.), Altertum. Geschichte in Quellen, München ³1978, S. 482 (übersetzt von H. Weinstock)

1. *Geben Sie die öffentliche Wahrnehmung der Heeresreform und das Bild des Gaius Marius nach der Darstellung Sallusts wieder. Beschreiben Sie arbeitsteilig*
a) das Verhältnis zwischen Marius und dem Senat,
b) das Verhältnis zwischen Marius und seinen Soldaten.

2. *Arbeiten Sie die (sozialen und politischen) Folgen heraus, die die neue Struktur des Heeres mit sich bringt.*

3. *Erläutern Sie die innenpolitischen Spannungen, die Sallust zum Ausdruck bringt.*

4. *Sallust kennt den weiteren Verlauf der Ereignisse. Überprüfen Sie, inwiefern Sallust Wertungen auf Basis seines Wissens vornimmt.*

[1] ***Latium**: Gebiet in Mittelitalien*

M7
Die Gewalt regiert

Appian (siehe Seite 33) schildert aus der Rückschau die innenpolitischen Konflikte der römischen Republik im Jahre 100 v. Chr. im Zusammenhang mit der Verabschiedung eines Ackergesetzes des Volkstribunen Lucius Appuleius Saturninus (siehe Seite 43):

Appuleius brachte ein Gesetz zur Verteilung des Landes ein, das die Kimbern [...] in dem von den Römern jetzt so bezeichneten [Diesseitigen] Gallien besetzt hatten: Marius hatte sie soeben vertrieben und das Land, das nicht mehr im Besitz von Galliern war, für die Römer eingezogen. Hinzugesetzt war die Bestimmung, dass der Senat innerhalb von fünf Tagen, nachdem das Volk das Gesetz ratifiziert hatte, einen Eid auf das Gesetz leiste, oder im Fall der Eidesverweigerung der Betreffende seinen Senatssitz verliere und dem Volk 20 Talente Strafe zu zahlen habe. Das taten sie [Marius, Appuleius und ihre popularen Anhänger], um andere Unzufriedene und vor allem Metellus[1] abzuwehren, der freilich zu stolz war, um sich dem Eid zu unterwerfen. Dies war der Gesetzesvorschlag, und Appuleius legte den Tag der Abstimmung fest und schickte Boten, um die Landbewohner zu mobilisieren, in die er das größte Vertrauen setzte, da sie unter Marius gedient hatten. [...] Und während der Abstimmung brachen Unruhen aus. Diejenigen Volkstribune, die die Annahme des Gesetzes verhindern wollten, ließ Appuleius tätlich angreifen und von den Rostren[2] vertreiben, das Stadtvolk aber rief, während der Versammlung habe es gedonnert, weswegen bei den Römern keine Abstimmung stattfinden darf. Als die Anhänger des Appuleius gleichwohl das Gesetz durchpeitschen wollten, gürtete sich das Stadtvolk, bewaffnete sich, so gut es ging, mit Knüppeln und vertrieb die Leute vom Land. Die aber wurden wiederum von Appuleius mobilisiert und mit Knüppeln bewaffnet und sie fielen über die städtische Plebs her und erzwangen die Annahme des Gesetzes. Unmittelbar danach brachte Marius als Konsul die Frage des Eides vor den Senat; und da er wusste, dass Metellus ein Mann von festen Überzeugungen war, der bei dem bleiben würde, was er dachte oder vorher geäußert hatte, gab er als erster seine Meinung – nicht ohne Hinterlist – bekannt und sagte, dass er freiwillig diesen Eid nicht schwören werde. Nachdem Metellus dem zugestimmt und die übrigen sich ihnen angeschlossen hatten, entließ Marius den Senat. Am fünften Tag danach [dem letzten vom Gesetz für die Eidesleistung vorgeschriebenen] rief er sie in aller Eile um die zehnte Stunde zusammen und sagte, dass er in Furcht vor dem Volk sei, weil es so leidenschaftlich auf der Einhaltung des Gesetzes bestehe, er sehe aber folgenden Ausweg: auf das Gesetz zu schwören, soweit es ein Gesetz sei, um zunächst auf diese Weise die nach Rom gekommene Landbevölkerung zu zerstreuen, später aber unschwer deutlich zu machen, dass es sich um gar kein Gesetz handele, da es mit Gewalt und nach Meldung eines Donnerschlags gegen die Ordnung der Verfassung zustande gekommen sei.

Appian, Bella civilia, 1,130 – 136, nach: Klaus Bringmann, a. a. O., S. 164 f.

1. *Fassen Sie den Gang der Ereignisse und die Positionen der Gegner und Befürworter des Ackergesetzes zusammen.*
2. *Weisen Sie typische Strategien der Popularen am Verhalten von Appuleius und Marius nach.*
3. *Analysieren Sie die Rolle der Stadt- und der Landbevölkerung.*
4. *Entwickeln Sie aus Sicht der Optimaten eine Gegenposition zu der Art und Weise, in der der Gesetzgebungsprozess hier abläuft.*
5. *Arbeiten Sie heraus, inwieweit in der Quelle die innere Krise der römischen Republik zum Ausdruck kommt. Beachten Sie auch die Bedeutung der „Heeresklientel".*

---

1) ***Metellus Numidicus*** *(† um 91 v. Chr.): Er stammte aus einer der einflussreichsten und reichsten römischen Plebejerfamilien und bekleidete 109 v. Chr. das Amt des Konsuls. Metellus weigerte sich als einziger Senator, das Ackergesetz des Saturninus anzunehmen, und ging daraufhin ins Exil.*
2) ***Rostra:*** *Rednerplattform auf dem Forum Romanum*

M8
„Sklaven von Bösewichtern“

Der griechische Schriftsteller Plutarch (siehe auch Seite 16) beurteilt in seiner Biografie über Sulla die veränderte Stellung der römischen Feldherren:

Die jetzigen Führer aber, die ihre Stellung der Gewalt, nicht ihren Fähigkeiten verdankten und ihr Schwert häufiger gegeneinander als gegen die Feinde ziehen mussten, waren gezwungen, als Feldherren die persönliche Gunst ihrer Untergebenen zu suchen. Durch das Geld, das sie für das Behagen der Soldaten verschwendeten, erkauften sie ihre Dienste. So machten sie, ohne sich dessen bewusst zu werden, das ganze Vaterland zu einem Handelsartikel und sich selbst zu Sklaven von Bösewichtern, um über die guten Elemente zu herrschen […]. Sulla vor allem war der Wegbereiter all dieser Übel. Um die Soldaten anderer Feldherren an sich zu locken, bediente er sich des unlauteren Mittels, dass er gegen seine Leute bis zur Verschwendung freigebig war, und verleitete damit die Soldaten der Gegner zum Verrat, seine eigenen Leute zur Üppigkeit. Das kostete ihn viel Geld.

Plutarch, Sulla 12, 25 81, nach: Walter Arend (Bearb.), a. a. O., S. 491 (übersetzt von W. Ax)

1. *Geben Sie Plutarchs Einschätzung über Sulla in eigenen Worten wieder.*
2. *Erläutern Sie die Folgen der vorgestellten Entwicklung.*
3. *Vergleichen Sie das Verhältnis zwischen Sulla und seinen Soldaten mit demjenigen zwischen Marius und seinen Truppen (M6).*
4. *Beurteilen Sie Plutarchs Aussage: „So machten sie, ohne sich dessen bewusst zu werden, das ganze Vaterland zu einem Handelsartikel und sich selbst zu Sklaven von Bösewichtern, um über die guten Elemente zu herrschen […].“*

M9
„Das bedeutete ihren Tod“

Appian (siehe Seite 33) berichtet, wie nach Sullas Sieg im Bürgerkrieg 82 v. Chr. die Proskriptionen durchgeführt werden:

Die Namen von etwa 40 Senatoren und gegen 1600 Rittern ließ Sulla öffentlich anschlagen, das bedeutete ihren Tod; denn er soll der erste gewesen sein, der die Namen der Bürger, die er mit dem Tode bestrafte, öffentlich anschlagen ließ und dazu Ehrengeschenke ankündigte für die, die sie beseitigten, Angeberlohn für die, die sie aufspürten, und Strafen für die, die sie verbargen. Kurz danach setzte er die Namen weiterer Senatoren dazu. Wer von diesen unvermutet gefasst wurde, wurde an Ort und Stelle umgebracht, in den Häusern, auf den Gassen, in Heiligtümern; […] andere wurden fortgeschleppt und niedergetreten, und keiner von denen, die solche Gräuel mit ansahen, wagte vor Furcht, auch nur einen Laut von sich zu geben. Andere wurden verbannt, wieder anderen ihr Besitz konfisziert; und wer aus der Stadt entkommen war, gegen die waren Spürer angesetzt, die alles durchsuchten und, wen sie fassten, beseitigten. Auch von den Italikern[1] wurden viele aus dem Wege geräumt, verbannt und ihrer Güter beraubt, und zwar alle, die die Befehle des […] Marius […] befolgt hatten. Scharfes Gericht wurde über sie gehalten in ganz Italien und Anklagen aller Art vorgebracht, wenn einer ein Heer gegen Sulla geführt oder am Kriege teilgenommen oder Gelder beigesteuert oder sonstige Dienste geleistet hatte oder überhaupt an Plänen gegen Sulla beteiligt war […]. Und das richtete sich am stärksten gegen die Reichen. Als aber gegen Einzelne nichts mehr vorzubringen war, ging Sulla gegen die Städte vor und bestrafte auch sie; den einen schleifte er die Kastelle oder riss ihre Mauern nieder oder legte ihnen Kollektivstrafen auf oder ruinierte sie durch schwere Tributzahlungen; in den meisten aber siedelte er seine alten Soldaten an, um in Italien Besatzungen zu haben; Land und Häuser ihrer Bürger zerstückelte er und übertrug alles auf diese [Veteranen]; dadurch gewann er sich besonders ihre Ergebenheit bis über seinen Tod hinaus; denn da sie

[1] *Italiker: in Italien lebende Stämme, die Bundesgenossen Roms waren*

genau wussten, dass dieser Besitz nur gewährleistet war, wenn alle Anordnungen Sullas unverändert blieben, traten sie auch nach seinem Tode für ihn ein.

Appian, Bella civilia, 1,95 ff., nach: Walter Arend (Bearb.), a. a. O., S. 492 (übersetzt nach B. Rappaport)

1. *Gliedern Sie die Darstellung nach dem Verhältnis der unterschiedlichen Personengruppen zu Sulla.*
2. *Analysieren Sie Appians Haltung zu den Vorgängen.*
3. *Erläutern Sie ausgehend vom Text die Ziele und die möglichen politischen und gesellschaftlichen Auswirkungen der Proskriptionen.*
4. *Beurteilen Sie die Proskriptionen hinsichtlich ihrer wahrscheinlichen kurz-, mittel- und langfristigen Wirkungen.*

▲ **Sulla und römische Soldaten.**
Szene aus dem Film „Julius Caesar", Regie: Uli Edel, 2002. Sulla, gespielt von Richard Harris (1930–2002), betritt nach seinem Sieg im Bürgerkrieg mit seinen voll bewaffneten Soldaten die Kurie des Senats.

- *Beschreiben Sie den Eindruck, den die Bildeinstellung vermittelt.*
- *Erklären Sie, durch welche filmischen Mittel der Eindruck erzeugt wird.*
- *Setzen Sie die durch die Bildeinstellung vorgenommene Charakterisierung Sullas in Beziehung zu denen, die in M8 und M9 vorgenommen werden.*
- *Arbeiten Sie heraus, welchen Zweck die Szene erfüllen soll.*
- *Erörtern Sie, ob die Darstellung in dieser Form den historischen Kontext treffend erfasst.*

▲ **Lucius Cornelius Sulla als Triumphator.**
Römische Goldmünze, 1. Jahrhundert v. Chr.
Sulla wird als Triumphator in einem von vier Pferden gezogenen Streitwagen (Quadriga) dargstellt. Über ihm schwebt Victoria, die römische Göttin des Sieges, die ihn bekränzt.
Mehrere Münzen mit diesem Motiv wurden nach Sullas Sieg im Bürgerkrieg geprägt.

- *Analysieren Sie*
  a) die beabsichtigte Aussage der Münzprägung im historischen Kontext,
  b) die Intention, die Sulla damit verfolgte, diese Münze in Umlauf bringen zu lassen.

M10
Zur Bewertung Sullas

Der Historiker Ernst Baltrusch schreibt 2004 über Sullas Restauration:

Das Wesen des Staates war allerdings, obwohl es an der „Sitte der Vorfahren", am *mos maiorum*, ausgerichtet war, ein gänzlich anderes geworden. Dahinter stand die Idee, dass die Krise des Staates mit *leges*, mit Gesetzen, zu beheben sei. Sullas Denkfehler war indes, dass er die Krise auf die Ordnung in Rom beschränkte. Danach hat Sulla das Kernproblem der römisch-republikanischen Herrschaft nicht als solches erkannt oder zumindest verdrängt. Seine Reformen waren Krisenmanagement, gespeist aus seinen eigenen Erfahrungen: Außerordentliche Kommandos sollten verhindert, die Amtsübertragung genormt, die Amtsvollmachten beschränkt und die Aktionsradien der Amtsinhaber verkleinert werden. Die Herrschaft über das Reich wurde nun in einer Weise neu geordnet, dass von dort keine senatsfeindliche Bedrohung mehr ausgehen konnte. Mit dieser Regelung wurde überhaupt nicht auf die globalen Reichsaufgaben Rücksicht genommen – das Reich spielte keine eigenständige Rolle in Sullas Überlegungen. Statt die Distanz zwischen Peripherie[1] und Zentrum zu verringern, das Reich mit Rom zu verbinden, bewirkte Sulla also das Gegenteil. Die republikanische Unfähigkeit, ein Reich zu verwalten, wurde mit einer Flut von Gesetzen auch noch festgeschrieben und somit zum unwandelbaren Grundgesetz der Republik erhoben. Mit Sulla geriet die Republik in ihre tiefste Krise, aus der kein Ausweg möglich schien. Es ist paradox, doch der systematische Restaurator der Republik ist historisch gesehen ihr Totengräber geworden. Ein Übriges tat die fehlende Unterstützung innerhalb der Nobilität selbst, gegen deren Standesethos die Selbstherrlichkeit des Diktators verstoßen hatte und die auch in keiner Weise an der Gesetzgebung zu ihrer eigenen Stärkung beteiligt worden war. [...] Die Nachfolger jedenfalls lernten von Sulla nur, *wie* sie die Macht gewinnen konnten; Mittel und Perspektiven ihrer Herrschaft mussten sie freilich selbst entwickeln. [...] 78 starb er, und seine Veteranen und Anhänger gaben ihm in Rom ein würdiges Ehrengeleit. Die Krise der Römischen Republik aber ging weiter – ganz so, als ob es eine Restauration der Senatsherrschaft nie gegeben hätte.

Ernst Baltrusch, Caesar und Pompeius, Darmstadt ^{3}2011, S. 15f.

1. *Erläutern Sie in eigenen Worten, worin nach Baltrusch „Sullas Denkfehler" (Zeile 5f.) lag.*
2. *Setzen Sie Baltruschs Ausführungen in Beziehung zu den Einschätzungen antiker Darstellungen (M8 und M9).*
3. *Überprüfen Sie, inwieweit Baltrusch in seiner Bewertung der Restauration Sullas zuzustimmen ist.*

[1] **Peripherie**: *Randbereich*

M11

Reformstau in der römischen Republik?

Der Historiker Karl Christ bewertet 2008 die Reformbemühungen in der römischen Republik zwischen 121 bis 78 v. Chr.:

Einmal erschienen vielen Optimaten offensichtlich auch die bescheidensten und nur allzu berechtigten, ja geradezu unvermeidbaren Reformansätze bereits als Revolution, jede Veränderung der Gesellschafts-, Wirtschafts- und Verfassungsstruktur als eine Veränderung zum Schlechteren. Diese Einstellung entsprach nicht nur schichtenspezifischen Interessenlagen, sie entsprach ebenso eindeutig den Traditionen der römischen Führungsschicht, ihrem Selbstverständnis wie ihrer Ideologie.

Die zweite Beobachtung [...] ließe sich auch bei anderen Reformbestrebungen inmitten revolutionärer Konstellationen, das heißt der Zuspitzung wirtschaftlicher, gesellschaftlicher und politischer Konflikte bis zum offenen Ausbruch des Bürgerkrieges oder des Klassenkampfes aufzeigen. Es ist die Tatsache, dass in vielen Fällen kompromissbereite Reformer die unmittelbaren und die indirekten Folgen ihrer Initiativen ebenso wenig vorausgesehen haben wie die konsequenten Revolutionäre.

In diesem Zusammenhang ist nicht Sulla, sondern Marius die bemerkenswerteste Figur. Der erfolgreiche militärische Spezialist und Feldherr hat das geschaffen, was heute zumeist als die Heeresgefolgschaft der späten Republik bezeichnet wird. Konkrete militärische Aufgaben [...] zwangen ihn zum Aufbau jenes Heeres, das zum wichtigsten Machtinstrument der späten Republik werden sollte. Doch an die gesellschaftlichen und politischen Auswirkungen und Folgen seiner organisatorischen Maßnahmen hat Marius wohl keinen Augenblick gedacht. Jedenfalls hat er gezögert, die Konsequenzen aus der von ihm herbeigeführten Entwicklung zu ziehen, Konsequenzen, die freilich dann erst von Caesar[1)] rigoros und völlig skrupellos gezogen worden sind.

Indessen steht Marius in seiner Anerkennung der Bindungen an Tradition und System nicht allein. Sie begegnet, wenn auch in einer im Einzelnen unterschiedlichen Stärke, bei Tiberius Gracchus ebenso wie [...] bei Cinna. [...] In Rom stellten Reformer, die alle Brücken hinter sich abbrachen, wie Appuleius Saturninus, die Ausnahme dar. In der Regel wurde stets versucht, die Krisen innerhalb der bestehenden Stukturen zu überwinden. Diese Versuche erwiesen sich freilich nicht schon deswegen als von Anfang an aussichtslos, weil die Reformer über keine organisierte und konstante Anhängerschaft verfügten, sondern sich von Projekt zu Projekt um immer neue, wechselnde Interessengruppen bemühen mussten. Aber mehr noch als das Scheitern dieser häufig genug zersplitterten Ansätze trug das Verhalten der Reaktion, die hartnäckige Opposition des Octavius[2)], das repressive Vorgehen gegen Livius Drusus, gar nicht zu reden von den Proskriptionen Sullas zu einer Verschärfung der Konfliktlage bei, die dann die Bürgerkriege des 1. Jahrhunderts v. Chr. charakterisieren sollte.

Noch quälender als diese durch nichts zu beschönigenden Entwicklungen sind freilich die Beobachtungen eines Verhaltens, das unserer eigenen Zeit nicht fremd ist, die Tatsache, dass Konfliktherde wie soziale oder politische Aufgaben wohl erkannt und gesehen werden, dass aber dennoch Lösungen der Probleme immer wieder hinausgeschoben werden, solange, bis sich die Desintegration des Systems als Preis des Aufschubs erwies.

Karl Christ, a. a. O., S. 228 f.

1. *Gliedern Sie den Text nach Sinnabschnitten.*
2. *Charakterisieren Sie ausgehend vom Text die Rolle der jeweils genannten Personen für die Reform der römischen Republik nach Christ und legen Sie hierzu eine Übersicht an.*
3. *Überprüfen Sie auf Basis Ihres Hindergrundwissens, ob Christ in seiner Beurteilung der Personen zuzustimmen ist.*
4. *Erörtern Sie, ob der von Christ im letzten Absatz (Zeile 59 bis 67) hergestellte Gegenwartsbezug zutreffend ist.*

---

1) *Zu Gaius Iulius Caesar siehe Seite 64 bis 70.*

2) *Marcus Octavius legte als Volkstribun Einspruch gegen das Agrargesetz des Tiberius Gracchus aus dem Jahre 133 v. Chr. ein.*

Kompetenz:
Historische Zusammenhänge, Sachverhalte, Prozesse und Strukturen mithilfe von Textquellen rekonstruieren, analysieren und interpretieren

Textquellen analysieren

Wichtige Informationsquellen für die antike Geschichte sind schriftliche Zeugnisse. Sie können von Handelnden, Zeitzeugen oder Geschichtsschreibern stammen. Die Quellenlage für die Antike ist im Vergleich zu anderen historischen Epochen überschaubar bzw. lückenhaft. Viele Werke antiker Autoren sind in großen Teilen oder ganz verschollen. Textquellen, die ein Ereignis unmittelbar zu der Zeit festhalten, in der es geschah, sind äußerst selten. Daher müssen wir oft auf Texte antiker Autoren zurückgreifen, die zum Teil einen sehr großen Zeitabstand zum dargestellten Geschehen aufweisen. Diese Autoren sind allerdings keine „Historiker" im heutigen Sinne, die den Verlauf der Geschichte möglichst objektiv beschreiben wollten. Die römische Geschichtsschreibung verfolgte in der Regel das Ziel, den eigenen Staat in einem positiven Licht darzustellen, und übte starke Kritik an Personen oder Gruppen, die diesen Staat vermeintlich gefährdeten. Persönliche Motive, Sichtweisen und Intentionen der Verfasser müssen bei der Textanalyse ebenso beachtet werden. Häufig wollten die Autoren mit ihren Werken einfach nur unterhalten oder die Gesellschaft als solche kritisieren. Gerade hier müssen die historisch relevanten Informationen sorgfältig herausgearbeitet und geprüft werden. Das Bild von der Vergangenheit, das wir letztlich aus einer Quelle gewinnen, hängt aber auch immer von unserem Vorwissen und unseren gegenwärtigen persönlichen Einstellungen und Werten ab.

Formale Kennzeichen

- Wer ist der *Verfasser* (oder Auftraggeber)? Welche Funktion, welchen Beruf oder welche Stellung hat er?
- Um welche *Quellenart* handelt es sich (z. B. Rede, Gesetz, Chronik, Lebensbeschreibung, Brief etc.)?
- An welchen *Adressaten* ist der Text gerichtet?

Textinhalt

- *Thema*: Was ist Gegenstand des Textes? Was wird thematisiert?
- *Struktur*: Wie ist der Text aufgebaut? Welche sprachlichen und stilistischen Merkmale kennzeichnen ihn?

Historischer Kontext

- Wann, wo und aus welchem *Anlass* wurde der Text verfasst?
- Welchen Zeitraum, welche Ereignisse oder welche Personen behandelt die Quelle?
- In welchem Bezug steht der Verfasser (oder Auftraggeber) zu dem, was er berichtet (Handelnder, Zeitzeuge oder Geschichtsschreiber)?

Intention und Wirkung

- Welche *Intention* verfolgt der Verfasser oder Auftraggeber?
- Welche *Wirkung* sollte mit dem Text erzielt werden?

Einordnung und Bewertung

- Wie ist der *Quellenwert* des Textes zu beurteilen (Authentizität, Faktentreue, Ähnlichkeiten / Abweichungen zu anderen Quellen)?

Das Volk gewinnen und die Macht des Senats brechen

Der griechische Schriftsteller Plutarch schreibt um 96 n. Chr. über die Gesetzgebung des Gaius Gracchus:

lex agraria

lex militaris

lex de sociis et de nomine Latino

lex frumentaria

lex iudiciaria

Unter den Gesetzesanträgen, die Gaius einbrachte, um das Volk zu gewinnen und die Macht des Senates zu brechen, sah das Ackergesetz die Verteilung des Staatslandes an die Armen vor, das Militärgesetz bestimmte, der Staat habe den Soldaten im Felde die Ausrüstung zu liefern, und zwar ohne Verkürzung des Soldes, auch dürfe niemand unter siebzehn Jahren zum Kriegsdienst aufgeboten werden. Das Bundesgenossengesetz sollte den Italikern das gleiche Stimmrecht verschaffen wie den römischen Bürgern, das Getreidegesetz der unbemittelten Bevölkerung niedrige Marktpreise sichern. Doch tat das Richtergesetz dem Einfluss der Senatoren den empfindlichsten Abbruch; denn sie allein hatten die Rechtsprechung in Händen und waren deshalb bei Volk und Richtern gefürchtet und gehasst. Gaius fügte nun zu den dreihundert senatorischen Richtern dreihundert weitere aus dem Ritterstand und ließ die Urteile von den sechshundert gemeinsam fällen. Für diesen Antrag setzte er sich, wie es heißt, mit ganz besonderem Eifer ein, ja noch mehr: Während vor ihm alle Vertreter des Volkes von der Rednerbühne aus zum Senat und dem sogenannten Comitium[1] hingeblickt hatten, wandte er sich in jenem Augenblick zum ersten Male dem Forum zu, als er zum Volke sprach, und soll es auch in Zukunft so gehalten haben. Durch eine kleine Drehung, eine kaum merklich veränderte Haltung brachte er die Fundamente des Staates ins Wanken und formte ihn aus einer Aristokratie in eine Demokratie um, in der die Redner auf die Menge, nicht auf den Rat Rücksicht nehmen müssen.

Auswirkungen der Gesetze auf die politischen Verhältnisse

Nachdem das Volk das Gesetz angenommen und ihm überdies Vollmacht erteilt hatte, die Richter aus dem Ritterstande auszuwählen, fiel ihm eine fast monarchische Machtfülle zu, sodass auch der Senat sich herbeiließ, seinen Rat anzuhören. Er griff aber nur dann in die Debatte ein, wenn er Vorschläge machen konnte, die dem Senat Ehre einbrachten. So stellte er einen maßvollen und hochherzigen Antrag, als man über das Getreide diskutierte, welches der Propraetor Fabius aus Spanien geschickt hatte. Er überredete die Senatoren, das Korn zu verkaufen und den Erlös den geschädigten Städten zurückzusenden, außerdem Fabius einen Verweis zu erteilen, da er die römische Herrschaft für die Untertanen zu einer unerträglichen Last werden lasse.

Verhältnis von Gaius Gracchus zu Senat und Provinzen

---

[1] ***Comitium:*** *Platz am Forum Romanum, der für die Volksversammlung bestimmt war und eine große Rednertribune beherbergte*

lex de viis muniendis

lex de coloniis deducendis

Schilderungen von Charaktereigenschaften des Gaius Gracchus

Wirkung seiner Person auf Freunde und Feinde

Seitdem war Gaius in den Provinzen geachtet und geliebt. Er brachte auch ein Gesetz ein über die Gründung von Bürgerkolonien, den Ausbau der Straßen und die Errichtung von Getreidemagazinen. Er selber trat als verantwortlicher Leiter an die Spitze all dieser Unternehmungen, ohne je müde zu werden angesichts der großen und vielfältigen Pflichten – im Gegenteil: mit unbegreiflicher Schnelligkeit und Energie erledigte er jede Aufgabe, die an ihn herantrat, als ob er sich nur gerade damit zu befassen hätte, sodass auch Leute, die ihn aus Herzensgrund hassten oder fürchteten, überrascht waren von seiner anfeuernden, zielbewussten Tatkraft. Das Volk aber geriet vollends in Erstaunen, wenn es ihn umdrängt sah von einem ganzen Heer von Unternehmern und Handwerkern, von Gesandten, Beamten, Soldaten und Gelehrten. Allen begegnete er voll freundlicher Gefälligkeit, ohne aber seiner Würde etwas zu vergeben, auf jeden verstand er in ganz persönlicher Weise einzugehen und widerlegte damit die böswilligen Verleumder, die ihn als rohen und plumpen Gewaltmenschen verschrien. So erlangte er durch seinen persönlichen Verkehr und seine praktischen Leistungen einen viel gefährlicheren Einfluss auf die Menge als durch seine Reden auf dem Forum.

Zit. nach: Klaus Meister, Einführung in die Interpretation historischer Quellen. Schwerpunkt: Antike, Bd. 2: Rom, Paderborn 1999, S. 139 f. (übersetzt von W. Wuhrmann)

Formale Kennzeichen

Der vorliegende Text ist ein Auszug aus den „Parallelbiografien" des griechischen Schriftstellers Plutarch (46–120 n. Chr.). In seinem Werk vergleicht der antike Autor jeweils einen bedeutenden römischen und griechischen Staatsmann miteinander. Es richtet sich in erster Linie an das gebildete römische Publikum der Oberschicht (Adlige und Ritter).

Textinhalt

Thema des Textauszuges sind Gaius Gracchus' Reformgesetze und ihre Auswirkung auf die römische Gesellschaft und die Stellung des Volkstribuns. Die Darstellung beginnt mit einer Aufzählung und kurzen Beschreibung der wichtigsten Gesetze (Acker-, Militär-, Bundesgenossen-, Getreide- und Richtergesetz), die von der (plebejischen) Volksversammlung beschlossen wurden. Eine Datierung des Reformprogramms erfolgt nicht.
Plutarch geht auf persönliche Ziele, die Gaius mit seinen Anträgen wohl verfolgt hatte, ein. Die politischen Wirkungen, die die Gesetze hervorrufen, werden ebenso erläutert. Plutarch beschreibt auch das Verhältnis von Gaius zu Senat und Provinzbevölkerung ausführlich. Dagegen erwähnt er das Gesetz über den Ausbau des Straßennetzes und die Gründung von Bürgerkolonien nur in einem Satz. Großen Raum nehmen wiederum die abschließende Darstellung der Charaktereigenschaften des Gaius Gracchus sowie seine Wirkung auf die römische Bevölkerung ein. Plutarch verwendet insgesamt eine bildhafte Sprache, um den Text unterhaltsam und spannend für den Leser zu gestalten.

Historischer Kontext

Die Gesetzgebung des Gaius Gracchus erfolgte 123/122 v. Chr., also zehn Jahre nach den Reformversuchen Tiberius Gracchus'. Das Reformpaket sollte wie schon bei seinem Bruder die besitzlosen römischen Bürger mit Land versorgen und so die Wehrkraft des römischen Heeres garantieren. Dass zudem persönliche Motive bei Gaius' Vorgehen eine Rolle gespielt haben könnten, hebt Plutarch hervor. Bei seiner Einschätzung ist jedoch zu beachten, dass er kein Zeitzeuge ist. Seine „Parallelbiografien" wurden um 96 n. Chr. niedergeschrieben. Damit liegen also mehr als 200 Jahre zwischen dem Dargestellten und dem Zeitpunkt der Abfassung.

Wie Tiberius brachte auch Gaius Gracchus seine Gesetzesanträge mithilfe der Volksversammlung gegen den Senat durch. Die Fülle der Maßnahmen, die gleich mehrere Bereiche der römischen Gesellschaft verändern, geht jedoch über die gesetzgeberische Tätigkeit seines Bruders hinaus.

Intention und Wirkung

Plutarchs Werk zielt darauf ab, die Gleichrangigkeit der römischen und griechischen Kultur aufzuzeigen. Er sieht sich dabei eher als Biograf und nicht als „Historiker". Der antike Autor legt mehr Wert auf persönliche Charaktereigenschaften der beschriebenen Personen und geht nur knapp auf historische Sachverhalte ein.

Einordnung und Bewertung

Plutarch schreibt sein Werk aus großer zeitlicher Distanz zu den von ihm beschriebenen Ereignissen. Seine Informationen stammen aus früheren Darstellungen, die uns allerdings unbekannt sind. Die anekdotenhaften Ausschmückungen sind bei ihm ein Stilmittel und stellen keine historischen Fakten dar. Der griechische Autor konnte allerdings mit Sicherheit auf zeitlich nähere schriftliche Darstellungen, ggf. sogar auf die protokollierten Beschlüsse zugreifen. Der Kerninhalt der Gesetze und die Ziele, die Gaius mit ihnen verfolgte, können also als authentisches Bild der Zeit um 123/122 v. Chr. angesehen werden. Dies gilt auch für ihre Auswirkungen auf die Gesellschaft.

Ein Vergleich mit anderen antiken Autoren, wie mit dem griechischen Geschichtsschreiber Diodor (um 1. Jh. v. Chr.) oder dem römischen Geschichtsschreiber und Senator Tacitus (um 54–120 n. Chr.), ergibt allerdings Unterschiede in der Wiedergabe eines Gesetzes. Das Richtergesetz verfügte eigentlich, dass allein die Ritter – und nicht wie Plutarch formulierte, Senatoren *und* Ritter – die Richterstellen besetzten. Die Intention, die Plutarch mit seinem Werk verfolgte, erklärt diese Ungenauigkeit.

1. *Analysieren Sie die Quelle arbeitsteilig hinsichtlich der*
   a) Gesetze, die einen sozialen Hintergrund haben,
   b) Gesetze, die das militärische Leben betreffen,
   c) Gesetze, die eine Veränderung der politischen Verhältnisse bewirken.
2. *Vergleichen Sie Ihre Ergebnisse aus der ersten Aufgabe miteinander und entwerfen Sie ein passendes Tafelbild.*
3. *Charakterisieren Sie Plutarchs Einschätzung zu Gaius Gracchus' Motiven.*
4. *Beurteilen Sie Plutarchs Aussagen in Zeile 20 bis 24 und 26f.*
5. *Erörtern Sie, ob das Gesetzgebungswerk von Gaius Gracchus geeignet war, um die gesellschaftlichen Verhältnisse der Republik nachhaltig zu reformieren.*

Die Umgestaltung der republikanischen Staatsordnung

73 – 71 v. Chr.
Sklaven erheben sich unter Spartacus in Italien.

70 v. Chr.
Pompeius und Crassus werden Konsuln und heben wichtige Gesetze Sullas auf.

60 v. Chr.
Pompeius, Crassus und Caesar schließen das erste Triumvirat.

58 – 50 v. Chr.
Caesar erobert Gallien.

49/48 v. Chr.
Der Bürgerkrieg zwischen Caesar und Pompeius endet mit dem Sieg Caesars.

45/44 v. Chr.
Caesar wird zum Diktator auf Lebenszeit ernannt.

15. März 44 v. Chr.
Eine Gruppe von Senatoren tötet Caesar.

Ende Oktober 43 v. Chr.
Octavian, Antonius und Lepidus schließen das zweite Triumvirat. Politische Gegner werden beseitigt.

32/31 v. Chr.
Der Bürgerkrieg zwischen Octavian und Antonius endet mit dem Sieg Octavians.

16. Januar 27 v. Chr.
Der Senat verleiht Octavian den Ehrennamen „Augustus". Mit Augustus und dem „Prinzipat" beginnt die römische Kaiserzeit.

▲ **Gaius Iulius Caesar.**
Szene aus dem Film „Julius Caesar", Regie: Uli Edel, 2002.

- *Beschreiben Sie den ersten Eindruck, den die vom US-amerikanischen Schauspieler Jeremy Sisto dargestellte Person des Caesar erzeugt (Gestik, Mimik, Haltung).*
- *Vergleichen Sie das Aussehen Caesars in dieser filmischen Darstellung mit dem eines gewöhnlichen Senators (siehe hierzu die Abbildung auf Seite 76). Analysieren Sie die Bedeutung der sich unterscheidenden Bekleidung.*
- *Stellen Sie ausgehend von dem Screenshot und auf Basis Ihres bisherigen Wissens Hypothesen über den Charakter der Umgestaltung der republikanischen Staatsordnung und den Weg dorthin auf.*
- *Überprüfen Sie Ihre Hypothesen mit der Darstellung und den Materialien.*

Der Aufstieg von Pompeius und Crassus

Sullas gewaltsame Neuordnung des Staates hatte nicht nur die Ausschaltung seiner politischen Gegner zur Folge. Viele ambitionierte Männer nutzen die Umstände, um ihre eigene Karriere voranzutreiben. Einer von ihnen war der Ritter *Gnaeus Pompeius* (106–48 v. Chr.), der aus einer eher unbedeutenden Familie aus Arpinum stammte. Er hatte Sulla bereits 83 v. Chr. mit selbst aufgestellten Truppen maßgeblich unterstützt und dadurch großen Einfluss gewonnen. Im Verlauf des Bürgerkrieges[1] erhielt er den Beinamen „Magnus" (dt.: „der Große") und wurde zum Feldherrn ernannt, ohne zuvor ein Amt bekleidet zu haben.

Auf der anderen Seite stand der angesehene Adlige *Marcus Licinius Crassus* (um 115–53 v. Chr.). Als Optimat besaß er großen Einfluss im Senat und nutzte die Proskriptionen[2] dazu, ein großes Vermögen anzuhäufen. Auch im militärischen Bereich war er erfolgreich: 73 v. Chr. brach der größte Sklavenaufstand Italiens aus. Schätzungsweise bis zu 120 000 Sklaven und verarmte, landlose Bauern lehnten sich in den folgenden Jahren unter der Führung des aus Thrakien stammenden Gladiatorensklaven *Spartacus* († 71 v. Chr.) gegen die römische Macht auf. Sie zogen plündernd umher und besiegten mehrere römische Heereseinheiten. Im Jahre 71 v. Chr. brachte Crassus den Aufständischen jedoch die entscheidende Niederlage bei. Pompeius gelang es, die verbliebenen Anhänger Spartacus' zu vernichten und diesen Sieg so herauszuheben, dass ihm der militärische Erfolg gleichermaßen zugeschrieben wurde.

Internettipp
http://viamus.uni-goettingen.de/fr/e/schule/ue/04
(Informationen und Bildmaterial über die Akteure der späten Republik)

Lesetipp
Kai Brodersen, Ich bin Spartacus: Aufstand der Sklaven gegen Rom, Darmstadt 2010

Das Ende von Sullas Ordnung

Pompeius militärische Leistungen hatten sein Ansehen erhöht und ihn bei der plebs urbana äußerst beliebt gemacht. Er sah die Chance gekommen, sich für das Konsulat zu bewerben. Der Senat betrachtete die Ambitionen des vierunddreißigjährigen Emporkömmlings jedoch argwöhnisch. Noch nie war ein einfacher Bürger zum Konsul gewählt worden, der weder die Ämterlaufbahn absolviert hatte noch das zulässige Mindestalter besaß. Um sein Ziel dennoch zu erreichen, schloss Pompeius ein Zweckbündnis mit seinem Konkurrenten Crassus. Ihnen gelang es gemeinsam, 70 v. Chr. in das höchste Amt gewählt zu werden. Ihren Erfolg verdankten sie nicht nur dem Stimmenkauf, der Ausnutzung politischer Beziehungen oder ihrem Ansehen als Feldherren. Vor allem bei der plebs gewannen sie eine große Anhängerschaft, indem sie besonders unbeliebte Maßnahmen von Sullas Restauration kritisierten und Neuerungen versprachen. Tatsächlich wurden entsprechende Gesetze von den Konsuln vorgelegt und umgesetzt: Die Zensoren und Volkstribune bekamen wieder alle früheren Rechte zurück, die Richter in den Geschworenengerichten sollten sich künftig zu je einem Drittel aus Senatoren, Rittern und Aerartribunen[3] zusammensetzen, und auch der Getreidepreis wurde mithilfe staatlicher Gelder wieder niedrig gehalten.

---

1) *Zum Bürgerkrieg von 83 bis 82 v. Chr. lesen Sie Seite 44 f.*
2) *Siehe dazu Seite 45 f.*
3) ***Aerartribunen**: plebejische Beamte, die vom Vermögen her den Rittern zuzuordnen sind*

Außerordentliche Kommandos

Die konsularischen Maßnahmen schwächten die Macht des Senats, worunter das ohnehin angespannte Verhältnis der Nobilität zu Pompeius noch weiter litt. Er versuchte daher zu vermeiden, nach Ende seiner Amtszeit als einfacher Senator in den Hintergrund zu treten. Zum Bewahren der Macht bot ihm die Bekämpfung der Seeräuberplage im Mittelmeer Gelegenheit. Piraten hatten Handelsschiffe gekapert, römische Adlige entführt und Häfen geplündert. Die Überfälle hatten im Laufe der Zeit ein Ausmaß angenommen, das Roms Versorgung mit Getreide zu bedrohen begann. Hinzu kam die erneute Kriegserklärung des griechischen Königs Mithradates VI. von Pontos im Jahre 74 v. Chr.[1)] Zum ersten Mal wurde nun auf Initiative von Pompeius' Anhängern – darunter *Marcus Tullius Cicero*[2)] – eine außerordentliche Kommandogewalt (*imperium extraordinarium*) für einen Bürger ohne politisches Amt geschaffen: Der Feldherr sollte ohne Einschränkungen über 24 Unterfeldherren, 20 Legionen, 5 000 Reiter und 500 Schiffe innerhalb des Römischen Reiches befehligen dürfen – eine Machtansammlung, die der Senat nicht akzeptieren konnte. Die plebs sah dies jedoch anders. Der Volkstribun und Pompeianer[3)] *Aulus Gabinius* († um 48 v. Chr.) nutzte seine wiederhergestellten Vollmachten und ließ seinem Patron durch die Volksversammlung der Plebejer den entsprechenden Oberbefehl verleihen. Pompeius konnte die Seeräuberplage beseitigen und auch Mithradates endgültig besiegen. Im Zuge dessen strukturierte er den gesamten östlichen Mittelmeerraum um. Pompeius erweiterte alte und schuf neue römische Provinzen wie *Syria*, *Bithynia/Pontus* oder *Cilicia*[4)]. Könige kleiner griechischer Reiche wurden zu seinen persönlichen Klienten und zahlten ihm große Summen dafür, dass er Territorien zu ihrem Vorteil veränderte. Pompeius nutzte die Mittel, um sowohl Einzelpersonen als auch ganze Städte und nicht zuletzt seine Soldaten durch umfangreiche Geldgeschenke an sich zu binden.

Lesetipps

- *Robert Harris, Imperium, München 2011*
- *Ders., Titan, München 2011*

Auf der Suche nach Bündnispartnern

Der Senat befürchtete, dass Pompeius wie einst Sulla mithilfe seiner Soldaten Rom besetzen und die Macht ergreifen würde. Der Feldherr entließ jedoch seine Truppen und feierte 61 v. Chr. einen prachtvollen *Triumphzug*[5)]. Er glaubte, im Einvernehmen mit dem Senat seine Pläne durchsetzen zu können. Dieser erkannte jedoch die Neuordnung im Osten nicht an. Außerdem war die Mehrheit nicht bereit, die von Pompeius entlassenen Soldaten mit Land zu versorgen (➧ M1). Daraufhin suchte er nach Bündnispartnern, um seine Forderungen durchsetzen zu können. Er fand sie in Crassus und dem ehrgeizigen Politiker *Gaius Iulius Caesar* (100–44 v. Chr.), einem Neffen des Marius.

In dem 60 v. Chr. geschlossenen *Triumvirat* (dt.: Dreimännerbündnis) sicherten sich Pompeius, Crassus und Caesar gegenseitige politische Hilfe zu (➧ M2). Ergebnis dieses Zweckbündnisses war die Wahl Caesars zum Konsul (59 v. Chr.) und die Durchsetzung der Forderungen des Pompeius im Senat. Darüber hinaus verfügte Caesar einen Pachtnachlass für die Steuerpächter der Provinz Asia, die Schützlinge von Crassus waren. Der Staat konnte ferner Statthalter, die ihre Provinzen ausbeuteten, effektiver belangen. Ein Acker-

Lesetipp

Ernst Baltrusch, Caesar und Pompeius, Darmstadt [3]2011

---

1) *Zum Konflikt mit König Mithradates siehe Seite 44 f.*
2) *Zu Cicero siehe u. a. Seite 15.*
3) ***Pompeianer**: Anhänger des Pompeius*
4) *Provinzen, die auf dem Gebiet der heutigen Türkei liegen*
5) ***Triumphzug**: Siegesfeier, auf der ein erfolgreicher Feldherr geehrt wurde und an der Spitze seiner Soldaten und Kriegsgefangenen durch Rom bis zum Kapitol zog*

▲ **Römische Legionäre.**
Szene aus der TV-Serie „Rom“, „Der gestohlene Adler“, erste Folge der ersten Staffel, Regie: Michael Apted, 2005.
Dargestellt ist eine Schlachtszene im Verlauf des Gallischen Krieges.

- *Beschreiben Sie das Bild.*
- *Analysieren Sie anhand der Bildelemente, welchen Eindruck die Szene beim Zuschauer erzeugen soll und welche Informationen über die römische Armee transportiert werden.*
- *Erläutern Sie ausgehend vom Bild die Bedeutung der Truppen für den jeweiligen Feldherrn.*

gesetz bestimmte zudem, dass 20 000 kinderreiche Familien Ackerland aus Kampanien erhalten sollten. Mit diesen Maßnahmen gewann Caesar eine große Anhängerschaft in der plebs und bei den Provinzialen.

Der Gallische Krieg

Caesar machte sich durch seine Vorgehensweise während des Konsulats den Großteil der Nobilität zum Feind. Seine Gesetze des Jahres 59 v. Chr. waren gegen den Senat unter Gewaltanwendung und mit massiven Rechtsbrüchen zustande gekommen. Sobald Caesars Amtzeit als Konsul und damit seine Immunität[1] endete, musste er damit rechnen, vor Gericht gestellt und bestraft zu werden. Pompeius bewahrte ihn vor diesem Schicksal. Mithilfe seiner Freundschaftsbeziehungen und seiner Heeresklientel erreichte er, dass die plebejische Volksversammlung und der Senat Caesar ein außerordentliches Kommando als Prokonsul für zweimal fünf Jahre in den Provinzen *Gallia Cisalpina*[2], *Illyricum*[3] und *Gallia Narbonensis*[4] übertrugen. Zwischen 58 und 50 v. Chr. eroberte er von dort aus ohne Senatsauftrag das gesamte Gallien bis zum Atlantik und zur Nordsee. Die entscheidende Niederlage brachte Caesar den gallischen Stämmen unter der Führung von *Vercingetorix* (um 82–46 v. Chr.) in der *Schlacht von Alesia* (52 v. Chr.) bei. Eine Million Gallier sollen in den Kriegsjahren umgekommen, eine weitere in die Sklaverei gegangen sein. Die Reichtümer des Landes füllten Caesars Kassen und sicherten ihm die Treue seiner Truppen. Zudem spendete er große Beträge an verschiedenste Personen, finanzierte Feste und öffentliche Bauten in Rom, was ihm zu einer enormen Popularität unter den Plebejern verhalf (▶ M3).

• Caesar machte sich Feinde in der Nobilität u. Senat.
• nach Amtszeit drohte Prozess
Eroberung Galliens im Alleingang
enorme Popularität bei Plebejern

---

1) *Unter politischer Immunität ist der Schutz eines Politikers vor jeglicher Strafverfolgung während seiner Amtsausübung zu verstehen.*
2) ***Gallia Cisalpina**: Provinz in Oberitalien*
3) ***Illyricum**: Provinz an der Balkanküste*
4) ***Gallia Narbonensis**: Provinz im heutigen Südfrankreich*

Das Ende des Triumvirats

Pompeius und Crassus fürchteten die wachsende Macht Caesars. Eine Einigung im Jahre 56 v. Chr., die Crassus und Pompeius außerordentliche Kommandos in den Provinzen *Syria* bzw. *Hispania ulterior* und *citerior*[1] als Ausgleich verschaffte, verbesserte das angespannte Verhältnis nicht. Als 54 v. Chr. Pompeius' Ehefrau Iulia, die einzige Tochter Caesars,[2] im Kindbett starb und Crassus ein Jahr später in einem Feldzug gegen die Parther fiel, existierten sowohl das Triumvirat als auch zwei wichtige Garanten für das Einvernehmen der beiden Bündnispartner nicht mehr. Hinzu kamen Wahlunruhen in Rom, die in ihrem Ergebnis die Entfremdung noch weiter beschleunigten: Der Volkstribun *Publius Clodius Pulcher* (um 92–52 v. Chr.) hatte die kostenlose Getreideversorgung für die plebs urbana durchgesetzt und gewann so eine große Klientel. Zudem verfügte er, dass Handwerker und andere Gruppen sogenannte Nachbarschaftsvereine (*comitiae*) bilden durften. Politikern ermöglichte dies einen leichten Zugriff auf organisierte Einheiten von Männern, die zu ihren „Schlägertruppen" wurden. Zwischen den verschiedenen Gruppierungen fanden bald Straßenschlachten statt, sodass mehrmals Konsulatswahlen scheiterten und das Amt unbesetzt blieb. Als Publius Clodius Pulcher bei einer der Schlägereien ums Leben kam, drohte die Situation in Rom endgültig außer Kontrolle zu geraten. Aus diesem Grund brachte der einflussreiche Senator und Anführer der Optimaten, *Marcus Porcius Cato* (95–46 v. Chr.), den Senat dazu, Pompeius weitreichende Befugnisse zu verleihen. Keine andere Person schien nach seiner Ansicht dazu geeignet, die Ruhe und Ordnung auf Roms Straßen wiederherzustellen.

Aus Verbündeten werden Feinde

Der Senat ernannte Pompeius 52 v. Chr. zum alleinigen Konsul und verlängerte seine Kommandogewalt um weitere fünf Jahre. Mit den fast diktatorischen Vollmachten dieses Sonderamtes gelang es ihm, die Lage in Rom zu stabilisieren. Der Caesargegner *Quintus Caecillius Metellus Scipio* (um 100–46 v. Chr.), dessen Tochter Pompeius 52 v. Chr. geheiratet hatte, wurde nun zu seinem Kollegen gewählt. Beide legten dem Senat Beschlüsse vor, die die politische Macht der Magistrate beschränkten: Zwischen der Bekleidung eines Amtes in Rom und einem Kommando in den Provinzen sollten fünf Jahre liegen. Ein Bürger sollte zudem nur bei persönlicher Anwesenheit für ein Amt kandidieren können. Diese Gesetze richteten sich klar gegen Caesar, der durch den Krieg noch in Gallien beansprucht war. Den Optimaten war es gelungen, Pompeius' Unmut über die militärischen Erfolge und finanziellen Mittel Caesars auszunutzen und ihn auf ihre Seite zu ziehen. Sie konnten den Konsul sogar überzeugen, einen Antrag zu unterstützen, nach dem Caesar am 1. März 50 v. Chr. sein Kommando unverzüglich abzugeben hatte. Dies bedeutete den endgültigen Bruch zwischen den einstigen Verbündeten. Caesar befürchtete zu Recht einen Prozess wegen Amtsmissbrauch. Weder Einsprüche noch Kompromissvorschläge von seinen Anhängern im Senat konnten diese Situation klären, sondern spitzten den Konflikt noch weiter zu. Als von Caesar bestochene Volkstribunen den Beschluss, der den Feldherrn seines Kommandos enthob, mit ihrem Veto verhinderten, rief der Senat den Staatsnotstand aus: Caesar wurde am 7. Januar 49 v. Chr. zum Hochverräter erklärt und Pompeius beauftragt, die Republik gegen ihn zu verteidigen (▶ M4 und M5).

---

[1] ***Hispania ulterior und citerior***: *Provinzen im heutigen Spanien*

[2] *Pompeius hatte Iulia 59 v. Chr. geheiratet. Seine Ehe war ein politisches Zweckbündnis, das die Allianz zwischen ihm und Caesar auch auf persönlicher Ebene festigen sollte.*

▲ **Wo liegt der Rubikon?**

Foto vom 2. Januar 2012, Savignano (Provinz Forlì-Cesena).

Bis heute wird gestritten, wo der Fluss Rubikon ursprünglich verlief. Durch natürliche und menschliche Einflüsse hatte dieser über die Jahrhunderte seinen Lauf verändert. Die nordostitalienische Stadt Savignano nimmt für sich in Anspruch, am „wahren" Rubikon zu liegen. Sie errichtete daher auch im Sommer 2003 an der Brücke aus der Römerzeit eine Caesar-Statue (links im Bild).

- *Recherchieren Sie im Internet nach weiteren Informationen zum Verlauf des „wahren" Rubikon. Internettipp: www.sueddeutsche.de/politik/folge-rubikon-der-wuerfel-ist-gefallen-nur-wo-1.932007*
- *Erläutern Sie die Bedeutung des Rubikon als Erinnerungsort und seine Bedeutung für anliegende italienische Gemeinden.*

Caesar überschritt Grenze mit Truppen → 4 Jahre Bürgerkrieg

Caesar behandelt Gegner mit Milde

„Der Würfel ist gefallen"

Caesar erfuhr vom Senatsbeschluss am Rubikon, dem Grenzfluss zwischen seiner Provinz Gallia Cisalpina und Italien. Dort soll er nach römischer Überlieferung die Worte „alea iacta est" (dt. „Der Würfel ist gefallen") gesprochen haben, um klarzumachen, dass die Situation nun nur noch durch Waffengewalt gelöst werden konnte. In der Nacht vom 11. auf den 12. Januar 49 v. Chr. überschritt er mit seinen Truppen den Rubikon, um nach Rom zu marschieren. Ein vier Jahre dauernder Bürgerkrieg begann.

Caesar stieß auf dem Weg nach Rom nur in Corfinium auf Widerstand von Soldaten des Senats, den er aber schnell brechen konnte. Er behandelte seine Gegner mit ausgesprochener Milde (*clementia caesaris*), begnadigte sie und bot ihnen zudem an, sich ihm anzuschließen, was viele auch taten.

Pompeius standen vor Ort nur noch wenige Truppen zur Verfügung. Dennoch lehnte er ein weiteres Kompromissangebot seines ehemaligen Verbündeten ab und zog mit seinen Legionen nach Griechenland. Viele der Senatoren, die Anhänger der Republik waren,

Filmtipp

Rom und seine großen Herrscher. Episode 1: Caesars Spiel um die Macht, England 2007, Regie: Nick Murphy, Nick Green u. a. (Dokumentarfilm der BBC)

folgten ihm und bildeten in *Thessalonike*[1] eine Gegenregierung. Die Situation schien für sie trotz des Rückzugs nicht aussichtslos: Die griechischen Könige unterstützten ihren Patron Pompeius mit Truppen. Zudem hatte er die Provinzen in Spanien und Nordafrika auf seiner Seite, sodass er seinem Gegner zahlenmäßig überlegen war.

Pharsalos und die Folgen

Caesar hatte inzwischen Rom kampflos eingenommen und den Reservestaatsschatz in seine Gewalt gebracht. Seine Generäle konnten zudem die Kontrolle über Sardinien und Sizilien gewinnen. Caesar selbst marschierte mit seinem Heer noch im Jahre 49 v. Chr. nach Spanien, besiegte dort die Truppen der „Republikaner" und wandte sich im Januar 48 v. Chr. dann Griechenland zu. Vor *Dyrrhachium* erlitt sein Heer jedoch eine gefährliche Niederlage gegen Pompeius und wurde von allen Versorgungswegen abgeschnitten. Dies zwang Caesar zu einer Entscheidungsschlacht, die er gegen alle Prognosen gewann. Bei *Pharsalos* siegte er am 9. August 48 v. Chr. über die zahlenmäßig deutlich überlegenen „republikanischen" Truppen. Der siegreiche Feldherr verfolgte Pompeius bis nach Ägypten in der Absicht mit ihm zu einer Einigung zu gelangen, kam aber zu spät. Als er in Alexandria eintraf, hatten Ratgeber des minderjährigen Königs *Ptolemaios XIV.* (um 59–44 v. Chr.) Pompeius bereits ermorden lassen. Sie beabsichtigten Caesar durch diese Tat auf ihre Seite im Machtkampf mit Ptolemaios Schwester *Kleopatra VII.* (69–30 v. Chr.) zu ziehen. Dennoch war es Kleopatra, die die Gunst des Römers gewinnen konnte und durch seine Unterstützung zur faktischen Herrscherin über Ägypten und Zypern wurde. Caesar ging nun gegen seine verbliebenen Gegner vor, die sich in Nordafrika gesammelt hatten, und besiegte sie in der *Schlacht von Thapsus* 46 v. Chr. Caesars prominenter Gegner Cato nahm sich daraufhin in Utica (im heutigen Tunesien) das Leben, um dessen Gnade nicht annehmen zu müssen.

Lesetipp
Martin Jehne, Caesar, München ⁴2008

Die Reformen Caesars

Caesar bekleidete in den Jahren nach 48 v. Chr. mehrfach das Amt des Konsuls. Gleichzeitig ernannte ihn der Senat 46 v. Chr. zum Diktator für zehn Jahre, ein Jahr später auf Lebenszeit. Aufgrund der vielen Feldzüge hielt sich Caesar allerdings immer nur kurz in Rom auf. Während seiner Abwesenheit leiteten daher Vertraute, wie sein Reiteroberst *Marcus Antonius* (82–30 v. Chr.), die Staatsgeschäfte in seinem Sinne.

Caesar nutzte seine Amtszeit für umfangreiche Reformen (▶ M6). Er schaffte zunächst die langjährigen außerordentlichen Kommandos ab, die ein von ihm selbst genutztes Mittel der illegalen Machterlangung gewesen waren. Die Anzahl der Bürger, die kostenlose Getreidezuteilungen erhielten, wurde erheblich reduziert (von 320 000 auf 150 000), um die Staatsausgaben zu verringern. Diese Maßnahme sollte außerdem verhindern, dass sich eine unkontrollierbare Masse von Getreideempfänger zusammenrotten konnte. Aus diesem Grund verbot Caesar auch die Nachbarschaftsvereine, die der Ausgangspunkt der Gewalt auf der Straße waren.[2]

Mittellose Bürger und Veteranen erhielten für ihre Versorgung Land in Kolonien. Caesar ließ daher u. a. die Städte Karthago und Korinth wiederaufbauen. Römische Bürger begannen nun erstmals außerhalb Italiens eigene Gemeinden zu gründen und exportierten

---

[1] ***Thessalonike**: Stadt in der römischen Provinz Macedonia*
[2] *Lesen Sie hierzu Seite 66.*

gleichzeitig ihre Lebensart und Kultur, die die ansässige Bevölkerung schnell übernahm. Damit war der Grundstein für die *Romanisierung* gelegt.
Zudem wurde bestimmt, dass Viehzüchter mindestens ein Drittel an freien Bürgern zu beschäftigen hatten. Damit sollten größere Ansammlungen von Sklaven vermieden werden, die leicht zu Aufständen führen konnten. Mit dieser Regelung boten sich den besitzlosen Plebejern auch neue Verdienstmöglichkeiten. Ferner mussten Gläubiger auf einen Teil der Zahlungen ihrer Schuldner verzichten, damit diese wieder Geld in den im Bürgerkrieg ins Stocken geratenen Finanzkreislauf investieren konnten.
Erneut durften nur noch Ritter und Senatoren Richter werden. Diese verfügten über ein entsprechendes Vermögen, das Bestechlichkeit unwahrscheinlicher machte. Caesar wollte sich damit auch eine treue Anhängerschaft sichern. So gelangten Freunde und Mitstreiter aus Ritterschaft und Nobilität per Gesetz in Ämter und in den Senat, dessen Mitgliederzahl von 600 auf 900 stieg.
Caesar reformierte außerdem das Rechts- und Bildungswesen. Griechische Grammatiker, Rhetoriker, Lehrer und Ärzte erhielten sofort das Bürgerrecht, wenn sie in Rom ihren Wohnsitz bezogen. Zudem beabsichtigte Caesar, eine große Bibliothek zu gründen, in der griechische und lateinische Werke gesammelt werden sollten. Auch Verwaltungsmaßnahmen wie die Einführung eines neuen Kalenders wurden unter Caesar in Angriff genommen.

Die Iden des März

Auch wenn die staatsrechtliche Struktur der Republik formal erhalten blieb, lag die tatsächliche Macht allein in den Händen Caesars. Magistrate, Senat und Volksversammlungen hatten nur noch dem zuzustimmen, was er verfügte. Einige Gesetze bekam der Senat nicht einmal mehr zu Gesicht. Die eigentliche Regierung bildete eine Art von Kabinett, bestehend aus einer Gruppe von Vertrauten, mit denen er seine Vorhaben beriet und in Gesetze umwandelte.
Der Senat beschloss seinerseits umfassende Ehrungen für den Diktator. Er durfte wie die altrömischen Könige das Purpurgewand des Triumphators mit goldenem Lorbeerkranz öffentlich tragen, erhielt den Ehrennamen „Vater des Vaterlands“ (*pater patriae*) und sein Geburtsmonat Quintilis bekam den Namen Iulius. Seine Statue wurde zudem im Tempel des Quirinius unter denen der sieben Könige Roms aufgestellt. Es ist nicht endgültig geklärt, ob diese Auszeichnungen Caesars dem Wunsch seiner Anhänger im Senat entsprachen oder von seinen Gegnern initiiert wurden, um ihn als Tyrannen zu entlarven. In jedem Fall erreichte die Entwicklung am 15. Februar 44 v. Chr. ihren Höhepunkt. Marcus Antonius bot Caesar auf dem Luperkalienfest[1] ein Diadem als äußeres Zeichen der Königswürde an, was dieser allerdings ablehnte (➧ M7). Dennoch hatte nach Cicero die Diktatur Caesars längst „das Ausmaß einer königlichen Machtvollkommenheit“[2] angenommen. Dies war für die republiktreue Minderheit im Senat unerträglich, sahen sie doch die alte Ordnung als gefährdet an. Eine Gruppe von Senatoren verschwor sich daher unter der Führung von *Marcus Iunius Brutus* (85–42 v. Chr.) und *Gaius Cassius Longinus* (85–42 v. Chr.) gegen Caesar und erdolchten ihn an den *Iden des März*[3] während einer Senatssitzung (➧ M8).

---

1) **Luperkalien**: *Fruchtbarkeits- und Reinigungsfest zu Ehren des Gottes Faunus*
2) *Cicero, Erste philippische Rede 3*
3) **Iden des März**: *Festtage, die in der Mitte des März lagen; hier ist der 15. März gemeint.*

▲ **„Antonius zeigt dem Volk die blutigen Kleider Gaius Iulius Caesars."**
Anonymer Holzschnitt aus dem 19. Jahrhundert.
Marcus Antonius stachelte die plebs urbana derart gegen die Caesarmörder Brutus und Cassius auf, dass diese Rom zur ihrer Sicherheit verlassen mussten. Sie gingen in den Osten des Reiches, um dort den Widerstand gegen Caesars Anhänger zu organisieren.

- *Analysieren Sie die verschiedenen Bildebenen in Hinblick auf künstlerische Mittel und durch sie erzeugte Wirkungen. Identifizieren Sie auch die durch den Künstler besonders hervorgehobenen Personen.*
- *Arbeiten Sie in Partnerarbeit mögliche Kernaussagen heraus, die der Künstler Ihrer Meinung nach mit dem Bild vermitteln wollte.*

Wer beerbt Caesar?

Es gelang der senatorischen Aristokratie aber auch nach der Ermordung Caesars nicht mehr, die politischen Fäden in die Hand zu nehmen. Für eine Wiederbelebung der alten res publica war es zu spät. Marcus Antonius, der amtierende Konsul des Jahres 44 v. Chr., brachte den Senat dazu, alle Beschlüsse Caesars für rechtmäßig zu erklären, und ließ sich von der Volksversammlung ein außerordentliches Kommando über die wichtigen Provinzen Gallia Transalpina und Gallia Cisalpina für die Dauer von fünf Jahren übertragen. Dies sicherte seine Machtposition durch Geldeinkünfte und dem Befehl über erfahrene Legionen ab.
Antonius ahnte nicht, dass ihm die Position als Anführer der Caesarianer[1] alsbald streitig gemacht werden würde. Caesar hatte seinen Großneffen *Gaius Octavius* (63 v. Chr.–14 n. Chr.) zum Erben eingesetzt und per Testament adoptiert; der 18-Jährige nannte sich nun offiziell *Gaius Iulius Caesar Octavianus*. Die Masse der plebs urbana, die er aus dem Vermögen seines Adoptivvaters reich beschenkte, unterstützten ihren neuen Gönner ebenso bereitwillig wie Caesars Veteranen. Aus ihren Reihen stellte Octavian eine Privatarmee zusammen, womit er sich eine entsprechende Machtbasis schuf.

[1] ***Caesarianer***: *Anhänger Caesars*

Das zweite Triumvirat

Die verbliebenen Republikaner unter der Führung von Cicero glaubten, Octavian für ihre Zwecke einbinden zu können, und sorgten dafür, dass der Senat ihm ein außerordentliches Kommando gegen Antonius verlieh. Cicero schätzte die Lage jedoch falsch ein. Schon bald wechselte Octavian die Seiten und verbündete sich 43 v. Chr. mit Antonius und *Marcus Aemilius Lepidus* (um 90–12 v. Chr.), dem Statthalter von Gallia Narbonensis, gegen die Senatspartei. Dieses „zweite" Triumvirat ließ sich, gestützt auf die Macht ihrer Legionen, für fünf Jahre von der Volksversammlung diktatorische Vollmachten übertragen. Die Triumvirn verwalteten Italien gemeinsam, teilten aber den Rest des von ihnen kontrollierten Reiches in verschiedene Einflusszonen auf. Das „Dreimännerkollegium zur Wiederaufrichtung des Staates" (*tresviri rei publicae constituendae*) ging dazu über, politische Gegner auszuschalten. Etwa 300 Senatoren, darunter auch Cicero, und 2 000 Ritter fielen Proskriptionen[1)] zum Opfer. Die alte Nobilität existierte faktisch nicht mehr. Das Triumvirat wandte sich danach den Caesarmördern zu, die mittlerweile die Osthälfte des Reiches kontrollierten. Antonius und Octavian siegten über Brutus und Cassius im Herbst 42 v. Chr. in der *Doppelschlacht bei Philippi* (Makedonien). Beide Besiegte nahmen sich daraufhin das Leben.

Auf dem Weg zur Alleinherrschaft

Auch dieses politische Zweckbündnis konnte auf Dauer die Konkurrenz untereinander nicht verdecken. Zunächst wurde Lepidus entmachtet und gezwungen, sich in Italien zur Ruhe zu setzen. Durch diese Machtverschiebung erhielt Antonius den gesamten Osten, den ehemals Brutus und Cassius kontrolliert hatten, während Octavian den Westen des Reiches zur Verwaltung bekam. Auch die Heirat von Octavians Schwester *Octavia* (um 69–11 v. Chr.) mit Antonius konnte dem Bündnis keine Dauer verleihen. Antonius selbst lieferte seinem Rivalen hier die notwendigen Anlässe, da er sich in seinem östlichen Herrschaftsbereich immer mehr wie ein griechischer König verhielt. Darüber hinaus unterhielt er ein offenkundiges Liebesverhältnis zur ägyptischen Königin Kleopatra. Als dieses zur Trennung von Octavia führte, nutzte ihr Bruder die Situation aus. Octavian gab sich als Verteidiger der römischen Tradition und kritisierte die für Rom gefährliche Verbindung mit Kleopatra. Rom erklärte ihr und Antonius schließlich den Krieg. Die Entscheidung um die Alleinherrschaft fiel in der *Schlacht bei Actium* am 2. September 31. v. Chr., bei der sich Octavian durchsetzte. Ägypten wurde nach dem Selbstmord Kleopatras und Antonius' römische Provinz. Das Ende der Bürgerkriege kündigte auch das Ende der Republik und den Beginn der Kaiserzeit an.

▲ **Kleopatra und Antonius.** *Römischer Silber-Denar, Durchmesser: 18 mm, Gewicht: 3,9 Gramm, 32 v. Chr. Die Münzen mit den Bildnissen von Kleopatra und Antonius wurden im Osten des Römischen Reiches geprägt.*

Filmtipp
Augustus. Mein Vater, der Kaiser, USA/Deutschland/Italien 2003, Regie: Roger Young (TV-Historienfilm)

---

1) *Zum Begriff „Proskriptionen" lesen Sie Seite 45 f.*

Jahr	Geschätzte Zahl der erwachsenen männlichen Bürger	Umfang des Heeres im Feld (teilweise geschätzt)	Prozent
225	300 000	52 000	17
213	260 000	75 000	29
203	235 000	60 000	26
193	266 000	53 000	20
183	315 000	48 000	15
173	314 000	44 000	14
163	383 000	33 000	9
153	374 000	30 000	8
143	400 000	44 000	11
133	381 000	37 000	10
123	–	32 000	–
113	–	34 000	–
103	400 000	50 000	13
93	400 000	52 000	13
83	1 030 000	143 000	14
73	1 030 000	171 000	17
63	1 030 000	120 000	12
53	1 030 000	121 000	12
43	1 480 000	240 000	16
33	1 600 000	250 000	16
23	1 800 000	156 000	9

▲ **Anzahl römischer Bürger unter Waffen bis 23 v. Chr.**

Nach: Lukas de Blois/Robartus Johannes van der Spek, Einführung in die Antike Welt, Stuttgart 1994, S. 161

- *Analysieren Sie die Tabelle.*
- *Setzen Sie die Daten in Beziehung zu konkreten Ereignissen und Phasen der römischen Geschichte und erläutern Sie davon ausgehend die vorliegende Entwicklung. In welcher Zeit kommt es jeweils zu Umbrüchen? Stellen Sie Hypothesen zu den Ursachen der Umbrüche auf.*
- *Erklären Sie, welche Probleme und Gefahren sich aus der vorliegenden Entwicklung ergeben haben könnten.*
- *Erläutern Sie, vor welchen Herausforderungen Octavian/Augustus nach dem Ende der Bürgerkriege in Bezug auf das Militär stand.*
- *Entwickeln Sie mögliche Maßnahmen Octavians/Augustus', die er als Reaktion auf die Herausforderungen eingeleitet haben könnte.*

Augustus begründet den Prinzipat

Nach seinem Sieg über Antonius gab Octavian am 13. Januar 27 v. Chr. seine vom Senat verliehenen außerordentlichen Vollmachten wieder zurück und gab vor, sich ins Privatleben zurückzuziehen. Die Senatoren protestierten und baten ihn, aus Angst vor einem erneuten Aufflammen der Bürgerkriege, weiterhin die Herrschaft auszuüben. Drei Tage später verlieh der Senat Octavian den Ehrennamen *Augustus* (dt.: „der Erhabene") und übertrug ihm zudem eine außerordentliche konsularische Befehlsgewalt in Italien für zehn Jahre. Im Jahr 23 v. Chr. trat Augustus vom Amt des Konsuls zurück, erlangte aber durch eine entsprechende Verfügung des Senats die Kommandogewalt über die Truppen in den Grenzprovinzen (*imperium proconsulare*). Damit behielt Octavian den militärischen Oberbefehl über das Heer. Die befriedeten Provinzen verwaltete weiterhin der Senat. Ebenso wurden Augustus auf Dauer die Rechte eines Volkstribunen (*tribunicia potestas*) zugesprochen. Sie schützten ihn vor gerichtlicher Verfolgung und gaben ihm die Möglichkeit, Gesetze vor die Volksversammlung zu bringen und den Senat einzuberufen. Die zivile und die militärische Gewalt befanden sich nun in einer Hand. Magistratur und Senat griff Augustus als Institutionen aber nicht an, auch wenn sie keine tatsächliche Macht mehr besaßen. Demonstrativ hörte er den Rat des Senats und stellte die Bedeutung des Gremiums im Sinne des mos maiorum heraus. Er erklärte stets, dass er die Republik wiederhergestellt (*res publica restituta*) habe (▶ M9). Um seine herausragende Stellung im Staat zu benennen, nahm er 27 v. Chr. den Titel *Princeps* (dt.: „Erster unter Gleichen") an. Nach dieser Bezeichnung erhielt die Herrschaftsform des Augustus auch ihren Namen: *Prinzipat*.

Dem Princeps gelang es mit seinen umfassenden Machtmitteln, die großen Probleme der Zeit zu lösen. Die 60 Legionen aus dem Bürgerkrieg, die stets eine potenzielle Bedrohung, aber auch ein finanzielles Problem darstellten, wurden demobilisiert. Augustus entließ über Jahre hinweg Soldaten und versorgte sie mithilfe des ägyptischen Staatsschatzes mit Landstellen in Italien und den Provinzen. Altgediente Offiziere erhielten Positionen in den lokalen Senaten ihrer Heimatstädte.

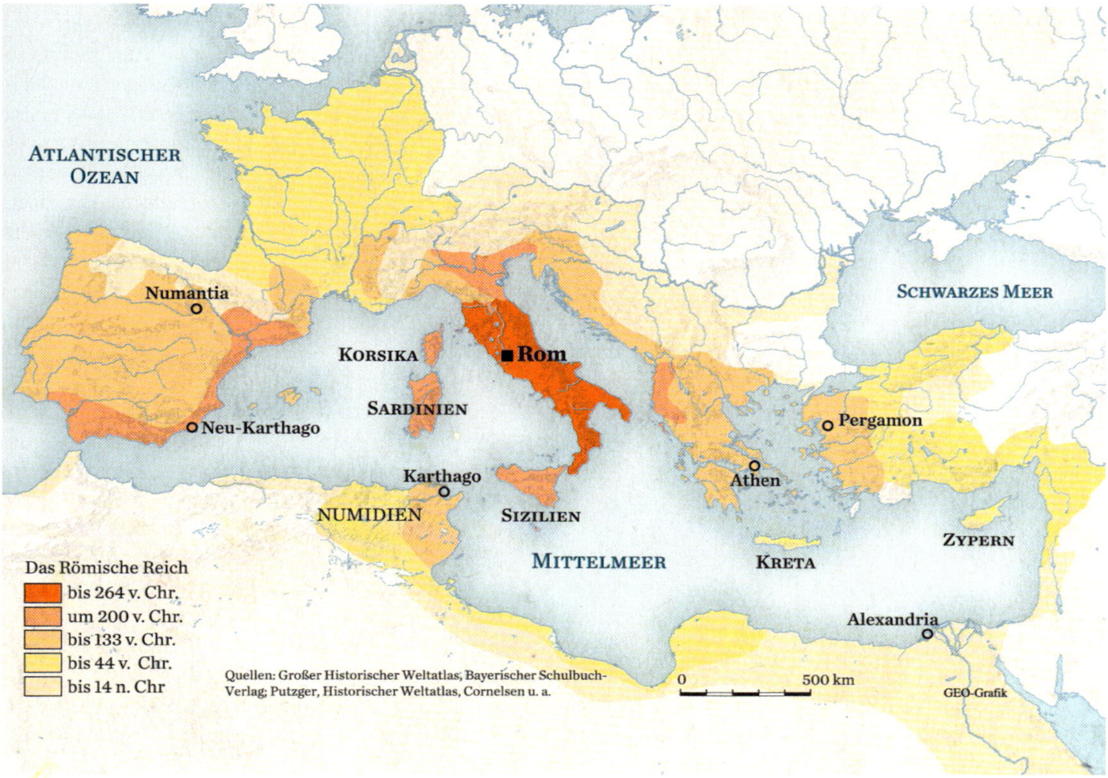

▲ **Die territoriale Entwicklung des Römischen Reiches bis 14 n. Chr.**

- *Beschreiben Sie die territoriale Entwicklung des Römischen Reiches bis 14 n. Chr.*
- *Setzen Sie die einzelnen Phasen der territorialen Erweiterung in Beziehung zu den zugehörigen außenpolitischen Entwicklungen und erläutern Sie mithilfe der Karte die innenpolitischen Rückwirkungen (Kriterien: Entfernung/Nähe, Reichtum etc.).*
- *Beurteilen Sie, inwieweit die Karte als sinnvolles Mittel zur Veranschaulichung der außenpolitischen Lage des Römischen Reiches und ihrer jeweiligen innenpolitischen Rückwirkung dienen kann.*

Provinziale konnten sich bei Vergehen der römischen Statthalter direkt an den Princeps wenden. Bei nachgewiesenen Vergehen mussten die Beamten Entschädigungen zahlen oder wurden verbannt. Auf lange Sicht schützte diese Veränderung die Provinzbevölkerung von nun an vor Ausbeutung. Augustus gelang es zudem mit der Verwaltungsreform auch die innere Sicherheit Roms zu gewährleisten. Spezielle Beamte sorgten für Sicherheit und Ordnung in den ihnen zugewiesenen Stadtvierteln. Die kostenlose staatliche Getreideversorgung der Stadt wurde weiterhin übernommen.

Das abschließende Urteil über Augustus bleibt jedoch zwiespältig. Auf der einen Seite vernichtete er mit äußerster Gewalt seine Gegner und riss die Alleinherrschaft an sich. Auf der anderen Seite beendete seine Regierungszeit die blutigen Bürgerkriege und leitete eine Zeit des Friedens und Wohlstandes ein (*Pax Augusta*). Der Prinzipat erwies sich zudem als so stabil, dass er über 250 Jahre als Regierungsform des expandierenden Römischen Reiches Bestand hatte (➧ M10 und M11).

Lesetipp
Werner Eck, Augustus und seine Zeit, München [5]2009

M1

Pompeius – eine tragische Gestalt?

Der Historiker Ernst Baltrusch charakterisiert 2004 die Rolle von Gnaeus Pompeius (siehe Seite 63):

Pompeius war im doppelten Sinne eine tragische Gestalt. Er versuchte den Spagat, Republik und Weltreich zu verbinden, und scheiterte an einem Gegenspieler[1], der weniger Skrupel im Umgang mit den republikanischen Traditionen hatte als er. Dazu kam, dass seine republikanische Haltung mit dem größten Misstrauen seiner Umgebung behaftet blieb. Sie wirkte auf die Zeitgenossen unglaubwürdig und war ihm daher eher abträglich, weil man grundsätzlich einem Mann seiner Autorität, die ja aller anderen Autorität um Längen überragte, nicht zutraute, den Spielregeln aristokratischer Gleichheit Folge leisten zu wollen. Politischer Einfluss bemaß sich nach republikanischem Verständnis nach den Leistungen für den Staat, und gemessen daran kam niemand Pompeius gleich. [...] In der Tat symbolisiert er die Krise der Römischen Republik, die wir als einen Konflikt zwischen der stadtstaatlichen Ordnung Roms einerseits und der Existenz eines Weltreiches andererseits definiert haben. Die Republik war von Anfang an unfähig, ein Weltreich zu beherrschen – also war die Krise dieser Republik nur zu beheben, wenn das Weltreich seinen gleichberechtigten Platz im Gefüge der römischen Ordnung erhielt. Keiner der Vorgänger des Pompeius hat dies gesehen [...]. Pompeius war der Erste, für den das Reich ein Faktor *sui generis*[2] wurde. Diese Erkenntnis floss in alle reichspolitischen Unternehmungen des erfolgreichen Feldherrn ein [...]. Davon kündet besonders die Neuordnung des östlichen Reichsteiles nach dem Krieg gegen Mithridates. In der systematischen Umsetzung einer aus der Krise gewonnenen Erkenntnis liegt also die große historische Bedeutung des Pompeius, und das ist gewiss auch als eine staatsmännische Leistung zu bezeichnen.

Damit ist aber nur der eine, erfolgreiche Teil seines Wirkens beschrieben. Der andere Teil, nicht minder ehrenhaft zwar, ist aber verdunkelt durch sein Scheitern. [...] Nach außen wirkte sein Verhalten im politischen Leben der Hauptstadt auf seltsame Weise unentschlossen und zögerlich, so ganz anders als „draußen" im Reich. Womöglich und nach allem, was wir über ihn wissen, stand dahinter jedoch eine bewusste Entscheidung. Seine Biografie deutet jedenfalls umfassend darauf hin. Denn der Historiker hat es scheinbar mit einem gespaltenen Pompeius zu tun: Entschlossen und überlegt handelte er außerhalb Roms, dagegen agierte er abwartend, zögerlich, behäbig, sobald die politischen und personalen Konstellationen in der Hauptstadt selbst in sein Blickfeld gerieten. Dieser Eindruck entsteht nicht erst durch die Rückschau auf die fünfziger Jahre, sondern durchzieht seine gesamte politische Existenz. [...] Er erkannte die republikanischen Institutionen als für sein Handeln ausschlaggebende Instanzen an, hebelte sie aber gleichsam durch seine Reichs- und soziale Fürsorgepolitik aus. Dieser Spagat zwischen Stärkung der republikanischen Institutionen in Rom einerseits und einer schon als monarchisch zu beherrschten zeichnenden Reichs- und Sozialpolitik andererseits wurde überdehnt.

Ernst Baltrusch, Caesar und Pompeius, Darmstadt ³2011, S. 178f.

1. *Fassen Sie Baltruschs Aussagen zusammen.*
2. *Vergleichen Sie ausgehend von dem Text Pompeius' Wirken mit dem von Gaius Gracchus, Gaius Marius und Lucius Cornelius Sulla.*
3. *Erörtern Sie ausgehend vom Text und von Ihrem Vorwissen mindestens eine der folgenden Thesen:*
   a) „Pompeius hat eine erfolgreiche Politik durchgeführt."
   b) „Pompeius war ein Verteidiger der Republik."
   c) „Pompeius hat die Alleinherrschaft anderer unwissentlich vorbereitet."
4. *Der Historiker Jochen Bleicken urteilt: „In Pompeius verschränkte sich sozusagen die Widersprüchlichkeit seiner Zeit, in welcher noch Republik genannt wurde, was bereits Monarchie war, und es kann gewiss kein Vorwurf gegen ihn sein, dass er an dieser Zerrissenheit litt und ihrer nicht Herr wurde." Nehmen Sie Stellung zu dieser Aussage.*

[1] *Lesen Sie hierzu Seite 66 bis 68.*
[2] ***sui generis*** *(lat.): eigener Art*

M2

Eine politische Freundschaft?

Der römische Geschichtsschreiber Cassius Dio (um 150–235 n. Chr.) äußert sich rückblickend in seiner „Geschichte Roms" über die Hintergründe des 60 v. Chr. geschlossenen Triumvirats zwischen Caesar, Pompeius und Crassus:

Als Caesar nach Rom gekommen war und sich um das Konsulat bewarb, verstand er es, neben anderen besonders Pompeius und Crassus durch Gefälligkeit so für sich zu gewinnen, dass er beide, die damals noch in Feindschaft miteinander lebten, ihre eigenen Anhängerschaften hatten und einander in allem [...] entgegenarbeiteten, für sich gewann und von ihnen allen einstimmig gewählt wurde. [...]
Allein er ging noch weiter und söhnte beide miteinander aus; nicht weil ihm so sehr an ihrer Eintracht lag, nein, er sah, dass sie alle Macht besaßen, und konnte nicht verkennen, dass er ohne den Beistand beider oder auch eines von ihnen nie zu Einfluss im Staate gelangen könne. Aber auch dann, wenn er den einen von ihnen für sich gewinnen sollte, musste er deswegen doch den andern zum Feinde haben und von ihm mehr Schaden als Nutzen von dem andern erwarten. [...]
Andererseits hatte er keine Bedenken, sie könnten bei ihrer Zusammenarbeit ihm überlegen werden; wusste er doch nur zu gut, dass er durch ihre Freundschaft sogleich mit allen andern fertig werden würde und über kurz oder lang, wenn er sie gegeneinander ausspielte, auch über sie selbst die Oberhand gewinnen würde. Und so kam es denn auch [...] Pompeius und Crassus nahmen, nachdem sie sich – jeder aus eigenen Gründen – erst einmal miteinander verglichen hatten, gern auch jenen in ihre gemeinsamen Interessen auf. Pompeius nämlich konnte sich auf seine starke Stellung nicht so sehr verlassen, wenn er die bereits vorhandene Macht des Crassus und den zunehmenden Einfluss Caesars bedachte, ja, er musste fürchten, von ihnen ganz ausgeschaltet zu werden. So hoffte er, wenn er sie an seinen augenblicklichen Vorteilen beteilige, seine alte Macht wiederzugewinnen. Dagegen beanspruchte Crassus, aufgrund von Geburt und Reichtum über allen zu stehen; da er aber hinter Pompeius weit zurückblieb und an Caesars großen Aufstieg glaubte, wünschte er, beide in ein Gleichgewicht zu bringen und keinen von beiden übermächtig werden zu lassen; dabei hoffte er, während sich jene gleich starken Gegner bekämpften, selbst die Früchte aus dem Bunde beider zu ernten und höhere Ehre als beide zu erlangen. Denn genau genommen trieb er weder für die Menge noch für den Staat Politik; alles, was er tat, war auf die Begründung der eigenen Machtstellung berechnet. Deswegen umwarb er beide gleichmäßig und vermied jede feindliche Haltung gegen sie. [...]
So nun und aus diesen Gründen schlossen die drei ihre Freundschaft, bekräftigten sie durch Eide und lenkten die öffentliche Politik nach ihrem Willen, gaben und nahmen sich gegenseitig, wonach ihnen der Sinn stand und was ihnen im Augenblick anzuordnen passend erschien. [...] Denn ehrlich und ohne Selbstsucht trieb damals wohl keiner [...] Politik. Dahin also brachten diese Männer den römischen Staat; sie suchten aber ihre ‚Verschwörung' möglichst geheim zu halten.

Cassius Dio 37, 54–58, nach: Walter Arend (Bearb.), Altertum. Geschichte in Quellen, München [3]1978, S. 511 f. (übersetzt nach L. Tafel)

1. *Charakterisieren Sie ausgehend von der Quelle das „politische Zweckbündnis" zwischen Caesar, Pompeius und Crassus. Berücksichtigen Sie dabei auch die Entstehungszeit der Quelle. Ordnen Sie Ihre Ergebnisse in den historischen Kontext ein.*

2. *Recherchieren Sie, in welchen Bereichen und mit welcher Zielsetzung Zweckbündnisse auch heute noch geschlossen werden. Vergleichen Sie diese Beispiele mit dem Triumvirat. Beachten Sie dabei auch den jeweiligen gesellschaftlichen und politischen Kontext.*

3. *Überprüfen Sie, inwieweit Cassius Dio in seiner Darstellung ein Krisengefühl zum Ausdruck bringt. Zum Begriff „Krise" siehe auch den Theorie-Baustein auf Seite 86 f.*

▲ **Marcus Porcius Cato spricht im Senat.**
Szene aus der TV-Serie „Rom", „Der gestohlene Adler", erste Folge der ersten Staffel, Regie: Michael Apted, 2005. Marcus Porcius Cato (95–46 v. Chr.) war Anführer der Optimaten (siehe Seite 66) im Senat und hing der alten republikanischen Staatsidee an. Er sah in Caesars Handlungen und Ansprüchen eine Bedrohung der Republik und war einer seiner bekanntesten Gegner.

- *Analysieren Sie die Szenerie hinsichtlich des Bildinhalts (Ausstattung/Dekoration, Personen, Umgebung) und der Bildgestaltung (Kameraeinstellung- und perspektive, Beleuchtung, Bildaufbau etc.). Erläutern Sie anschließend auf Grundlage Ihrer Ergebnisse die beabsichtigte Wirkung der Szene.*
- *Stellen Sie auf Basis Ihres Vorwissens Hypothesen über Inhalt und Bedeutung der Filmszene auf.*
- *Überprüfen Sie Ihre Hypothesen anhand von M3.*

M3

Bedroht vom hungrigen Wolf

Die 2005 produzierte TV-Serie „Rom" zeichnet die Geschehnisse vom Vorabend des Bürgerkriegs (siehe Seite 67f.) bis zur Machtübernahme des Augustus (siehe Seite 71f.) in einer fiktiven Geschichte nach. Eine Szene aus der Folge „Der gestohlene Adler" zeigt eine Senatssitzung. Es treten der Optimat Cato, der Konsul Pompeius und Cicero auf:

Cato: Pompeius Magnus, ich habe eine Frage zu deinem Freund und Mitkonsul[1], dem Liebling der Venus[2]: Gaius Iulius Caesar. Wieso bleibt sein Stuhl leer? Warum kommt er nicht nach Hause? Sein illegaler Krieg ist vorbei! [*Schmährufe aufseiten der Anhänger Caesars*] Gallien liegt längst auf den Knien. Warum hält Caesar seine tapferen Soldaten

---

[1] *Zu diesem Zeitpunkt war Caesar kein Konsul.*
[2] ***Venus**: römische Göttin der Liebe und der Schönheit; Die Familie der Iulier, aus der auch Caesar stammte, leitete ihre Herkunft von ihr ab.*

von ihren Familien und Freunden fern? [*Applaus von den Anhängern Catos*] Schon acht Jahre hat er sich wie ein Wolf gelabt am Blute Galliens und wurde dadurch aberwitzig reich! Wieso? Warum verwöhnt er den Pöbel mit Rennen und Kämpfen und pompösen Festen? [*Schmährufe von den Caesarianern*] Warum bezahlt er die Schulden von jedem verkommenen Narren in diesem Senat? [*Applaus von den Anhängern Catos, Schmährufe aufseiten der Caesarianer*] Warum? Ich sage euch, warum er all das macht. Er möchte sich die Krone erkaufen! Er strebt das Ende der Republik an und herrscht dann über Rom als blutiger Tyrann! Darum macht er das! [*Applaus von den Anhängern Catos, Schmährufe aufseiten der Caesarianer*] Deswegen stelle ich den Antrag, dass Caesars Feldzug in Gallien sofort beendet und sein Heer aufgelöst wird. Das wir ihn zurückrufen und er sich allen Anschuldigungen stellt: Der illegalen Kriegsführung, des Raubes, der Bestechung und des Hochverrats. [*Applaus von den Anhängern Catos*]

Pompeius: Beeindruckend, Cato, wie üblich zeigst du Mut und Elan. Caesar hat Großzügigkeit gegenüber seinem Volk gezeigt, weil er die Menschen liebt, so wie ich. [*Applaus von den Caesarianern*] Und nur das Volk regiert, nicht ihr feinen Adligen.

Cicero [*flüsternd zum Nebenmann*]: Es sind Pompeius' Soldaten, die regieren, nicht wir feinen Adligen.

Pompeius: Ich erspare uns allen Stunden unnötiger Debatten und nutze mein Vetorecht als Konsul gegen deinen Antrag. [*Applaus von den Caesarianern, Schmährufe von den Anhängern Catos*]

Cicero: Ruhe, sind wir Kinder, lasst den Konsul sprechen.

Pompeius: Danke, Cicero. Ich werde nicht …

Cicero: Wie auch immer, darf ich ein paar Worte sagen, bevor du fortfährst? Wenn man bedroht wird von einem hungrigen Wolf, ist es keineswegs klug, die Bestie zu reizen, wie Cato das von uns verlangt, aber es wäre auch genauso unklug, hielten wir das knurrende Raubtier für einen Freund und streckten ihm die Hand entgegen, wie Pompeius das macht.

Pompeius: Vielleicht möchtest du, dass wir auf einen Baum klettern. [*Gelächter im Senat*] Caesar ist mein Bruder, bedingt durch einen heiligen Eid. Ich kenne sein Herz, er ist mein Freund und ein treuer Sohn der Republik. Solange mir niemand beweist, dass er es nicht ist, werde ich ihn niemals verraten. [*Applaus von den Caesarianern*]

Transkription von Stephan Kohser aus der TV-Serie „Rom", „Der gestohlene Adler", erste Folge der ersten Staffel, Regie: Michael Apted, 2005

1. *Fassen Sie die Szene zusammen.*
2. *Charakterisieren Sie die Figuren Catos, Pompeius' und Ciceros, wie sie in der Filmszene erscheinen.*
3. *Analysieren Sie, in welcher Form und in welchem Umfang dem Zuschauer die Zustände in der römischen Republik durch die Filmszene vermittelt werden.*
4. *Überprüfen Sie (z. B. in einer Gruppendiskussion) ausgehend von Ihren bisherigen Ergebnissen, inwieweit die Szene historische Umstände angemessen wiederspiegelt.*
5. *Erörtern Sie ausgehend von der Transkription Chancen und Grenzen der Darstellung historischer Ereignisse in einer TV-Serie.*

M4
Caesar – Opfer seiner Gegner?

Der aus der alten patrizischen Familie der Iulier stammende Caesar (siehe Seite 64) schreibt in seiner vermutlich um 48 v. Chr. verfassten dreibändigen Schrift „Über den Bürgerkrieg" (lat.: „De bello civili") über die Ursachen des Krieges:

Im Senat wies er [Caesar] auf das ihm durch seine Gegner zugefügte Unrecht hin. Er betonte, dass er keine außergewöhnliche Ehre verlangt, sondern die gesetzliche Konsulatszeit abgewartet und sich mit dem begnügt habe, was allen Bürgern zustehe. Es sei von den zehn Volkstribunen gegen den Einspruch seiner Gegner und unter dem heftigsten Widerstand Catos[1], der mit seiner altmodischen Redeweise durch Verzögerung Tage nutzlos verstreichen ließ, der Antrag eingebracht worden, dass auf seine Kandidatur trotz Abwesenheit Rücksicht genommen werden sollte, wofür selbst der Konsul Pompeius eintrat. Wenn dieser schon gegen den Antrag gewesen sei, warum habe er dann zugelas-

[1] *Zu Cato siehe Seite 66 und 68.*

sen, dass er überhaupt eingebracht wurde? Wenn er ihn gebilligt habe, warum habe er dann verhindert, dass Caesar in den Genuss dieser Gunstbewilligung des Volkes kam? Er wies auf seine Geduld hin, als er aus freien Stücken den Antrag gestellt habe, dass beide Heere entlassen werden sollten, wobei er selbst die Einbuße an Einfluss und Ruhm in Kauf nehmen wollte. Er wies auf die Rücksichtslosigkeit seiner Gegner hin, die ihm gegenüber verweigerten, was sie beim andern verlangten, und lieber alles auf den Kopf stellen als das Kommando und die Heere aufgeben wollten. Er betonte laut das ihm durch die Wegnahme der Legionen zugefügte Unrecht, die rücksichtslose Unverschämtheit bei der Amtseinschränkung der Volkstribunen.[1] Er wies auf die von ihm gemachten Vorschläge hin, auf seine Bitten um Zusammenkünfte und ihre Ablehnung. Demgemäß ermahnte er dringend, sie sollten den Staat in ihre Hand nehmen und mit ihm zusammen lenken. Wenn sie aber aus Furcht sich dem entzögen, werde er ihnen nicht lästig fallen und auf eigene Verantwortung die Staatsführung übernehmen. Gesandte müssten zur Beilegung des Streites zu Pompeius geschickt werden [...].

Caesar, Bürgerkrieg 1, 32, nach: Walter Arend (Bearb.), a. a. O., S. 529 f. (übersetzt nach G. Dorminger)

1. *Geben Sie Caesars Haltung wieder.*
2. *Analysieren Sie, wie er seine Position im Bürgerkrieg darstellt.*
3. *Beurteilen Sie den Aussagewert des Textes als Informationsquelle.*
4. *Entwickeln Sie eine Rede aus der Sicht eines Gegners Caesars im Senat, der die politischen Handlungen gegen ihn rechtfertigt.*

M5

Caesars „eigentliche" Beweggründe

Der römische Geschichtsschreiber Sueton (um 70 – um 140 n. Chr.) berichtet in seinen Biografien über zwölf römische Kaiser von der Situation unmittelbar vor Ausbruch des Bürgerkrieges:

[1] *Zur Rolle der Volkstribunen siehe Seite 66.*

Mit seinen Gegnern knüpfte er aber Unterhandlungen an. Er erbot sich, acht Legionen und das Transalpinische Gallien abzutreten. Dagegen sollte man ihm bis zum Antritt seines Konsulates zwei Legionen und die Cisalpinische Provinz oder auch nur eine Legion mit Illyricum belassen. [...] Jedoch der Senat ging auf seine Vorschläge nicht ein, und seine Gegner lehnten jede Vereinbarung in politischen Fragen mit ihm ab. Infolgedessen begab sich Caesar in das diesseitige Gallien, hielt Gerichtstage ab und blieb in Ravenna. Er war entschlossen, mit den Waffen die Entscheidung herbeizuführen, wenn der Senat gegen die für ihn eintretenden Tribunen schärfere Maßnahmen ergriff.
Das Verhalten seiner Gegner diente ihm zwar als Anlass zum Bürgerkrieg, aber seine eigentlichen Beweggründe waren nach allgemeiner Ansicht ganz anderer Natur. Gnaeus Pompeius wenigstens pflegte oft sich dahin zu äußern: Caesars Entschluss, alles durcheinanderzubringen, sei darauf zurückzuführen, dass er weder die einmal von ihm begonnenen Bauwerke hätte zu Ende führen noch die Erwartungen des Volkes, die er an seine Rückkehr zu knüpfen verstanden hatte, aus seinen Privatmitteln hätte befriedigen können. Andere wieder sagen, er habe gefürchtet, Rechenschaft ablegen zu müssen über alle von ihm in seinem ersten Konsulat gegen die Auspizien[1], die Gesetze, den Einspruch der Tribunen durchgeführten Amtshandlungen; denn Marcus Cato hatte wiederholt unter Eid erklärt, er werde Caesar anklagen, sobald er nur erst sein Heer entlassen hätte. Ferner sprach man in der Öffentlichkeit ganz allgemein davon, wenn er als Privatmann zurückkäme, würde er sich [...] vor einem von Soldaten umstellten Gericht verantworten müssen.

Sueton, Divus Iulius 29 f., nach: Walter Arend (Bearb.), a. a. O., S. 528 f. (übersetzt nach W. Heinemann)

1. *Arbeiten Sie Caesars Beweggründe für den Bürgerkrieg nach Sueton heraus.*
2. *Analysieren Sie Suetons Haltung zu den geschilderten Vorgängen.*
3. *Vergleichen Sie Suetons Darstellung mit der von Caesar (M4).*

[1] ***Auspizien** (lat. auspicia: Beobachtung der Vögel): Deutung des Vogelfluges als göttliches Zeichen durch die Auguren*

4. *Recherchieren Sie in Fachbüchern oder im Internet, welche Bedeutung „politische Immunität" in der Bundesrepublik Deutschland heute hat. Vergleichen Sie diese in ihrem Gehalt mit der „politischen Immunität" der römischen Republik und erläutern Sie Gemeinsamkeiten und Unterschiede aus dem jeweiligen zeitlichen Kontext heraus.*
5. *Entscheiden Sie sich für eine der Rollen:*
   a) Anhänger Catos
   b) Anhänger Caesars
   c) Anhänger Pompeius'
   d) unentschiedener Senator
   Entwickeln Sie eine Rede, in der Sie rollengebunden eine Position zum „Umgang mit Caesar" vertreten. Beziehen Sie hierbei auch M4 und M5 ein. Stellen Sie anschließend eine römische Senatssitzung zu diesem Thema nach, auf der die verschiedenen Positionen vorgebracht und kommentiert werden. Führen Sie am Ende eine Abstimmung über das weitere Verfahren gegenüber Caesar durch und reflektieren Sie daraufhin Ihre Rolle.
6. *Beurteilen Sie, ob der Bürgerkrieg zu vermeiden gewesen wäre.*

M6

Vision oder Herrschaftssicherung?

Der Historiker Martin Jehne charakterisiert 1997 Caesars Reformpolitik so:

Man hat Caesars Reformen sehr unterschiedlich beurteilt. Während einige Forschern darin den Beweis sahen, dass Caesar die Probleme des römischen Staates und Reiches innovativ und zukunftsweisend anpackte, betonten andere, dass all dies ja der Stabilisierung seiner Herrschaft diente und man keine Visionen Caesars zu postulieren braucht, um diese Maßnahmen zu erklären. Letzteres ist durchaus richtig, doch sollte man die Bedeutung dieser Beobachtung nicht überschätzen. Caesars großes Geschick als Politiker äußert sich vielmehr darin, dass er zugleich sich und der Allgemeinheit zu nutzen verstand, wie die Koloniegründungen, die Bürgerrechtsverleihungen, die Schuldenregulierung, die er schon 49 v. Chr. vornahm, die Organisation der Reichsverteidigung und der Getreideverteilungen belegen. Es wäre überzogen und unrealistisch, wollte man von aktiven Politikern zum Ausweis ihrer Orientierung auf das Gemeinwesen verlangen, dass sie gegen ihre eigenen Interessen handelten. Es deutet daher auf eine ungesunde politische Struktur, wenn sich Allgemeinwohl und Partikularinteressen[1] der politisch Handelnden regelmäßig im Konflikt befinden, anders gesagt: Ein politisches System, das auf die Selbstkasteiung[2] seiner Elite angewiesen ist, hat einen schweren Webfehler.

Martin Jehne, Caesar, München 1997, S. 111f.

1. *Fassen Sie Jehnes Charakterisierung von Caesars Reformpolitik zusammen.*
2. *Analysieren Sie auf Basis der Informationen auf Seite 68f., welche Maßnahmen Caesars vornehmlich der Herrschaftssicherung und der Lösung der Probleme des römischen Staates dienten.*
3. *Beurteilen Sie auf Grundlage Ihrer Ergebnisse Jehnes Bewertung der Reformpolitik Caesars.*
4. *Jehne nutzt die Bewertung der Politik Caesars, um ein Statement zu heutigen politischen Verhältnissen abzugeben. Überprüfen Sie, inwieweit dieses Vorgehen vor dem historischen Hintergrund des Wirkens Caesars zulässig ist.*

M7

Caesar und die Königswürde

Der Historiker Martin Jehne schreibt 1997 über Caesars Verhältnis zur Monarchie und geht dabei auch auf das Luperkalienfest vom 15. Februar 44 v. Chr. ein, auf dem Antonius Caesar ein Diadem überreichen will:

Diese Episoden rund um die Königswürde sind nicht leicht zu interpretieren. Einerseits lehnt Caesar, als es darauf ankommt, das Diadem ab, andererseits bleibt es lange ambivalent, ob er Insignie und Titel nun begehrt oder nicht. Man wird den Befund wohl am besten so erklären können: Caesar spielte offenbar durchaus mit dem Gedanken, das Diadem zu

[1] ***Partikularinteressen**: Interessen des Einzelnen*
[2] ***Selbstkasteiung**: Züchtigung, sich Entbehrungen auferlegen*

◀ **Römische Münze.**
Denar, Gewicht: 3,88 Gramm, 44 v. Chr. in Rom geprägt. Die Vorderseite der Münze zeigt den Kopf Caesars mit goldenem Kranz nach rechts blickend. Die Inschrift lautet: CAESAR – DICT PERPETVO (dt.: ununterbrochener Diktator). Auf der Rückseite ist die nach links blickende römische Göttin Venus abgebildet. Nach der Legende ist sie die Stammmutter der Familie der Iulier, der auch Caesar angehörte. Sie hält in ihrer rechten Hand eine Victoriastatue (Göttin des Sieges), mit ihrer Linken umfasst sie ein Zepter, an dessen Ende ein Schild lehnt. Die Inschrift P. SEP VLLIVS/ MACER gibt Auskunft über den römischen Münzmeister.

- *Beschreiben Sie die Münze.*
- *Analysieren Sie die Aussage, die die einzelnen Bildelemente zusammen ergeben.*
- *Erklären Sie die Absicht, die hinter dieser Art der Münzprägung stehen könnte.*

übernehmen, allerdings unter der Voraussetzung, dass er mit dieser Insignie[1] und dem damit verbundenen Status die Sehnsüchte des Volkes erfüllte. Denn im letzten Jahrhundert der Republik waren einfachere Bevölkerungskreise in ihrer alltäglichen Not immer empfänglicher geworden für die intensiveren religiösen Erlebnisse und die an die Erscheinung einer überragenden Einzelpersönlichkeit geknüpften Erlösungserwartungen, die mit verschiedenen östlichen Kulten verbunden waren. Es war von daher keine völlig weltfremde Überlegung, dass sich das Volk von Rom möglicherweise eine Überhöhung ihres Wohltäters bis in ein Gottkönigtum hinein wünschte, aber das musste erst einmal getestet werden. [...] Da aber das Volk trotz der ausgelassenen Feststimmung verstummte und der Initiative des Antonius keinerlei Beifall zollte, war das Ergebnis jetzt eindeutig: Die traditionelle Feindseligkeit gegen das Königtum war weiterhin dominant, mit dem Diadem ließ sich beim Volke nichts gewinnen, also wies Caesar diese Insignie ostentativ[2] zurück.

Die Vollmachten und Ehrungen, die ständig mehr Distanz zwischen Caesar und seine senatorischen Standesgenossen legten, die Monopolisierung der Reichsklientelen, der Flirt mit der Königswürde, all dies konnte nicht im Sinne der alten Führungsschicht sein, deren Angehörige es gewohnt waren, im Senat als dem wichtigsten Gremium des römischen Staates die Politik mitzugestalten.

Martin Jehne, a. a. O., S. 106 f.

1. *Beschreiben Sie mithilfe des Textes das Verhältnis der Senatoren und des einfachen Volkes zu Caesar.*

2. *Erläutern Sie, welche Rolle die Königswürde für Caesar spielt bzw. welchen Zweck sie erfüllen soll.*

---

1) **Insignie** *(lat. insigne: Abzeichen, Kennzeichen): Herrschaftszeichen*

2) **ostentativ**: *demonstrativ, nachdrücklich*

▲ **„Der Tod des Caesars."**
Ölgemälde (86,4 x 145,5 cm) von Jean-Leon Gerome, 1867.
- *Beschreiben Sie den Bildaufbau und die einzelnen Bildelemente.*
- *Analysieren Sie, mit welchen gestalterischen Mitteln die Wirkung des Gemäldes erzeugt wird.*
- *Erläutern Sie, welche Aussageabsichten und Geschichtsdeutungen des Malers in dem Gemälde deutlich werden.*

M8

„Das Streben, der erste zu sein"

Der Historiker Klaus Bringmann charakterisiert 2002 Iulius Caesar so:

Caesar war im Gegensatz zu Pompeius[1] frei von allen legalistischen[2] Bedenken. Er war entschlossen, die vereinbarten politischen Ziele auf jeden Fall durchzusetzen, wenn möglich im Einvernehmen mit dem Senat, wenn nicht, dann aber auch gegen ihn und unter Einsatz von Gewalt. Doch wäre es wohl ein Missverständnis, diese Haltung auf ein Ressentiment[3] gegen die Aristokratie zurückzuführen. Caesar war in ihren Reihen alles andere als ein Außenseiter, sondern er hatte sich ihre Verhaltensnormen und ihren Ehrenkodex, wenngleich in einer einseitigen Ausprägung, völlig zu eigen gemacht. Dass er in den Anfängen seiner Karriere seine Bindung an die unterlegene Bürgerkriegspartei des Marius und Cinna[4] nicht verriet, entsprach sogar in besonderer Weise dem Stolz aristokratischer Traditionen und hat mit der treuen Bewahrung ererbter und erworbener Bindungen (fides und pietas) zu tun, die die Grundlage der auf Freundschafts- und Abhängigkeitsverhältnissen (amicitia und clientela) beruhenden politischen Wirkungsmöglichkeiten des Einzelnen bildeten. Wie bei den meisten seiner Standesgenossen war auch bei Caesar der Erwerb von Ehre und Rang (honor und dignitas) das Hauptmotiv seines politischen Handelns. Er war nicht wie beispielsweise die großen Volkstribune von Tiberius Gracchus[5] bis Sulpicius Rufus auf bestimmte Sachanliegen fixiert, aber auf die populare Spielart aristokratischer Politik war er aufgrund des Familienbündnisses mit den Marianern[6] von Anfang an verwiesen. In das […] Milieu der sullanischen Oligarchie[7] war er nicht integriert, und erst recht hatte er mit dem harten Kern [der Optimaten] nichts zu schaffen, die auf die Herausforderung der außerordentlichen Karriere des Pompeius mit einer

---

1) *Siehe zu Pompeius Seite 63.*
2) ***legalistisch**: an Vorschriften festhaltend*
3) ***Ressentiment**: Abneigung, Vorbehalt*
4) *Zu Marius und Cinna lesen Sie Seite 43 f. und 44 f.*
5) *Über Tiberius Gracchus informiert Seite 38 f.*
6) *Eine Tante Caesars war mit Gaius Marius verheiratet.*
7) *Gemeint sind hier die Anhänger Sullas, die zu Reichtum gelangt sind.*

instinktiven Abwehrhaltung reagierten [...]. Vielmehr setzte sich in der Person Caesars das Motiv des Wetteifers, das Streben, der erste zu sein, das die Nobilität seit ihrer Entstehung verinnerlicht und das sie zu ihren großen Leistungen befähigt hatte, geradezu absolut. [...] Ehrgeiz und Ruhmesstreben hatten so sehr von ihm Besitz ergriffen, dass er einmal bei späterer Gelegenheit äußerte, Ruhm und Ehre gälten ihm mehr als sein Leben. Das war bei anderen nicht anders. Das Besondere seiner Persönlichkeit war, dass er die sich aus der Stärke seiner Motivation ergebende Bedenkenlosigkeit in der Wahl seiner Mittel mit ungewöhnlichen politischen und, wie sich zeigen sollte, auch militärischen Fähigkeiten verband. Das Zusammentreffen einer so außerordentlichen Begabung und einer, wie es einmal formuliert wurde, nonkonformistischen[8)] Persönlichkeit (A. Heuß) mit einer krisenhaft zugespitzten historischen Situation prägte die besondere Rolle, die Caesar in der römischen Geschichte spielte. Er war es, der letzten Endes der kranken Republik den Todesstoß versetzte und dafür mit seinem Leben büßte.

Klaus Bringmann, Geschichte der Römischen Republik. Von den Anfängen bis Augustus, München ²2010, S. 313 f.

1. *Vergleichen Sie Caesars Charakterisierung nach Bringmann mit der, die in dem Filmausschnitt (M3) zum Ausdruck kommt.*
2. *Analysieren Sie, inwieweit sich Caesar innerhalb römischer Wertvorstellungen bewegte und inwieweit er sie durchbrach.*
3. *Setzen Sie ausgehend vom Text das Selbstverständnis und die Handlungen Caesars mit dem Selbstverständnis und den Handlungsweisen von*
   a) Pompeius,
   b) Marius und Cinna,
   c) Sulla,
   d) den Gracchen in Beziehung.
4. *Erörtern Sie Bringmanns Aussage über Caesar: „Er war es, der letzten Endes der kranken Republik den Todesstoß versetzte und dafür mit seinem Leben büßte."*

8) **nonkonformistisch**: eigenwillig, unangepasst

M9
„Dass der Staat keinen Schaden nehme"

In seinem vermutlich gegen Ende seines Lebens verfassten Rechenschaftsbericht über seine Taten („Res gestae") notiert Augustus (siehe Seite 70 bis 73) über seinen politischen Werdegang:

Im Alter von neunzehn Jahren habe ich als Privatmann aus eigenem Entschluss und aus eigenen Mitteln ein Heer aufgestellt, durch das ich den durch die Willkürherrschaft einer bestimmten Gruppe versklavten Staat befreite. Daher hat mich der Senat mit ehrenvollen Beschlüssen im Konsulat des Gaius Pansa und Aulus Hirtius in seine Reihen aufgenommen, wobei er mir für die Abstimmungen einen Platz unter den gewesenen Konsuln zuteilte und mir die militärische Befehlsgewalt gab. Zur gleichen Zeit befahl er mir im Range eines Proprätors zusammen mit den Konsuln Sorge dafür zu tragen, dass der Staat keinen Schaden nehme. Das Volk wählte mich aber im selben Jahr [...] zum Triumvirn für die Neuordnung des Staates.

Die meinen Vater ermordet haben, trieb ich ins Exil, und rächte so ihre Tat aufgrund gesetzmäßiger Urteile. Als sie später den Krieg gegen den Staat eröffneten, habe ich sie zweimal in offener Feldschlacht besiegt.

Kriege zu Wasser und zu Lande, gegen innere und äußere Feinde, habe ich oft auf dem ganzen Erdkreis geführt und als Sieger alle römischen Bürger, die um Gnade baten, geschont. Auswärtige Völker, denen unbesorgt verziehen werden konnte, habe ich lieber erhalten als vernichten wollen. [...]

Die Diktatur, die mir in Abwesenheit und Gegenwart sowohl vom Volk als auch vom Senat [...] angetragen wurde, habe ich nicht angenommen. Nicht abgelehnt habe ich aber, als größter Mangel an Getreide herrschte, die Aufsicht über die Lebensmittelversorgung, derer ich mich so annahm, dass ich innerhalb weniger Tage durch meine Aufwendungen und meine Fürsorge die ganze Stadt vor Furcht und der bereits spürbaren Gefahr befreien konnte. Auch das damals mir angetragenen jährliche Konsulat habe ich nicht angenommen.

Augustus, Res gestae 1–5, nach: Hans-Joachim Gehrke und Helmuth Schneider (Hrsg.), Geschichte in der Antike. Quellenband, Stuttgart 2007, S. 273 (übersetzt nach Peter Herz)

1. *Ordnen Sie die Taten des Augustus (M9) in den historischen Kontext ein.*
2. *Erläutern Sie, welche Absicht Augustus mit seinem Tatenbericht verfolgt. Wie wollte er von der Nachwelt gesehen werden?*
3. *Überprüfen Sie, inwieweit Augustus' Schilderungen den historischen Gegebenheiten entsprechen.*

M10

„Lieber die sichere Gegenwart als das Alte und Gefährliche"

Der römische Geschichtsschreiber Tacitus (um 54–120 n. Chr.) schreibt in seinem Werk „Annalen" („Annales") über Augustus:

In der Stadt Rom regierten anfangs Könige. L. Brutus brachte die Freiheit und führte den Konsulat ein. [...] Nicht Cinnas, nicht Sullas Gewaltherrschaft erstreckte sich auf einen längeren Zeitraum, des Pompeius und des Crassus Macht ging rasch auf Caesar, des Lepidus und des Antonius militärische Macht auf Augustus über, der die ganze durch den bürgerlichen Hader erschöpfte Welt unter dem Namen eines Princeps seiner Herrschaft unterstellte. Doch des alten römischen Volkes glückliche oder auch unglückliche Geschichte haben ja berühmte Schriftsteller dargestellt, und auch bei der Schilderung der augusteischen Zeiten haben es rühmliche Talente so lange nicht an sich fehlen lassen, bis sie sich durch das überhandnehmende Kriechertum abschrecken ließen. [...]
Nachdem Brutus und Cassius getötet worden waren, gab es schon keine öffentlichen Waffen mehr. [...] Nachdem Lepidus herausgedrängt und Antonius getötet worden war, blieb selbst in der Partei der Juliusanhänger nur Caesar[1] als Führer zurück. Nachdem er den Namen des Triumvir abgelegt hatte, trat er als Konsul auf und gab sich zum Schutz der Plebs mit dem tribunizischen Recht zufrieden. Sobald er den Soldaten durch Geschenke, das Volk durch die Getreideversorgung, alle aber durch die Süßigkeit der Ruhe verführt hatte, stieg er allmählich auf. Er zog die Aufgaben des Senates, der Magistrate und der Gesetze an sich, wobei ihm keiner Widerstand leistete, da die wildesten bereits durch die Kriege und die Proskription gestorben waren, die Übrigen der Nobiles, je nachdem einer zum Knechtsdienst bereiter war, wurden durch Reichtümer und Ehren hervorgehoben, und gefördert durch die neuen Dinge wollten sie lieber die sichere Gegenwart als das Alte und Gefährliche. Auch die Provinzen lehnten diesen Zustand der Dinge nicht ab, weil sie der Herrschaft von Senat und Volk misstrauten wegen der Kämpfe der Mächtigen und der Gier der Magistrate. Denn die Hilfe der Gesetze war kraftlos, denn sie wurden durch Gewalt und Ehrgeiz, schließlich durch Geld in Unordnung gebracht. [...]
So hatte sich denn die Staatsform gewandelt, und nirgends hatte diese Wandlung eine Spur der alten Sittenreinheit hinterlassen. Die Gleichheit der Staatsbürger war beseitigt, und alle schauten nur noch auf die Befehle des Princeps, ohne dass für den Augenblick Anlass für Befürchtungen gewesen wäre. Denn Augustus stand noch im rüstigen Alter und erhielt sich und sein Haus und damit den Frieden aufrecht. Als er dann in vorgerücktem Alter stand, Krankheit ihn körperlich schwächte und sein nahes Ende neue Hoffnungen erweckte, da fand sich eine Minderheit, die sich in leerem Gerede über das Gut der Freiheit erging. Die Mehrzahl zitterte vor einem Krieg, die anderen wünschten ihn.

Tacitus, Annales, 1, 1–4, nach: Hans-Joachim Gehrke und Helmuth Schneider (Hrsg.), a. a. O., S. 273–275 (übersetzt nach Peter Herz)

1) Gemeint ist Augustus.

1. *Gliedern Sie den Text nach den verschiedenen Etappen von Augustus' Aufstieg zur Macht.*
2. *Arbeiten Sie Tacitus' Haltung zu Augustus heraus. Beachten Sie dabei die von ihm verwendete Sprache.*
3. *Vergleichen Sie Tacitus' Aussagen mit dem Tatenbericht des Augustus (M9).*
4. *Erläutern Sie, in welcher Weise sich die Staatsform im Vergleich zur früheren Republik nach Tacitus „gewandelt" (Zeile 44) hat.*
5. *Erörtern Sie, ob das Prinzipat des Augustus die Krise der römischen Republik überwunden hat.*
6. *Beurteilen Sie, ob Augustus' Machterlangung einen revolutionären Prozess darstellt. Siehe hierzu auch den Theorie-Baustein „Revolution" auf Seite 120f.*

M11
Augustus und Caesar

Der Historiker Dietmar Kienast charakterisiert 1999 Augustus und sein Wirken im Vergleich zu Caesar:

Wenn der Prinzipat als die neue Form der Monarchie Bestand haben sollte, musste er von einer breiten Zustimmung aller Schichten getragen sein. Niemand wusste das besser als Augustus, der sich für die Legitimierung seiner Stellung immer wieder auf den *consensus universorum*[1] berief. Hierin nur eine geschickte Propaganda sehen zu wollen, wäre ganz verfehlt. Augustus hat seinem Staat vielmehr zahlreiche Gruppen gewinnen können, die bisher vernachlässigt worden waren. Die republikanische Nobilität war befangen gewesen in einem engen aristokratischen Standesdenken, das sich scharf abgrenzte gegenüber den anderen Ständen und Schichten der römischen Gesellschaft. Die politischen Vorstellungen der republikanischen Führungsschicht waren zudem ganz auf die Stadt Rom konzentriert. Schon aus der ihr abgetrotzten Ausweitung des römischen Bürgerrechts auf Italien hat sie keinerlei Konsequenzen gezogen, es sei denn die einer noch strengeren Abkapselung gegenüber allen, die nicht zu ihrem

▶ **Statue des Augustus im Panzer.**
Rund zwei Meter hohe Statue aus Marmor, ca. 20. v. Chr., gefunden in Primaporta bei Rom; farbiger Rekonstruktionsversuch.
Unten links ist der römische Gott Amor auf einem Delfin reitend dargestellt. Er stammt nach der römischen Mythologie wie Aeneas, dem legendären Ahnherrn Augustus', von der Göttin Venus ab.

- *Beschreiben Sie, welche militärischen, zivilen und sakralen (religiösen) Elemente sich in der Statue finden.*
- *Analysieren Sie die Bedeutung der einzelnen Elemente.*
- *Erklären Sie, was die Statue den Betrachtern aus der Ferne und in der Nähe vermitteln sollte.*

---

1) **consensus universorum**: *allgemeine Übereinstimmung*

Kreis gehörten. Dass das römische Italien inzwischen zu einer Realität geworden war und dass die römische Welt auch an den Grenzen Italiens nicht endete, wurde von ihr kaum wahrgenommen, geschweige denn akzeptiert. Welche politischen Möglichkeiten die aristokratische Engstirnigkeit einer politischen Agitation[2)] gegen das Senatsregiment bot, hatte bereits C. Gracchus erkannt. Aber erst Caesar war es vergönnt, diese Möglichkeiten im großen Stil politisch auszunutzen. Doch auch Caesar benutzte diese Möglichkeiten, wie es scheint, im Wesentlichen zur Erweiterung seiner persönlichen Klientel, wie es seinem ganz persönlichen Regiment entsprach. Augustus konnte an das Werk seines „Vaters" anknüpfen und hat dessen Ansätze aufgenommen. Aber für ihn vermehrten die bisher vernachlässigten Schichten und Gruppen nicht – oder doch nicht nur – seine persönliche Klientel, sondern wurden zu Stützen der neuen Monarchie. Während für Caesar die res publica ein Nichts war, ein Name ohne Körper und Gestalt, verstand sich Augustus als Vertreter und Garant der *res publica*. Das aber bedeutete, dass nun auch diejenigen Gruppen, die bisher außerhalb jeder politischen Verantwortung standen oder sich Rom und der römischen res publica gegenüber indifferent verhielten, dadurch, dass sie von Augustus gewonnen und an ihn gebunden wurden, zugleich in den Staat integriert wurden. Dies gilt im hohen Maße für das Heer und die Veteranen und ebenso für die ritterlichen Offiziere und Beamten. […] Dies gilt weitgehend auch für die Schicht der Intellektuellen. Und dies gilt erst recht für die griechischen Städte des Ostens, wo Augustus als Vertreter Roms zusammen mit der Göttin Roma kultisch verehrt wurde. Auch in seiner Bautätigkeit handelte Augustus nicht als adliger Gefolgschaftsführer, sondern in erster Linie als Vertreter des römischen Staates, sah er doch diese Bautätigkeit als einen Teil der von ihm übernommenen *cura*, der Fürsorgepflicht für die Provinzen und das Reich, an. Gefördert wurde diese Bautätigkeit dadurch, dass in dem neuen Staat des Augustus alle technischen Mittel ohne Rücksicht auf trennende Grenzen und bürokratische Hindernisse eingesetzt werden konnten. […] Augustus selbst hat sich jedenfalls nicht in erster Linie als Gefolgsherr, sondern als Lenker und Verwalter des Staates verstanden.

Die Fürsorge des Princeps hat zweifellos besonders in der ersten Hälfte seiner langen Regierungszeit für das Gros der Reichsbevölkerung gegenüber der Republik echte Verbesserungen gebracht. Wohlstand, Frieden, Sicherheit und ein verstärkter Rechtsschutz zählten zu den wichtigsten Errungenschaften des neuen Regimes. Auch wenn Augustus nicht die Genialität Caesars besaß, so war er doch in seinem Wesen vielfältig angelegt und hatte einen feinen Sinn für Literatur und Kunst. Die großen Schöpfungen der augusteischen Kunst waren sicherlich so nur möglich wegen der lebendigen Anteilnahme des Princeps.

Dietmar Kienast, Augustus: Prinzeps und Monarch, Darmstadt [4]2009, S. 521f.

1. *Fassen Sie die Gründe für Augustus' Erfolg zusammen.*

2. *Setzen Sie die Aussagen des Textes in Beziehung zu M9 und M10.*

3. *Vergleichen Sie ausgehend von der Darstellung Kienasts das Wirken und die Muster politischen Handelns von Augustus, Caesar und Gaius Gracchus.*

4. *Erörtern Sie, ob Augustus die römische Republik zerstört oder vollendet hat. Beziehen Sie dabei auch seinen Umgang mit den Krisen der römischen Republik ein (siehe Seite 70 bis 73).*

---

2) ***Agitation*** *(lat. agitare: aufregen, aufwiegeln): politische Hetze, politische Werbetätigkeit*

Kompetenz:
Krisen und Umbrüche charakterisieren, die von Beharrung und Wandel geprägt sind, und Theorien über deren Ursachen und Wirkungen anwenden und beurteilen

Was heißt hier Krise?

Der Begriff Krise begegnet uns in den unterschiedlichsten Bereichen. In den Medien ist von „Wirtschafts- und Finanzkrisen", „Umwelt- und Energiekrisen" oder „Existenz- und Glaubenskrisen" die Rede – um nur einige Beispiele zu nennen. Das Wort taucht immer wieder auf und erzeugt ein Gefühl von Unsicherheit oder sogar Angst. Was aber ist eine Krise eigentlich genau? Kennzeichen einer Störung? Zeichen eines Untergangs? Oder vielleicht doch die Chance für einen Neubeginn oder eine positive Entwicklung?
Der Begriff lässt letztlich den Ausgang einer Entwicklung offen. Denn Krisen erfassen in der Regel nur bestimmte Bereiche des sozialen, wirtschaftlichen, religiösen und politischen Lebens. Sie können überwunden werden, ohne dass es zu einem Umbruch oder einer Revolution kommt. Im Fall der römischen Republik ist sich die Forschung nicht einig, ob sich die Wandlungsprozesse als Krise, als Entwicklung ohne Alternative oder sogar als Revolution bezeichnen lassen. Für die Entwicklung in Frankreich Ende des 18. Jahrhunderts ist es eindeutiger: Die Krise des Ancien Régime mündete in eine Revolution.

Krise?
- *Stellen Sie dar, was eine „Krise" Ihrer Meinung nach kennzeichnet.*
- *Vergleichen Sie Ihre Beschreibung mit den in M1 und M2 gemachten Aussagen zum Begriff „Krise".*

M1
„Krise" – ein Definitionsversuch

Der Historiker und Journalist Volker Ullrich definiert 1994 in einem Lexikonartikel den Begriff „Krise" so:

Mit dem amerikanischen Unabhängigkeitskrieg (1775–1783) und der Französischen Revolution von 1789 wird Krise endgültig zu einem epochalen Schwellenbegriff, zur „strukturellen Signatur der Neuzeit" (Reinhart Koselleck[1]). Konservative Gegner der Französischen Revolution wie der Engländer Edmund Burke[2] bedienten sich vorzugsweise dieses Begriffs, um die Schrecken eines lang andauernden europäischen Bürgerkriegs an die Wand zu malen. Auch nach 1815, als die europäischen Verhältnisse wieder in ein ruhigeres Fahrwasser zu gleiten schienen, blieb die Erfahrung einer krisenhaften Umbruchperiode für die Zeitgenossen lebendig. Wesentlich bestimmt wurde sie nicht nur durch die wiederkehrenden politischen Erschütterungen, sondern auch durch den heraufziehenden Industriekapitalismus und die von ihm bewirkte Dynamik

[1] **Reinhart Koselleck** *(1923–2006): deutscher Historiker, der sich u. a. schwerpunktmäßig mit Begriffsgeschichte beschäftigt hat*

[2] **Edmund Burke** *(1729–1797): Schriftsteller, Philosoph und Politiker zur Zeit der Aufklärung*

des sozialen Wandels. […] Seit den vierziger Jahren des 19. Jh. wird „Krise“ zu einem Schlüsselbegriff der anschwellenden sozialkritischen Literatur, erwies er sich doch besonders geeignet, die durch die Industrielle Revolution hervorgerufenen sozialen Probleme als Symptome einer tief greifenden Gleichgewichtsstörung zu deuten. […]
Einen Versuch, Krise als geschichtstheoretischen Begriff zu vertiefen und eine Art Krisentypologie zu erstellen, unternahm der Schweizer Historiker Jacob Burckhardt in seinen „Weltgeschichtlichen Betrachtungen“ (um 1870). Darin definierte er Krisen als „beschleunigte Prozesse“, die sich allerdings nicht kontinuierlich entwickeln, sondern – wie bei einer Fieberkurve – in „Sprüngen, Zögerungen, Rückfällen“ und „neuen Sprüngen miteinander abwechseln“. Burckhardt betonte den ambivalenten Charakter von Krisen, ihre belebende und befreiende, aber auch potenziell zerstörerische Funktion: „Krisen treiben das Große wohl hervor, aber es kann das Letzte sein.“ Die krisenhaften Wandlungsprozesse im 19. Jh. verglich er mit der großen Zäsur der Völkerwanderung am Ende des römischen Weltreiches. Und dennoch sah Burckhardt, dass die „Hauptkrisis“ noch bevorstehe, wenn Technik, Völkerkriege und soziale Revolutionen sich zusammenballen – eine Prognose, die sich im Blick auf die Katastrophen am Ende des 20. Jh. als erstaunlich hellsichtig erwies.
Mit der Ausdifferenzierung des Begriffs hat „Krise“ auch zunehmend Eingang gefunden in die Alltagssprache und begegnet hier in den verschiedensten Verwendungszusammenhängen, bis hin zur Beschreibung persönlicher Schwierigkeiten („midlife crisis“). In der Geschichtswissenschaft wird der Begriff vorzugsweise verwendet, um vor- oder nachrevolutionäre Epochen- oder Strukturmerkmale (z. B. Krise des Absolutismus), ökonomische Talfahrten (z. B. Weltwirtschaftskrise 1929), diplomatische Verwicklungen (z. B. Julikrise 1914), Regierungswechsel (z. B. Kanzlerkrise) oder abrupte Veränderungen soziokultureller Einstellungen und Verhaltensmuster (z. B. Modernisierungskrise) zu kennzeichnen.

Manfred Asendorf, Jens Flemming, Achatz von Müller und Volker Ullrich (Hrsg.), Geschichte. Lexikon der wissenschaftlichen Grundbegriffe, Hamburg 1994, S. 389f.

1. *Erschließen Sie aus dem Text die verschiedenen Verwendungen des Begriffs „Krise“.*
2. *Arbeiten Sie aus dem Text eine Definition des Begriffes „Krise“ heraus. Vergleichen Sie Ihr Ergebnis mit M2 und überarbeiten Sie ggf. Ihre Definition.*

M2
Was sind Krisen?

Der Historiker Rudolf Vierhaus hat lange Zeit das Max-Planck-Institut für Geschichte in Göttingen geleitet. In einem Lexikonartikel von 2002 erklärt er den Begriff „Krisen“ so:

Krisen sind Prozesse, deren Anfänge, Höhepunkte, Ende prinzipiell datierbar sind. Niedergangs-, Auflösungs-, Verfallsprozesse sind keine Krisen, wohl aber können ihnen sich steigernde Krisen vorangegangen sein. Krisen sind prinzipiell offene Prozesse; ihre Geschwindigkeit, ihr Ausgang sind nicht zwangsläufig, ihr Ablauf und ihr Wendepunkt selten so deutlich erkennbar wie in einem Krankheitsprozess. […]
Von Krisen kann gesprochen werden, wenn zuvor bestehende stabile und funktionierende Zustände sich aufzulösen beginnen, erodieren[1], dysfunktional[2] werden und die eingetretenen Störungen nicht mit hergebrachten Mitteln überwunden werden können, sondern eine renovatio, eine Reform, eine Revolution[3] erforderlich wird und erfolgt; geschieht dies nicht, handelt es sich nicht (mehr) nur um eine Krise. Kennzeichen von Krise ist, dass es in ihrem Prozess Alternativen gibt, Phasen und Konstellationen, in denen sich entscheidet, ob sie überwunden werden können.
Krisen sind keine Naturprozesse, wohl aber können z. B. Erdbeben, Flutkatastrophen, Dürreperioden Krisen auslösen: Hungerkrisen, aber auch Krisen des Vertrauens in die Fähigkeit von Regierung und

---
1) **erodieren**: zerstören
2) **dysfunktional**: einer Funktion, Wirkung a. Ä. abträglich, schädlich
3) Lesen Sie dazu den Theorie-Baustein „Revolution“ auf Seite 120f.

Verwaltung, mit ihnen fertig zu werden. Naturprozesse können Bedingungen der Möglichkeit von Krisen sein, diese sind von Menschen erfahrene, erlittene, gemachte und genutzte Krisen. Allerdings genügt subjektiv oder auch kollektiv geäußertes Krisenbewusstsein nicht als hinreichender Beweis, sondern kann allenfalls als Indiz für tatsächliche Krisen gelten. Indes kann Krisenbewusstsein Verlauf und Ausmaß einer Krise wesentlich beeinflussen. Krisen müssen, um als solche bezeichnet werden zu können, objektiven Charakter haben, also nicht nur herbeigeredet sein, indem vorübergehenden und vereinzelten krisenhaft erscheinenden Symptomen von Veränderung aus Sorge übertriebene Bedeutung zugeschrieben wird. [...]
Es geschieht nicht selten, dass der Krisencharakter gerade langfristiger Veränderungsprozesse, in die viele Menschen und Lebensbereiche involviert waren, nachträglich von der historischen Forschung unterschiedlich interpretiert, infrage gestellt oder überhaupt bestritten wird [...].

Stefan Jordan (Hrsg.), Lexikon Geschichtswissenschaft. Hundert Grundbegriffe, Stuttgart 2002, S. 193–195

1. *Fassen Sie die wesentlichen Aspekte von Krisen zusammen, die Vierhaus nennt.*
2. *Formulieren Sie ausgehend von Vierhaus' Definition des Begriffes „Krise" Fragen, die an einen historischen Sachverhalt gestellt werden müssen, um herauszufinden, ob ihm eine Krise zugrunde liegt.*
3. *Krisen müssen, wie Vierhaus schreibt, „objektiven Charakter" (Zeile 36) haben. Überprüfen Sie, ob unter diesem Gesichtspunkt die römische Republik seit dem 2. Jahrhundert v. Chr. von Krisen geprägt war und ob der Französischen Revolution (Seite 96 f.) eine Krise vorausging.*
4. *Vergleichen Sie beide historischen Prozesse unter Bezug auf Ihre Definition des Begriffs „Krise" (M1, Aufgabe 2).*

M3
Revolution oder Krise?

Der Historiker Ulrich Huttner lehrt am Institut für Christentum und Antike der Humboldt-Universität in Berlin. In seinem Werk „Römische Antike" schreibt er 2008 über den Krisen- und Revolutionsbegriff:

Dass viele politische Entscheidungsprozesse schon im 2. Jh. v. Chr. von tief greifenden Spannungen und heftigen Auseinandersetzungen begleitet waren, ist deutlich geworden. Das Konfliktpotenzial stieg mit der Fülle der Probleme und nahm schließlich derart überhand, dass sich Brüche im politischen System auftaten. Die römische Republik hielt die Konflikte nicht mehr aus, büßte zwar nicht gänzlich ihr Gesicht ein, verlor aber, und zwar gegen Ende des 1. Jh. v. Chr. immer schneller, ihre charakteristischen Strukturen. [...] Mit zwei Begriffen suchte man jene Epoche des Wandels adäquat zu erfassen, mit dem der „Revolution" und dem der „Krise". Beide Begriffe sind unscharf, gewinnen aber so an Flexibilität in der Handhabung.
„Revolution" bedeutet im Wortsinn „Umwälzung" (von lat. revolvere) und damit eine tief greifende Veränderung. Es stellt sich die Frage, wie eine Revolution mehr als 100 Jahre dauern kann, zumal man mit ihr in der Regel einen abrupten Umschwung assoziiert. Trotzdem lassen sich für die letzten Jahrzehnte der römischen Republik politische und soziale Phänomene konstatieren, die kennzeichnend für den Revolutionsbegriff sind und namhafte Althistoriker wie Ronald Syme[1)] und Alfred Heuß[2)] bewogen, sich seiner zu bedienen: die von Wellen der Gewalt begleitete Verwandlung des politischen Systems von einer Republik in eine Monarchie, deutliche Veränderungen in der Zusammensetzung der

1) ***Ronald Syme*** *(1903–1989): Der neuseeländische Historiker charakterisiert in seinem Hauptwerk „The Roman Revolution" von 1939 die Periode des Wandels in der Spätphase der römischen Republik als Revolution, allerdings ohne diesen Begriff weiter auszuschärfen.*
2) ***Alfred Heuß*** *(1909–1995): Nach der Auffassung des deutschen Historikers zeigen die sozialen und politischen Umwälzungen der späten römischen Republik alle Anzeichen einer Revolution.*

politischen Eliten, massive Bestrebungen minderprivilegierter Gruppen, sich einen besseren Platz in der Gesellschaft zu erkämpfen. Andere Althistoriker (z. B. Karl Christ[3], Christian Meier[4]) stellten die Stimmigkeit des Begriffes „Revolution" für jene Epoche entschieden infrage, insbesondere habe eine leitende politische Idee gefehlt.

Mit dem alternativen Begriff der „Krise" lässt sich die Endphase der römischen Republik stimmiger charakterisieren. Der Terminus leitet sich aus dem Griechischen her: Die krisis ist die „Entscheidung" und kennzeichnet in der antiken Medizin die Phase einer Krankheit, in welcher der Zustand eines Patienten die entscheidende Wendung nimmt. Auch in der Geschichte wird eine entscheidungsträchtige Phase, während der sich historische Prozesse beschleunigen und zugleich die Gesellschaft mir Problemen konfrontiert wird, die sich mit herkömmlichen Mitteln nicht mehr lösen lassen, als Krise bezeichnet. Da angesichts jener Probleme, von denen das gravierendste die Ausübung der Kontrolle über ein Weltreich war, lange keine geeigneten Konzepte und damit keine Alternativen zur Verfügung standen, prägte Christian Meier, ein profilierter Spezialist für die Geschichte der späten römischen Republik, die Formel von der „Krise ohne Alternative".

Die Römer selbst glaubten, als Ursache der Turbulenzen eine fatale moderne Dekadenz[5] der römischen Moral auszumachen. [...] Für Sallust[6] stellt sich die Dekadenz der römischen Gesellschaft als unumkehrbarer und aus sich heraus notwendiger Prozess dar: Ein Staat, der so mächtig wie der römische geworden ist, kann diese Macht nicht verkraften. Macht (und alle Bequemlichkeiten, die dazugehören) verderben den Charakter des Machthabers. Seit der Zerstörung des Erzfeindes Karthago im Jahr 146 fehle es an Gegnern, um die Römer auf Trab zu halten. Sallusts Argumentation mag getragen sein von holzschnittartigen Klischeevorstellungen und einem rigorosen Moralismus: Dass die römische Machtpolitik Verschiebungen in der Mentalität der politischen Eliten auslöste, wird man allerdings nicht bestreiten. Für die Konflikte am Ende der römischen Republik lassen sich indes handfestere Ursachen namhaft machen: Im Wesentlichen geht es darum, dass eine politische Großmacht zur Bewältigung ihrer Probleme mit einem Instrumentarium hantierte, das einer Zeit entstammte, als diese Großmacht noch eine überschaubare Stadt war.

Ulrich Huttner, Römische Antike, Tübingen/Basel 2008, S. 104f.

1. *Vergleichen Sie Huttners Aussagen zum Krisenbegriff mit M1 und M2. Verfahren Sie ebenso mit seinen Ausführungen zum Revolutionsbegriff, indem Sie die Materialien des Theorie-Bausteins „Revolution" (siehe Seite 120f.) hinzuziehen.*

2. *Überprüfen Sie anhand der theoretischen Grundlagen und Ihres Hintergrundwissens, ob von einer „Krise" der römischen Republik oder von einer römischen „Revolution" gesprochen werden kann.*

3. *Beurteilen Sie Huttners Einschätzung auf Basis Ihrer Ergebnisse aus der zweiten Aufgabe.*

---

3) *Zu Karl Christ lesen Sie Seite 49f. (M4) sowie Seite 57 (M11).*

4) ***Christian Meier** (*1929): Der deutsche Historiker bezeichnet die Spätphase der römischen Republik als „Krise ohne Alternative". Lesen Sie dazu den Methoden-Baustein „Historische Urteilsbildung" auf Seite 91f.*

5) ***Dekadenz**: Verfall, Niedergang*

6) ***Sallust** (86–35/34 v. Chr.): Zum römischen Geschichtsschreiber siehe Seite 52 (M6).*

Methoden-Baustein: Historische Urteilsbildung

Kompetenz:
Historische Sachverhalte sowie Aussagen über Phänomene der Vergangenheit kriteriengeleitet und multiperspektivisch beurteilen

Was ist ein historisches Urteil?

Ein historisches Urteil drückt eine begründete Position zu einem vergangenen Geschehen aus. Dabei ist zwischen einem Sach- und einem Werturteil zu unterscheiden. Beiden Urteilen liegt eine Sachanalyse zugrunde. Ein *Sachurteil* berücksichtigt Perspektiven, Formen, Ursachen und Wirkungen geschichtlicher Ereignisse. Dabei kann vergangenes Geschehen (z.B. die Krise der römischen Republik) ebenso Gegenstand eines Sachurteils sein wie das Handeln verantwortlicher Personen (z.B. die Alleinherrschaft Caesars).
Historische Urteile berücksichtigen mehrere Ursachen (*Multikausalität*) eines Geschehens: wirtschaftliche, soziale, rechtliche, außen- und innenpolitische und andere Zusammenhänge. Sie beziehen auch verschiedene Sichtweisen ein (*Multiperspektivität*), also unterschiedliche Interessen und Motive verschiedener Handelnder sowie Betroffener.
Sachlich begründete Analysekriterien helfen, nachprüfbare historische Sachurteile zu treffen. Politische und wirtschaftliche Entscheidungen können zum Beispiel vor dem Hintergrund der zeitgenössischen Entscheidungsspielräume auf ihr Zustandekommen und ihre Wirksamkeit (Effizienz) befragt werden: *Erfolgte die Entscheidung schnell? War sie politisch und*

Gegenstand
(Ereignis, Herrschaftssystem, Handlung, Prozess bzw. Entwicklung, Kommentar etc. in der Geschichte)

Analyse
(auch unter Anwendung geschichtswissenschaftlicher Theorien)

multiperspektivisch
- politische Akteure (z.B. Magistrate, Feldherren)
- wirtschaftlich Handelnde (z.B. Ritter oder „publicani")
- betroffene (politische, ethnische, religiöse, soziale) Gruppen

multikausal
- kurz-, mittel-, langfristige Ursachen und Folgen
- Anlässe

Sachurteil (Urteilskriterien)
(*Operatoren: z.B. beurteilen, erörtern*)

Effizienz
- (politische) Durchsetzbarkeit
- politische und wirtschaftliche Nützlichkeit
- Schnelligkeit
- (Ziel-)Genauigkeit der Maßnahme
- Vermeidung unerwünschter Nebenfolgen

Legitimität
- historisch geltendes Recht
- Akzeptanz in historischer Gesellschaft
- historische Wertmaßstäbe (z.B. Gerechtigkeitsvorstellungen)

Werturteil (Urteilskriterien)
(*Operatoren: z.B. Stellung nehmen, erörtern*)
heute geltende Grundwerte: Sicherheit, Freiheit, Gerechtigkeit, Gleichheit der Geschlechter, Solidarität, Rechtsstaatlichkeit, Demokratie (politische Teilhabe, Transparenz politischer Entscheidungen) etc.

▲ **Historische Urteilsbildung.**
Grafik von Jana Bretschneider

gesellschaftlich durchsetzbar? Wurde das angestrebte Ziel erreicht? Zu hinterfragen ist auch die Rechtmäßigkeit (Legitimität) bestimmter Handlungen: *War die Entscheidung rechtlich möglich? War sie nach damals gültigen Wertvorstellungen legitim? Gab es damals konkurrierende Wertvorstellungen?*

Wenn wir Ereignisse oder Handlungen nicht nur nach zeitgenössischen, sondern auch nach heutigen Wertmaßstäben beurteilen, fällen wir *historische Werturteile*. Dabei haben wir darauf hinzuweisen, dass unser Urteil mitbestimmt ist von unserem aktuellen Verständnis von Gerechtigkeit, Freiheit und Gleichheit der Geschlechter oder anderen in unserem Grundgesetz festgehaltenen Grundrechten. Nur dann, wenn zwischen heutigen und früheren Wertmaßstäben deutlich unterschieden wird, können historische Urteile angemessen und einleuchtend sein.

Je nach Gewichtung der Argumente und dem Standpunkt des Urteilenden können die Aussagen im Ergebnis unterschiedlich ausfallen.

Die Frage nach Alternativen

In einer Studie aus dem Jahre 1966 vertrat der Historiker *Christian Meier* die Ansicht, dass die Krise der römischen Republik zu nichts anderem führen konnte als ihrem Untergang. Die Gesellschaft und die politischen Institutionen seien zu unflexibel gewesen, um Alternativen oder tragfähige Reformen zu entwickeln. Der Wille, an der traditionellen Ordnung festzuhalten und sich nur auf die scheinbar besseren früheren Zeiten zurückzubesinnen, habe die Krise noch verstärkt und schließlich zum unvermeidlichen Ende der Republik geführt.

Gegen diese Auffassung argumentierten *Bernhard Linke* und andere Historiker. Sie waren der Meinung, dass es sehr wohl Entwürfe zu einer wirksamen Umgestaltung der republikanischen Ordnung gegeben habe. Linke sieht gerade in der Existenz dieser Ideen einen Aspekt, der die Krise verschärft und schließlich zu einer der möglichen alternativen Umwandlungen der Regierungsform in Gestalt des Prinzipats geführt habe.

Die Frage, ob Alternativen zum Ende der römischen Republik bestanden, ist letztlich nicht abschließend geklärt. Hierbei spielen die Perspektiven und Auffassungen der jeweiligen Historiker sowie die Gewichtung bestimmter Sachaussagen eine wichtige Rolle, die zu verschiedenen Wertungen führen. Solange ein überprüfbarer Standpunkt nicht durch Sachargumente widerlegbar ist, kann er vertreten werden.

M1

Krise ohne Alternative?

Christian Meier lehrt von 1981 bis 1997 an der Universität München Geschichte. In einer Studie von 1966 charakterisiert er die Krise der römischen Republik so:

Die Basis des Staates wurde weit überlastet, die Gesellschaft desintegriert[1]. Die Disziplin innerhalb des Adels lockerte sich, die Verfassung stimmte nicht mehr zur Wirklichkeit, die Verwaltung der Provinzen wies immer mehr Missstände auf und die Machtverhältnisse wurden so verändert, dass große Labilität eintrat. Seit der Mitte des zweiten Jahrhunderts kam es zu einer Reihe von heftigen Konflikten und empfindlichen Störungen der öffentlichen Ordnung. [...]

Und die Veränderungen und Probleme, die damit gegeben waren, ließen über Bürgerkrieg und unzählige Missstände hinweg Machtverhältnisse entstehen, die mit der alten Form der res publica wirklich nicht mehr zu vereinen waren. Aber in diesem Vorgang war die römische Bürgerschaft mehr

[1] ***desintegriert***: *der soziale Zusammenhalt der Gesellschaft löst sich auf*

Objekt als Subjekt. So viel etwa Entscheidungen der Volksversammlung zu ihm beitrugen, das Gros der Bürgerschaft hatte dann zumeist nicht gesehen, worum es eigentlich ging, es schien sich ihm jeweils um Beschlüsse von begrenzter Konsequenz zu handeln, während der Senat in dogmatischer Versteifung bald jeden ungewöhnlichen Beschluss perhorreszierte[2]. Mit anderen Worten: Die Gesellschaft war damals nicht mehr Herr ihrer Angelegenheiten. Das politische Geschehen nahm einen eigentümlichen Grad von Unwirklichkeit an, da ständig Dinge passierten, die im Grunde keiner wollte, da das Handeln der Einzelnen widersprüchlich war. [...]

Solange jedoch die res publica noch aufrecht stand [...], war eine Alternative zu ihr nirgends zu sehen. Es gab keinerlei Kraft und Ansatzpunkt, von denen eine Umorientierung des Staates hätte ausgehen können. So war es höchst charakteristisch, dass im damaligen Rom – anders als in so vielen Zeiten ähnlich schwerer Krise – keine Utopie entstand. Was an ihre Stelle trat, war ein [...] erneuertes Bekenntnis zum Staat der Vorfahren. [...] Man versuchte, sich nach alten Beispielen, nach mos maiorum zu richten, identifizierte sich mit den großen Römern der Vorzeit und maß sich und andere an ihnen. Da der utopisch-ideale Staat aber in seinen Institutionen noch überall anwesend war [...], konnte angesichts der spürbaren Veränderungen gegenüber der Zeit des alten Cato nur ein Ausweg aus der Krise gesehen werden: der Versuch seiner Wiederherstellung. [...]

Es gab keine Alternative, von der [...] aus man eine wirksame Kontrolle der Verwaltung hätte schaffen und den Gefälligkeitsstaat hätte überwinden können. Der Senat konnte sich keine ständige Polizei halten, um eine kräftige Exekutive zu haben, und selbst wenn er es versucht hätte, wären die Ritter oder andere, die damit hätten niedergehalten werden sollen, in der Lage gewesen, sie außer Gefecht zu setzen. Auch die Volksversammlung war nicht abzuschaffen oder in ihrer Kompetenz zu beschränken. So schien nur der eine Ausweg aus der Misere offenzustehen: Man musste die allgemeine Moral verbessern. [...]

Man war sich darüber im Klaren, dass der weite Herrschaftsbereich besonders hohe Anforderungen an die Moral stellte. Doch man konnte nicht sehen, dass das Missverhältnis zwischen den Aufgaben und den Mitteln des Senatsregimes übermäßig groß geworden war. Die beste Moral hätte es nicht mehr überbrücken oder gar überwinden können. Angesichts der vielen Fehlschläge aber griff jene Aporie[3] um sich, die in den Worten: res publica amissa est[4] ihren charakteristischen Ausdruck fand. [...] So war diese Ratlosigkeit die beste Einsicht, die möglich war. Denn besser kann man eine Welt, die am Ende ist, nicht erkennen, als wenn man empfindet, dass ihr – mindestens vorläufig – nicht mehr zu raten ist.

Christian Meier, Res publica amissa. Eine Studie zu Verfassung und Geschichte der späten römischen Republik, Frankfurt am Main 1980, S. 301–306

M2

Krise durch Alternativen?

Bernhard Linke ist seit 2009 Professor für Alte Geschichte an der Universität Bochum. Er geht 2005 auf die These von Christian Meier ein; er schreibt:

Meiers tief greifende Analyse hat den Blick für die Handlungsmotive der römischen Oberschicht wesentlich geschärft. Doch besteht ein Problem dieser Deutung darin, dass sie sich sehr stark auf den Aspekt der Verfallserscheinungen aus der Sicht der führenden Aristokraten konzentriert. Die Darstellung der politischen Abläufe in der Zeit von den Gracchen bis Sulla hat jedoch deutlich werden lassen, dass für beachtliche Teile der Mittelschicht, aber auch für nicht wenige Angehörige der Oberschicht grundlegende Veränderungen der gesellschaftlichen Organisation nicht undenkbar waren. Der Erosionsprozess der sozialen Autorität der römischen Nobilität ließ ein Unzufriedenheitspoten-

[2] **perhorreszieren**: *verabscheuen*

[3] **Aporie**: *Unmöglichkeit, eine Frage oder ein Problem zu lösen*

[4] **res publica amissa est** *(lat.): Die Republik ist zugrunde gegangen.*

zial entstehen, das sich in dieser Epoche durchaus in konkreten Alternativentwürfen zur bestehenden Ordnung manifestierte. Insbesondere die Aktivitäten von Saturninus und die Diktatur des selbst ernannten republikanischen Restaurators Sulla, vielleicht aber auch schon die langfristigen politischen Ambitionen von Tiberius und Gaius Gracchus mussten in der politisch relevanten Bevölkerung das Bewusstsein dafür schärfen, dass es auch andere Optionen für die Gestaltung der gesellschaftlichen Führung als die kollektive Herrschaft der Nobilität gab. Gerade die Konfrontation mit diesen Alternativen zur bestehenden Herrschaftsform brachte die führenden Aristokraten in Zugzwang und nötigte sie dazu, sich immer stärker auf die kollektiven Mechanismen der Machtsicherung im Senat zu konzentrieren, auch um den Preis einer zunehmenden Distanz zu breiten Bevölkerungsschichten. Dieses Verhalten musste das Ansehen und die gesellschaftliche Durchsetzungskraft der Aristokratie weiter schwächen. So könnte man auch von einer ‚Krise durch Alternative' sprechen, die langfristig die Grundlage des Führungsanspruchs der Nobilität untergrub und die Voraussetzung für die Etablierung eines monarchischen Regierungssystems schuf.

Aus der Sicht vieler Römer muss der Niedergang der Legitimation der römischen Oberschicht gar nicht als epochale Umwälzung empfunden worden sein, sondern vielmehr als ein gleitender Prozess der eigenen politischen Neuorientierung. Die Alternative einer Herrschaftsform, die nicht auf der gemeinsamen Machtausübung durch eine kleine Gruppe adliger Familien beruhte, sondern auf der Dominanz einer einzelnen Persönlichkeit, verfestigte sich zunehmend im Bewusstsein der Menschen und erhielt später durch die Bürgerkriege eine zusätzliche Legitimation.

Doch etablierte sich am Ende dieser Entwicklung in Rom bezeichnenderweise keine absolute Monarchie, die auf eigener Machtvollkommenheit gründete. Diese Option schied mit der Ermordung Caesars am 15. März 44 v. Chr. aus dem politischen Leben Roms aus. Stattdessen setzte sich ab 30 v. Chr. mit der endgültigen Machtübernahme von Caesars Adoptivsohn Augustus eine ‚kommunikative Monarchie' durch, die ihre Legitimation aus einer Vielzahl von Aktionen und Ritualen der gegenseitigen Anerkennung zwischen Bevölkerung und Herrscher bezog. So lebte die Tradition der sozialen Vernetzung und der schichtenübergreifenden Kommunikation, die Rom groß gemacht hatte, auch in der Kaiserzeit fort. [...] Mit dem neuen Herrscher erhielten die Bürger wieder eine eindeutige Integrationsfigur, die sich gemäß der Herrschaftsideologie für die Belange aller Römer gleichermaßen einsetzte. Eine Rolle, die die römische Nobilität über lange Zeit in der Republik souverän verkörpert hatte. Auf diese Weise gab es für die Bürger mit Augustus einen würdigen Erben der alten Nobilität, der die Einheit der Gesellschaft zu sichern verstand.

Bernhard Linke, Die römische Republik von den Gracchen bis Sulla, Darmstadt ²2012, S. 141 f.

1. *Fassen Sie die Urteile, d. h. Thesen und Begründungen, von Meier und Linke über das Ende der römischen Republik zusammen (M1 und M2).*
2. *Vergleichen Sie die beiden Urteile.*
3. *Erörtern Sie, ob der Prinzipat die unvermeidliche Konsequenz von Krise und Untergang der römischen Republik oder nur eine Alternative zur republikanischen Regierungsform im Sinne einer Umgestaltung war.*
4. *Nehmen Sie auf Basis Ihrer Kenntnisse zur Geschichte der römischen Republik Stellung zu den von Meier im Interview auf Seite 14 (M1) getroffenen vergleichenden Aussagen über die gegenwärtige Gesellschaft.*

Bearbeitung eines Beispiels

Nehmen Sie Stellung zu Christian Meiers These, in der Krise habe keine Möglichkeit für die römische Republik bestanden, das politische System durch Erneuerung zu erhalten. Beziehen Sie sich hierbei auf M1, M2 und Ihr Wissen über die Krise der römischen Republik.

Beurteilung (Sachurteil)

Bei der folgenden Bearbeitung handelt es sich um eine Zusammenstellung einiger Argumente, nicht um eine vollständige schriftliche Beurteilung.

Kriterium Sicherheit

Perspektive Bevölkerung

Mit der erfolgreichen Expansion außerhalb Italiens veränderten sich die sozialen und machtpolitischen Verhältnisse innerhalb der römischen Republik gravierend (*vgl. Seite 27 bis 29 sowie M4 und M5, Seite 33 f.*): Die republikanischen Institutionen wurden von der Bevölkerung Roms als wenig effektiv wahrgenommen. Das Vertrauen in die Fähigkeiten der aktuellen Machthaber sank, die Versorgung mit existenziell notwendigen Gütern und die Wahrung äußerer und innerer Sicherheit gewährleisten zu können. Dies führte letztlich zum Aufstieg ambitionierter Feldherren, die mithilfe ihrer Heeresklienteln und dem Instrument des Bürgerkrieges Politik in einer Form gestalteten, die nicht der althergebrachten Ordnung der römischen Republik entsprach (*vgl. M1, Zeile 11 bis 15*).

Kriterium unerwünschte Nebenfolgen

Perspektive politische Akteure (Senatoren)

Meier ist in dem Punkt zuzustimmen, dass die Institutionen der Republik letzten Endes keine wirksame Handhabe hatten, um den Ambitionen politischer Akteure wie Marius, Pompeius oder Caesar längerfristig entgegenzutreten. Vielmehr kam es dazu, dass sich die Führungsschicht in rivalisierende Parteien spalten ließ, die dann den einen oder anderen Feldherrn unterstützten. Versuche des Senats, diese konkurrierenden Machthaber gegeneinander auszuspielen, trugen nicht zur Absicherung der republikanischen Ordnung bei, wie die Beispiele von Pompeius und Caesar oder Antonius und Octavian zeigen (*vgl. u. a. Seite 66 f. sowie M1, M3 bis M5, Seite 74, 76 bis 78*).

Kriterium Anpassungsfähigkeit

Perspektive politischer Akteurer (Nobilität)

Auf der einen Seite war es für die Nobilität, die ihren Machtanspruch wahren wollte, undenkbar, von der althergebrachten Ordnung abzuweichen (*vgl. M1, Zeile 37 bis 47*). Auf der anderen Seite widersprach das Handeln des Senats bereits seit der Ernennung des Marius immer deutlicher der traditionellen politischen Ordnung (*vgl. Seite 42 sowie M6, Seite 52*). Die fehlende Bereitschaft, auch durch Änderungen der Verfassung auf realpolitisches Handeln zu reagieren, half Entwicklungen jenseits der republikanischen Ordnung zu verfestigen und schwächte die Republik.

Meier behauptet, dass auch keine Ideen entstanden seien, um die staatliche Ordnung umzugestalten und die Krise der Republik zu beenden. Diese Aussage muss hinterfragt werden. Bernhard Linke verweist hier zu Recht auf Beispiele, die eine Alternative zu der Staatsführung durch das einvernehmliche Handeln der römischen Nobilität im Rahmen des Senats darstellten (*vgl. M2, Zeile 23 bis 26*). Hierzu zählen die neuen Vorgehensweise der Gracchen (*vgl. Seite 38 bis 41 sowie M2 bis M4, Seite 48 bis 50*) oder auch das Wirken des Lucius Appuleius Saturninus (*vgl. Seite 43 sowie M7, Seite 53*). Mithilfe von populären Sachinhalten gelang es diesen Politikern (erstmalig), die Volksversammlung der Plebejer zum Mittel für die Durchsetzung von politischen Zielen und Reformen zu machen.

Kriterium
Partizipation (politische Teilhabe)

Perspektive
politische Akteure (Gracchen, Lucius Appuleius Saturninus)

Wenn sich auch die Nobilität weitgehend politischen Neuerungen entgegenstellt, lässt sich in der Bevölkerung die Bereitschaft vermuten, eine reformierte Republik zu akzeptieren. Die schnelle Etablierung der neuen Herrschaftsform des Prinzipats unter Augustus legt dies nahe: Zum einen behielt das Prinzipat Elemente der althergebrachten republikanischen Staatsform bei. Zum anderen wurden Interessen unterschiedlicher Bevökerungsgruppen beachtet: Das Bedürfnis der *plebs* nach Versorgung mit existenznotwendigen Gütern und weitgehender persönlicher Sicherheit konnte befriedigt werden. Auch die Ritter, die Adligen und verdienten Soldaten konnten mit Beförderungen in Ämter und Würden in das neue System integriert werden (*vgl. Seite 72 sowie M9 bis M11, Seite 82 bis 85*).
[...]

Kriterium
politische Durchsetzbarkeit

Perspektive
Bevölkerung

Die Französische Revolution und ihre Wirkung

◀ **Die Bastille wird gestürmt.**
Öl auf Leinwand (88,5 x 73 cm), um 1790.

- *Entwickeln Sie Grundzüge einer Revolutionsdefinition und ergänzen Sie diese im Zuge Ihrer Auseinandersetzung mit der Französischen Revolution. Begründen Sie Ihre Auswahl der Definitionsmerkmale.*
- *Ordnen Sie Ihre eigenen Überlegungen in die später vorgestellten Revolutionsdefinitionen (siehe Seite 120 f.) ein.*

Die Französische Revolution gilt als das erste und wirkungsmächtigste Beispiel der Weltgeschichte für einen umfassenden Modernisierungsprozess[1]. Zwischen 1789 und 1799 änderten sich Verfassungs-, Regierungs-, Gesellschafts- und Wirtschaftsformen tief greifend. Dieser umfassende politische und soziale Wandel wurde beeinflusst von einer neuen politischen Kultur und sich verändernden Mentalitäten. Er erwies sich als Vorbild mit „Zeitzünder".
Theorie und Praxis der Französischen Revolution lösten nationale Einigungsbestrebungen, reaktionäre Gegenbewegungen und fortschrittliche Reformen sowie weitere Revolutionen aus.

[1] *Siehe dazu den Theorie-Baustein „Modernisierung", Seite 124 bis 127.*

1774 Ludwig XVI. wird König von Frankreich.

1778 Frankreich schließt ein Bündnis mit den aufständischen britischen Kolonien in Nordamerika, um seinen Erzrivalen Großbritannien zu schwächen.

1787/88 Steuer- und Finanzreformen scheitern am Einspruch der privilegierten Stände.

1788 Die Regierung verspricht im August, die Generalstände (*Etats généraux*) für den 1. Mai 1789 einzuberufen; die Zensur wird faktisch aufgehoben und es erscheinen zahllose Reformschriften.

1789 Emmanuel Joseph Sieyès' Schrift *„Qu'est-ce que le tiers état?"* (dt.: *„Was ist der Dritte Stand?"*) erscheint im Januar; zwischen Februar und Mai werden im ganzen Land Beschwerdehefte (*Cahiers de doléances*) verfasst; am 5. Mai eröffnet Ludwig XVI. die Generalstände in Versailles; der Dritte Stand erklärt sich am 17. Juni zur Nationalversammlung (*Assemblée nationale*); am 14. Juli wird die Bastille gestürmt; die „Große Furcht" (*Grande peur*) führt im Juli/August zu Bauernaufständen gegen ihre Feudalherren; am 4. August schafft die Nationalversammlung die Frondienste, die adligen Steuervorrechte, die feudalen Jagdrechte und Gerichtsrechte, den Kirchenzehnt und andere Privilegien ab; die Erklärung der Menschen- und Bürgerrechte wird am 26. August angenommen; am 5./6. Oktober ziehen Frauen von Paris nach Versailles, der königliche Hof und die Nationalversammlung werden nach Paris geholt.

1790 Die Klöster werden aufgehoben, der Adel als Stand abgeschafft.

1791 Die Zünfte werden im März aufgehoben; Arbeiter und Handwerker dürfen sich ab dem 14. Juni weder zusammenschließen noch streiken, die königliche Familie versucht am 20./21. Juni aus Frankreich zu fliehen, sie wird festgenommen und zurück nach Paris gebracht; die Verfassunggebende Versammlung (*Konstituante*) verabschiedet die Verfassung und Ludwig XVI. legt am 14. September einen Eid auf sie ab; Olympe de Gouges veröffentlicht im September ihre „Erklärung der Rechte der Frau und Bürgerin".

1792 Frankreich erklärt am 20. April Österreich und Preußen den Krieg, der Erste Koalitionskrieg beginnt; während die feindlichen Truppen vorrücken, wütet eine erste Terrorwelle (*Septembrisaden*); am 21. September wird die Monarchie abgeschafft und die „eine und unteilbare Republik" verkündet; ein Sicherheitsausschuss (*Comité de sûreté générale*) wacht seit Mitte Oktober über die innere Sicherheit; am 21. Oktober marschieren französische Truppen in Mainz ein; zwei Tage später wird der Mainzer Jakobinerklub gegründet; im Dezember beginnt der Prozess gegen Ludwig XVI. (*„Bürger Capet"*).

1793 Ludwig XVI. wird am 21. Januar hingerichtet; nach dem Aufruhr vom 9./10. März in Paris entsteht ein Revolutionstribunal; die „Schreckensherrschaft" (*„La Terreur"*) der Jakobiner beginnt.

1794 Die „Terrorgesetze" werden im Juni verschärft; Robespierre und seine Anhänger werden am 27. Juli gestürzt (*9. Thermidor*); die „Schreckensherrschaft" endet.

1795 Im Mai demonstrieren die Sansculotten für „Brot und die Verfassung von 1793"; eine „Direktorialverfassung" wird am 22. August verkündet.

1799 Nach einem Staatsstreich erklärt Napoleon Bonaparte am 9./10. November die Revolution für beendet.

(1) Ursachen

1740	24,6 Mio.
1750	24,5 Mio.
1760	25,7 Mio.
1770	26,6 Mio.
1780	27,6 Mio.
1790	28,1 Mio.
1800	29,1 Mio.

▲ **Entwicklung der französischen Bevölkerung (heutige Grenzen).**
Nach: Wolfgang Mager, Frankreich vom Ancien Régime zur Moderne, Stuttgart 1980, S. 32

Die alte Ordnung in der Krise

Die Bevölkerung Frankreichs war im 18. Jahrhundert schnell gewachsen. Landwirtschaft und Kolonialhandel prägten die Wirtschaft. Rund ein Drittel der Bevölkerung konnte lesen und schreiben. Die traditionelle Gesellschaftsordnung bestand aus drei in sich stark untergliederten Ständen: Der Erste Stand bildete der katholische Klerus. Er zählte ca. 130 000 Köpfe, besaß rund zehn Prozent des Grundeigentums und brauchte keine Steuern zu entrichten. Der Zweite Stand umfasste etwa 25 000 adlige Familien, denen rund 25 Prozent des gesamten Grundbesitzes gehörte. Auch dieser Stand zahlte kaum Abgaben und besaß dazu noch zahlreiche Vorrechte, zum Beispiel bei der Vergabe von hohen Kirchen-, Verwaltungs- und Militärämtern. Dem Dritten Stand gehörten 98 Prozent der Bevölkerung an: Bauern und Bürger. Seine Steuern und Abgaben bildeten die Grundlagen des Staatshaushaltes und stellten die Einkünfte der privilegierten Stände sicher.
Zwischen dem verarmten und dem wohlhabenden Provinzadel sowie dem Hofadel gab es sehr große Unterschiede. Seine kulturelle Führungsfunktion hatte der Adel längst verloren. Die neue Bildungselite war aristokratisch-bürgerlich gemischt. Ihre Wortführer setzten sich ganz im Sinne der Aufklärung gegen Vorurteile, kirchliche Unterdrückung und für politische Freiheit ein und förderten damit den Zerfall der ständischen Ordnung. Dazu trug auch der wirtschaftliche Wandel bei. Früher musste der Adel fast jede Handelstätigkeit als unstandesgemäß ablehnen, inzwischen beteiligte er sich direkt oder indirekt auch an Geld- und Kolonialgeschäften. Sogar in der Landwirtschaft waren Adel und Bürger zu Partnern und Konkurrenten geworden. Beide profitierten von der bäuerlichen Fronarbeit und vom Jagd- und Fischereimonopol.
Besonders große soziale Unterschiede bestanden innerhalb des Dritten Standes. So gehörte dem Großbürgertum ein Viertel des Grundbesitzes. Allen übrigen auf dem Lande lebenden Franzosen blieben rund 40 Prozent des Bodens. Die Kleinbauern waren auf zusätzliche Erwerbsquellen angewiesen, dabei mussten sie mit den Menschen ohne Grundbesitz konkurrieren. Bei Missernten waren Kleinbauern, Gesinde und Tagelöhner von der Not unmittelbar betroffen.
In den Städten bestimmte das Großbürgertum (Bankiers, Unternehmer etc.) und die aufgeklärte Bildungselite (Künstler, Anwälte, Ärzte, Beamte etc.) die öffentliche Meinung. Die Sorgen der Arbeiter und Dienstboten, der Ladenbesitzer, Gastwirte und Handwerker fanden kaum Gehör; sie lebten oft am Rande des Existenzminimums.

Machtkämpfe

Das *Ancien Régime*[1] litt ständig unter finanziellen Problemen. Sie waren durch die massive Unterstützung der nordamerikanischen Kolonien im Kampf um ihre Unabhängigkeit von Großbritannien (1776–1783) noch vergrößert worden. Alle Versuche der Krone, die Stände entsprechend ihren Einkünften gleichmäßig zur Deckung der öffentlichen Lasten heranzuziehen, scheiterten am Widerstand von Klerus und Adel. Als Ende der 1780er-Jahre das Wirtschaftswachstum ausblieb, entwickelte sich die Finanzkrise zur Staatskrise[2].
Ludwig XVI., der seit 1774 regierte, rief 1787 Vertreter der höheren Geistlichkeit, des Hofadels, der Obersten Gerichtshöfe, der Provinzialstände und der Stadtmagistrate zusammen, um die Krise zu lösen. Doch diese Notabeln[3] erarbeiteten keine konkreten Refor-

---

1) ***Ancien Régime**: wörtlich: alte, ehemalige Regierung. Der Begriff steht für die vorrevolutionären Zustände.*
2) *Zum Begriff „Krise" siehe auch den Theorie-Baustein auf Seite 86 bis 89.*
3) ***Notabeln**: durch Stellung, Vermögen und Bildung ausgezeichnete Mitglieder der Gesellschaft*

▲ **„Le Serment du Jeu de Paume" (dt.: „Der Ballhausschwur").**
Federzeichnung (66 x 101 cm) von Jacques-Louis David, September 1791 (Ausschnitt).
Die Zeichnung ist ein Entwurf für ein Historiengemälde. Es sollte für den Versammlungsraum der Nationalversammlung angefertigt werden und etwa 6,5 m hoch und 10,0 m breit werden. Die im Vordergrund dargestellte Verbrüderung eines Ordensgeistlichen, eines Weltgeistlichen und eines protestantischen Pfarrers fand nachweislich in der Form nicht statt.

- *Analysieren Sie, wie der Künstler die Aufbruchstimmung einerseits und die „Einheit der Nation" andererseits dargestellt hat.*

men, sondern forderten den Monarchen lediglich auf, die Generalstände[1] (*Etats généraux*) einzuberufen. Nur sie sollten das Recht haben, über eine Steuerreform zu beraten. Die Generalstände waren zuletzt 1614 zusammengekommen. Ludwig XVI. weigerte sich zunächst, diese Forderung zu erfüllen. Er gab aber nach und verzichtete damit auf den absolutistischen Anspruch, allein die Geschicke des Landes zu lenken.
Die im Januar 1789 veröffentlichte Wahlordnung für die Generalstände verkündete, dass die gesamte männliche Bevölkerung über 25 Jahre, die in den Steuerlisten eingetragen war, wählen durfte. Adel und Klerus konnten ihre Vertreter direkt wählen, die Bürger und Bauern durften ihre Deputierten aber nur über Wahlmänner bestimmen.
Der Wahlkampf politisierte die Bevölkerung. Begriffe wie Freiheit, Gleichheit, Glück, Souveränität und Repräsentation, die schon zuvor den amerikanischen Unabhängigkeitskampf geprägt hatten, wurden zu Schlagwörtern. Die weltanschaulichen Vorstellungen der *Patrioten*[2] hatte die Aufklärung und vor allem *Jean-Jacques Rousseaus* Lehre von der Volkssouveränität beeinflusst (▶ M1). Ihren programmatischen Ausdruck fand sie in einer im Januar 1789 von dem dreißigjährigen Geistlichen *Emmanuel Joseph Sieyès* veröffentlichten Flugschrift mit dem Titel *„Was ist der Dritte Stand?"* (▶ M2). Im Zusammenhang mit der Wahl konnten die Wähler der Regierung Klagen, Beschwerden und Wünsche nennen. Sie wurden in „Beschwerdeheften" (*Cahiers de doléances*) zusammengefasst. Die Monarchie stand bei dieser ersten modernen „Meinungsumfrage" der Geschichte nicht zur Diskussion.

---

[1] ***Generalstände**: Ständevertretung ganz Frankreichs mit je 300 Abgeordneten des Klerus, des Adels und des Dritten Standes (= Bürger, Bauern)*
[2] ***Patrioten**: Vaterlandsfreunde; hier die Ständevertreter, die gegen die Privilegien des Klerus und Adels kämpften*

② die Revolution bricht aus

Die Revolution der Abgeordneten

Am 5. Mai 1789 eröffnete der König die Sitzungsperiode der Generalstände feierlich. Doch die Erwartungen wurden enttäuscht. Die Stände tagten getrennt, und die Reformen sollten an die Aufrechterhaltung der Ständeordnung gebunden sein. Nachdem die Versammlung deshalb über einen Monat handlungsunfähig geblieben war, forderte Sieyès die Abgeordneten des Ersten und Zweiten Standes auf, gemeinsam mit dem Dritten Stand zu tagen. Dem Aufruf folgten reformwillige Männer aus Adel und Klerus. Am 17. Juni erklärten sich 491 gegen 90 Abgeordnete zur Nationalversammlung (*Assemblée nationale*) und Sieyès verkündete, „dass es der Versammlung – und nur ihr – zukommt, den Gesamtwillen der Nation auszudrücken und zu vertreten; zwischen dem Thron und dieser Versammlung kann kein Veto, keine Macht des Einspruchs stehen". Das war revolutionär! Die an Stand und Auftrag ihrer Wähler gebundenen Deputierten (*imperatives Mandat*) hatten sich eigenmächtig (*souverän*) zu Abgeordneten der gesamten Nation erklärt, die nur noch dem Allgemeinwillen (*Volonté générale*) dienen wollten. Damit hatte der Dritte Stand nicht nur den ersten Schritt vom politisch unmündigen Untertanen zum mitbestimmenden Staatsbürger (*Citoyen*) vollzogen, sondern darüber hinaus die Nation als politische Gemeinschaft rechtsgleicher Bürger gefordert, in der es keine ständischen Unterschiede mehr geben sollte.

Als die Krone daraufhin kurzfristig den Versammlungsraum der Deputierten des Dritten Standes schloss, zogen die reformbereiten Abgeordneten aller drei Stände in eine nahe gelegene Sporthalle und beteuerten am 20. Juni in einer improvisierten Erklärung, dem *Ballhausschwur*, „niemals auseinanderzugehen und sich überall zu versammeln, wo es die Umstände gebieten sollten, so lange, bis die Verfassung des Königreiches ausgearbeitet ist und auf festen Grundlagen ruht". Angesichts der Entschlossenheit der Deputierten gab der König sein alleiniges Recht, Ständeversammlungen einzuberufen, zu vertagen oder aufzulösen, preis. Feierlich erklärte sich daraufhin am 9. Juli 1789 die Mehrheit der Abgeordneten zur Verfassunggebenden Nationalversammlung (*Assemblée nationale constituante*). Sie waren mehrheitlich bereit, von nun an ihre Souveränität mit der des Königs zu teilen. Der Monarch herrschte nicht mehr absolut.

Der 14. Juli 1789 und die städtische Volksrevolution

Ludwig XVI. berief Mitte Juli eine konservative Regierung und zog die Truppen um Paris und Versailles zusammen. Die Furcht vor einer politischen Wende traf in Paris mit sozialen Problemen zusammen. Die Lebensmittelpreise hatten einen Schwindel erregenden Höhepunkt erreicht. Notleidende Bürger forderten Brot und Waffen und rissen die verhassten Zollstationen nieder. Aufgrund von Gerüchten über einen Angriff königlicher Einheiten stürmte die aufgebrachte Menge am 14. Juli die Bastille. Die alte Festung diente als Staatsgefängnis und Pulverlager – und galt als Symbol der Unfreiheit.[1] Ihre Eroberung, bei der sieben Gefangene befreit werden konnten und 98 Angreifer im Kampf fielen, gab den Aufständischen in Paris ein nicht mehr zu nehmendes Bewusstsein von Macht. Es hatte die „Ketten der Knechtschaft" (Rousseau) gesprengt – und ganz Europa nahm das staunend zur Kenntnis.

Während des Aufruhrs übernahm das wohlhabende Bürgertum die Stadtverwaltung. Ein *Ständiger Ausschuss*, der zukünftige Stadtrat, kümmerte sich um die neu gegrün-

[1] *Lesen Sie dazu Seite 134 f.*

▶ **Kokarde.**
Bandschleife in Form einer Rosette, die in der Regel am Hut getragen wurde. Am 21. Oktober 1789 führte der Militärausschuss der Stadt Paris eine Kokarde ein, die aus einem weißen mit blauer und roter Borte eingefassten Band bestand. Damit verknüpfte man die Farben der Stadt (rot und blau) mit denen der Monarchie (weiß).

dete *Nationalgarde*[1], die Polizei, die Justiz und die Lebensmittelversorgung. An die Spitze der Verwaltung beriefen die Bürger einen Bürgermeister (*Maire*). Die Selbstverwaltung von Paris hatte begonnen, und weitere Städte des Landes folgten dem Beispiel.

Die Revolution der Bauern

Auch auf dem Lande hatte man von den Generalständen Reformen erwartet. Als die Taten ausblieben, protestierten die Bauern mit friedlichen und gewaltsamen Mitteln gegen ihre Grundherren. Sie verweigerten Abgaben, stürmten Herrensitze, Schlösser und Klöster und vernichteten die Urkunden, die ihre Abgaben und Pflichten belegten. Gleichzeitig verbreitete sich eine „Große Furcht" (*Grande Peur*) vor herumstreunenden Bettlergruppen, plündernden Räuberbanden und Rachefeldzügen der Aristokratie. Sie stellte sich im Nachhinein oft als unbegründet heraus.

Von der ständischen zur bürgerlichen Ordnung

Während die ersten Adligen ins Exil gingen, richteten sich die politischen Hoffnungen der Bevölkerung auf die Verfassunggebende Versammlung. Waren die fast 1200 Abgeordneten in der Lage, die ständische Gesellschaftsordnung in eine auf Freiheit und Gleichheit beruhende bürgerliche Ordnung umzuwandeln? Diese Aufgabe verlangte zunächst die Umformung der ständischen in eine bürgerliche Rechtsordnung. Der erste Schritt dahin waren die „*Augustbeschlüsse*", mit ihnen sollten die Sonderrechte (Privilegien) von Ständen, Provinzen und Städten abgeschafft werden. Die folgende Gesetzgebung regelte erstmals die politische Gleichberechtigung aller Stände und – daraus resultierend – die rechtliche und steuerliche Gleichheit der Bürger. Freie (ständisch ungebundene) Staatsbürger sollten von nun an selbst über ihr Eigentum (vor allem über Grund und Boden) verfügen können.
In einem zweiten Schritt wurde am 26. August 1789 die *Erklärung der Menschen- und Bürgerrechte* verabschiedet. *Marquis de Lafayette*[2], der im amerikanischen Unabhängigkeitskrieg gekämpft hatte und nun Befehlshaber der Nationalgarde war, hatte der Nationalversammlung am 11. Juli den Entwurf der Erklärung vorgelegt. Sie sollte Teil der zu erarbeitenden Verfassung werden und verkündete die wirkungsmächtigsten Prinzipien der Französischen Revolution von 1789: die Freiheit des Individuums (*Liberté*), die Gleichheit der Bürger (*Egalité*) sowie, weniger deutlich, die Brüderlichkeit (*Fraternité*)

---

[1] **Nationalgarde (Garde nationale)**: *Im Juli 1789 in Paris entstandene Bürgerwehr. Ihre Mitglieder kamen aus dem Bürgertum. Sie bestand mit Unterbrechungen bis 1871.*
[2] **Lafayette** *(auch La Fayette), Marie Joseph Paul Yves Roch Gilbert du Motier, Marquis de (1757–1834): Obwohl adliger Herkunft, unterstützte er die Forderungen des Dritten Standes. Am Tag nach dem Sturm auf die Bastille wurde er zum Kommandanten der Pariser Nationalgarde gewählt. Er setzte sich für eine konstitutionelle Monarchie ein und ging 1792 ins Exil.*

aller Menschen. Die „Charta der modernen Demokratie", so der Historiker *François Furet*, hatte einen Nachteil. Sie löste die noch schwache Forderung nach der Gleichberechtigung der Geschlechter nicht ein.
Von zentraler Bedeutung während der Verfassungsberatungen war die Frage, welche Kompetenzen dem Monarchen künftig zugestanden werden sollten. Seine Exekutivgewalt wurde nicht infrage gestellt, aber in der Gesetzgebung räumte die Mehrheit der Deputierten dem König nur noch ein aufschiebendes Einspruchsrecht (*suspensives Veto*) ein, mit dem er Gesetze zwar nicht generell verhindern, aber für vier Jahre blockieren konnte. Trotz dieser Zugeständnisse wollte der König die Verfassung zunächst nicht anerkennen.
Während die Deputierten mit dem König in Versailles politisch nicht vorankamen, hungerten viele Einwohner von Paris. Mit der Bemerkung „Die Männer trödeln, die Männer sind feige, jetzt nehmen wir die Sache in die Hand" zogen am 5. Oktober 1789 etwa 6 000 Frauen nach Versailles, um gegen die Not zu demonstrieren; ihnen folgten rund 20 000 Nationalgardisten. Im Verlauf des Protestes erkannte Ludwig XVI. die von der Konstituante erarbeiteten Verfassungsartikel einschließlich der „Augustbeschlüsse" und der Menschenrechtserklärung an. Um ihn besser kontrollieren zu können, wurde er gezwungen, mit seiner Familie in die Hauptstadt zu ziehen; die Abgeordneten folgten ihm. Paris wurde zum Zentrum der Macht.

Die Arbeit der Konstituante

Die Revolution lähmte Handel und Gewerbe. Der Staat nahm kaum noch Steuern ein. Zur Sanierung des Staatshaushalts beschlossen die Abgeordneten auf Vorschlag des 35-jährigen *Charles Maurice Talleyrand*[1] die Verstaatlichung der Kirchengüter. Orden und Klöster wurden aufgelöst. Die Versteigerung der kirchlichen Güter begann. Der Staat übernahm die sozialen Aufgaben des Klerus, wie Schulen, Kranken- und Armenpflege, und machte aus Bischöfen und Geistlichen vom Volk wählbare Staatsdiener. Er bezahlte von nun an die Priester und forderte dafür von ihnen einen Eid auf die Verfassung. Dies führte zum Streit. Zahlreiche Priester lehnten den Eid – bestärkt vom Papst und vom König, der das Gesetz blockierte – ab, da sie sich nur der katholischen Kirche gegenüber verantwortlich fühlten.
Eine weitere spektakuläre Entscheidung der Abgeordneten war die Abschaffung des erblichen Adels am 19. Juni 1790. Bei den folgenden Bemühungen, Staat und Wirtschaft neu zu ordnen, konnten die Abgeordneten zum Teil auf die im Ancien Régime begonnenen Reformen zurückgreifen. Die nun durchgeführten Verwaltungs-, Justiz-, Finanz-, Steuer- und Gemeindereformen griffen ineinander und wurden parallel zu einer Neueinteilung des Landes in 83 etwa gleich große Verwaltungsbezirke (*Départements*) durchgeführt. Die Binnenzölle fielen und die Berufs- und Gewerbefreiheit wurde eingeführt. Ganz im Sinne der neuen Wirtschaftsordnung wurde aber auch den Handwerkern und Arbeitern das Recht auf Vereinigung und Streik im Juni 1791 genommen (*Gesetz Le Chapelier*); eine Regelung, die bis 1864 bzw. 1884 bestehen blieb.
Die Erklärung der Menschen- und Bürgerrechte vom 26. August 1789 schloss die staatsbürgerliche Gleichheit der Protestanten und Juden noch nicht ein. Nachdem die Protes-

[1] ***Charles Maurice Talleyrand*** *(1754–1838): Priester und Politiker. Seit 1789 war er als Bischof von Autun Vertreter des Ersten Standes in den Generalständen. Er wurde Mitglied der Nationalversammlung, leistete 1790 den Eid auf die Verfassung, woraufhin er vom Papst gebannt wurde. Von 1797 bis 1807 Außenminister Napoleons und nach dessen Niederlage ab 1814 erneut Außenminister.*

tanten am 24. Dezember 1789 die vollen Bürgerrechte erhalten hatten, erlangten die Juden von Bordeaux sie am 28. Januar 1790. Erst am 24. September 1791 beschloss dann die Nationalversammlung die Emanzipation aller 40 000 in Frankreich lebenden Juden per Gesetz.

Eine neue politische Kultur

Die Revolution schuf eine neue politische Kultur. Sie drückte sich in unzähligen öffentlichen Versammlungen, Reden, Demonstrationen, zahlreichen – oft nur kurzlebigen, aber zum Teil auflagenstarken – Zeitungen, Plakatanschlägen, Bildern und Grafiken aus. Einen besonderen Stellenwert erhielten die großartig inszenierten Revolutionsfeiern, die an den solidarischen Aufbruch und die gemeinsamen Ziele erinnerten. Theater, Dichtung, Musik, Malerei und Architektur wurden vom Revolutionsverlauf beeinflusst oder versuchten ihrerseits, die Massen zu beeinflussen.

Die politische Kultur wurde bestimmt von dem zunehmenden Organisationsgrad der städtischen Bevölkerung. Ausgangspunkt der Entwicklung war die Vereinigung der bretonischen Deputierten zur Zeit der Generalstände. Seit dem Umzug der Nationalversammlung nach Paris wurde der *Jakobinerklub*, benannt nach dem Dominikanerkloster Saint-Jacques, zum Sammelpunkt politisch interessierter Bürger und Mandatsträger. Mitglieder waren zumeist Akademiker und Angehörige des Besitzbürgertums. 1791 hatte ihr Klub bereits rund 1 000 Tochtergesellschaften in der Provinz. Neben dem Jakobinerklub entstand im April 1790 in Paris der *Club des Cordeliers*[1]. In ihm sammelte sich die kleinbürgerliche städtische Volksbewegung, die *Sansculotten*[2]. In den Klubs und Volksgesellschaften – darunter auch etwa 60 reine Frauenklubs – wurde einerseits die Arbeit von Deputierten und Stadtverordneten diskutiert und vorbereitet, andererseits wurden von hier aus Petitionen und Demonstrationen in Gang gebracht. Die Bewegung erfasste die Massen. Zwischen 1789 und 1795 wurden in 5 500 Orten ca. 6 000 politische Klubs gezählt, sie hatten um 1794 etwa 500 000 bis 600 000 Mitglieder.

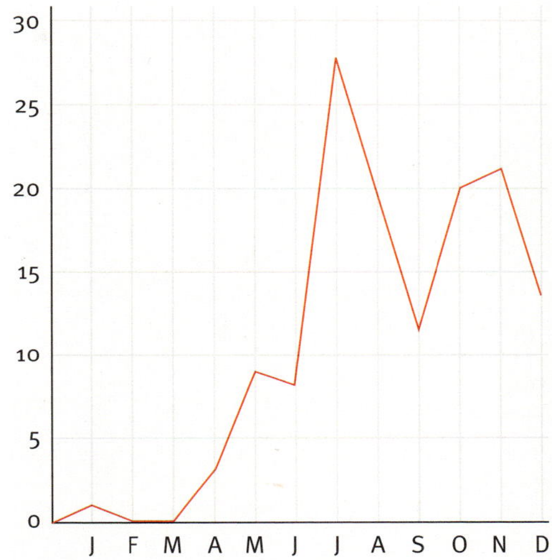

▲ **Zeitungsgründungen in Paris im Jahr 1789.**
Pierre Rétat, Die Zeitungen des Jahres 1789: einige zusammenfassende Perspektiven, in: Reinhart Koselleck und Rolf Reichardt (Hrsg.), Die Französische Revolution als Bruch des gesellschaftlichen Bewußtseins, München 1988, S. 156 (geändert)

● *Analysieren Sie die Statistik.*

Frankreich wird konstitutionelle Monarchie

Durch einen Fluchtversuch ins Ausland, der am 21. Juni 1791 scheiterte, verlor Ludwig XVI. seine Glaubwürdigkeit und sein Ansehen – bei den Deputierten und in der Bevölkerung. Die Mehrheit der Abgeordneten wollte dennoch die Revolution beenden, um endlich wieder zu stabilen Verhältnissen zurückzukehren. Diese Haltung führte zur ersten Spaltung des Jakobinerklubs. Die verfassungsorientierten,

[1] ***Club des Cordeliers****: so benannt nach seinem ersten Tagungsort, einer Kirche der Franziskaner, die im Volksmund „cordeliers" genannt wurden*

[2] ***Sansculotten*** *(franz. sans-culotte: ohne Kniebundhosen): Weitere Kennzeichen der Sansculotten waren die rote Mütze („Bonnet rouge"), die Pike (Spieß) und das brüderliche Du.*

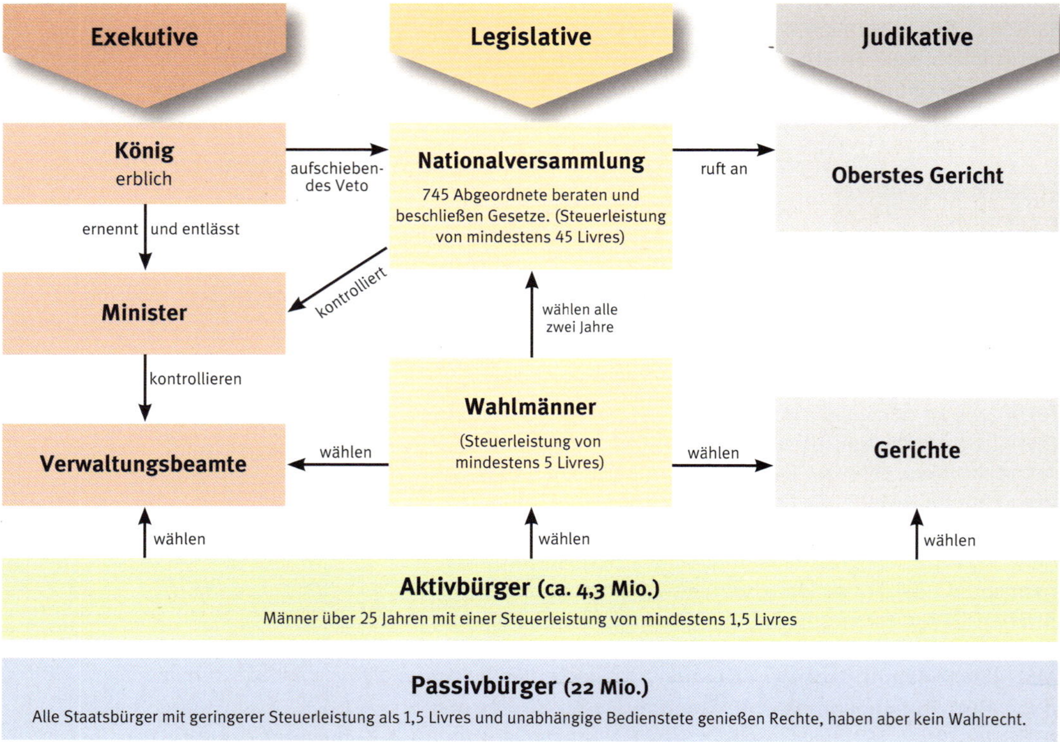

▲ **Die Verfassung der konstitutionellen Monarchie von 1791.**

Arbeiten Sie die Macht der Nationalversammlung heraus.

monarchisch eingestellten Mitglieder (rund 1800 von 2400) gründeten den *Club des Feuillants*, benannt nach dem ehemaligen Feuillantinerkloster. Ihre Gegner nahmen für sich in Anspruch, über die „Reinhaltung" der revolutionären Prinzipien zu wachen. Sie behielten den alten Namen und das Netzwerk der Tochterklubs bei – ein nicht zu unterschätzender Vorteil.

Internettipp
www.verfassungen.eu/f/

Am 14. September 1791 musste Ludwig XVI. einen Eid auf die von der Konstituante verabschiedete Verfassung ablegen. Aus Frankreich war eine konstitutionelle Monarchie geworden. Der König stand nicht mehr „über dem Gesetz", sondern regierte „nur durch dieses", wie es die Verfassung bestimmte.

Die Konstitution, der die Menschenrechte vorangestellt wurden, änderte nichts an der Rechtsungleichheit zwischen Männern und Frauen (▶ M3). Die Gleichheit der Bürger fand zudem im Zensus- und Männerwahlrecht ihre Grenzen (ein allgemeines Frauenwahlrecht gibt es in Frankreich erst seit 1946). Die Bevölkerung wurde in politisch berechtigte (steuerzahlende) Aktivbürger (*Citoyens actifs*) und schutzbefohlene Passivbürger (*Citoyens passifs*) eingeteilt. Das Wahlrecht war indirekt. Von den 4,3 Millionen Aktivbürgern erfüllten nur etwa 45 000 die Voraussetzungen dafür, als Wahlmann kandidieren zu können. Diese Wahlmänner konnten dann aber grundsätzlich jeden Aktivbürger zum Abgeordneten wählen.

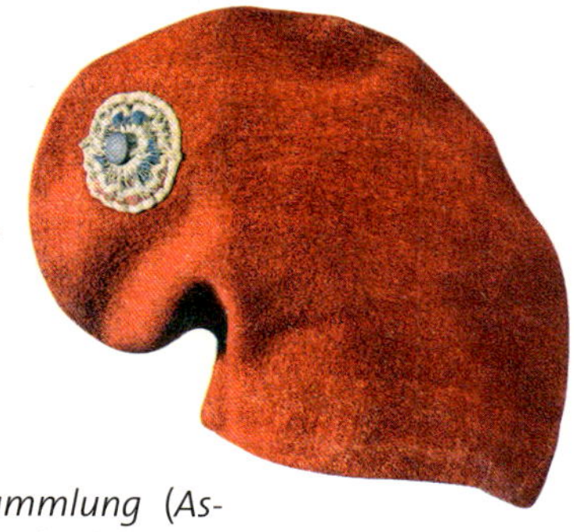

▶ **Jakobinermütze von 1792.**
Im alten Rom kennzeichneten solche Kopfbedeckungen in Freiheit entlassene Sklaven. Während der Revolutionszeit bekannten sich die Träger dieser roten Mützen („Bonnet rouge") öffentlich zu den revolutionären Idealen „Freiheit und Gleichheit". Sie gilt bis heute als Symbol republikanischer Gesinnung.

Die Zweite Revolution

Die neue *Gesetzgebende Nationalversammlung* (*Assemblée nationale législative*) trat am 1. Oktober 1791 zusammen. Von den 745 Deputierten bildeten 345 die Mitte. Sie besaßen keine direkten Bindungen zu bestimmten Klubs. 264 Abgeordnete gehörten zur Rechten. Sie waren oder wurden Mitglieder im Club des Feuillants und wollten die Revolution beenden. Die zahlenmäßig kleinste Abgeordnetengruppe stellten die 136 Abgeordneten der Linken. Sie hatten sich in den Klubs der Jakobiner, Cordeliers und anderer Volksgesellschaften organisiert, forderten ein allgemeines Wahlrecht und waren gegen das Vetorecht des Königs. Diese Gruppe unterteilte sich noch in *Girondisten*, deren Führungspersonal zum Teil aus dem Département Gironde stammte und die ihren Rückhalt im mittleren und gehobenen Provinzbürgertum hatten, und *Montagnards* („Bergpartei"), die ihren Aufstieg den Sansculotten verdankten.
Zwei Jahre nach dem Sturm auf die Bastille hatten über 40 000 Franzosen ihr Land verlassen, nicht nur Adlige und Geistliche, sondern auch Bürger und Bauern.[1)] Die Emigranten, unter ihnen die beiden Brüder des Königs, mobilisierten die europäischen Regierungen gegen die Revolution. Als Österreich und Preußen drohten, die Monarchie in Frankreich militärisch zu retten, eröffneten französische Truppen im April 1792 einen Angriff auf die österreichischen Niederlande (Belgien). Zugleich erklärte das Parlament den „nationalen Notstand" und begann den Kampf gegen die „inneren und äußeren Feinde" unter dem Motto: „*Das Vaterland ist in Gefahr*". Erste militärische Niederlagen und die Befürchtung, dass der König mit den „Feinden des Vaterlandes" zusammenarbeiten könnte, führten in Paris zur Absetzung der königstreuen Stadtverwaltung und zur Bildung der Kommune des Aufstands. Unter deren Führung brach am 10. August 1792 die Zweite Revolution aus: Sansculotten und Soldaten stürmten das königliche Schloss, die Tuilerien. Unter dem Druck der Aufständischen sahen sich die Abgeordneten veranlasst, den König seines Amtes zu entheben und ihn und seine Familie zu inhaftieren. Die konstitutionelle Monarchie war zerbrochen.

Im Schatten des Grauens ein Neuanfang

Von nun an wurden die königstreuen Politiker offen verfolgt. Willkürliche Verhaftungen waren an der Tagesordnung, erste politisch motivierte Hinrichtungen folgten. Die Furcht vor gegenrevolutionären Aktionen trug dann dazu bei, dass zwischen dem 2. und 5. September 1792 Teile der städtischen Volksbewegung Gefängnisse stürmten und Gefangene töteten („*Septembrisaden*"). Der Terror blieb nicht auf Paris beschränkt, aber allein hier wurden um die 1500 Menschen (Aristokraten, Eid verweigernde

---

1) Zwischen 1789 und 1794 verließen nach amtlichen Angaben mehr als 150 000 Franzosen ihr Land: Rund 25 Prozent waren Kleriker, 17 Prozent Adlige, 11 Prozent Großbürger, 6 Prozent Kleinbürger, 14 Prozent Arbeiter und 19 Prozent Bauern. Darunter waren drei Viertel aller Offiziere der Armee. Hauptziele der Flüchtlinge waren die deutschen Anliegerstaaten, in denen sie allerdings keine freundliche Aufnahme erlebten.

④ die Radikalisierung 105–106

Priester und Strafgefangene) ermordet. Weder der vom Parlament ernannte Provisorische Vollzugsrat, dem *Georges Jacques Danton*[1] als Justizminister angehörte, noch die Führer der Pariser Kommune waren fähig oder willens, diese blutigen Aktionen zu unterbinden.

In dieser gewalttätigen Atmosphäre fanden die Wahlen zu einer neuen Nationalversammlung nach dem allgemeinen Wahlrecht statt. Die Unterscheidung zwischen Aktiv- und Passivbürgern war ebenso aufgehoben worden wie das Zensuswahlrecht. Alle Männer über 21 Jahre durften wählen. Trotzdem gingen weniger als zehn Prozent der Berechtigten zur Wahl.

Am 21. September 1792 traten die 749 Abgeordneten des Nationalkonvents (*Convention nationale*) zusammen. Sie riefen die „eine und unteilbare Republik" aus und wollten eine republikanische Verfassung erarbeiten. In diesem Parlament bildeten die Girondisten die neue Rechte. Sie setzten sich ein für eine dezentrale Verwaltung des Landes, die Unverletzlichkeit des Eigentums, Wirtschaftsfreiheit, Rechtssicherheit und die Fortsetzung des begonnenen – wie der girondistische Abgeordnete *Jacques-Pierre Brissot* am 31. Dezember 1792 sagte – „Kreuzzuges für die Freiheit der Welt".

Prozess gegen den König

Die republikanische Phase der Revolution begann mit militärischen Erfolgen. In der *Schlacht von Valmy* (20. September 1792) vertrieben die Revolutionstruppen das von Preußen und Österreich angeführte Emigrantenheer. Der Kampf gegen die „Feinde der Republik" stärkte das republikanische und nationale Bewusstsein der Franzosen. Nach dem von dem Abgeordneten *Pierre Joseph Cambon* im Dezember 1792 geprägten Motto „Krieg den Palästen, Friede den Hütten!"[2] zogen jetzt die Revolutionstruppen in Speyer, Worms, Mainz und Frankfurt am Main ein.

In Paris hatte sich der Nationalkonvent zum Gericht erhoben. Nachdem im November 1792 geheime Unterlagen entdeckt worden waren, die eine Zusammenarbeit des einstigen Königs mit feindlichen Mächten belegten, wurde er wegen „Verschwörung gegen die Freiheit" und „Anschlägen gegen die nationale Sicherheit" angeklagt. Über 90 Prozent der Abgeordneten stimmten für schuldig. Uneinigkeit entstand erst über das Strafmaß und den Zeitpunkt der Strafvollstreckung. Am 21. Januar 1793 wurde *„Bürger Capet"*, wie der abgesetzte König aus dem Geschlecht der *Capetinger* nun genannt wurde, vor den Augen des Volkes auf der Place de la Révolution, der heutigen Place de la Concorde, hingerichtet. In ganz Europa, nicht nur in den Fürstenhäusern, erschraken die Menschen über das gewaltsame Ende des französischen Monarchen.

Die Revolution in der Krise

Im Winter 1792/93 weitete sich der Krieg aus, Hunger- und Teuerungsunruhen nahmen zu und in ländlichen Regionen wie der Vendée setzten gegenrevolutionäre Rebellionen ein. In dieser Phase der Revolution wurden ein außerordentliches Gericht, das spätere Revolutionstribunal, und revolutionäre Überwachungsausschüsse gebildet. Um schnell und effektiv handeln zu können, richtete der Konvent dazu eine Regierung in Form von zwei zwölf-

---

[1] ***Georges Jacques Danton*** *(1759–1794, hingerichtet): Er war Mitbegründer des Cordeliers-Clubs, wurde 1792 Abgeordneter des Nationalkonvents und war zeitweise Mitglied des Wohlfahrtsausschusses.*

[2] *Das Motto stammt aus einem Bericht des Abgeordneten Pierre Joseph Cambon an den Konvent vom 15. Dezember 1792.*

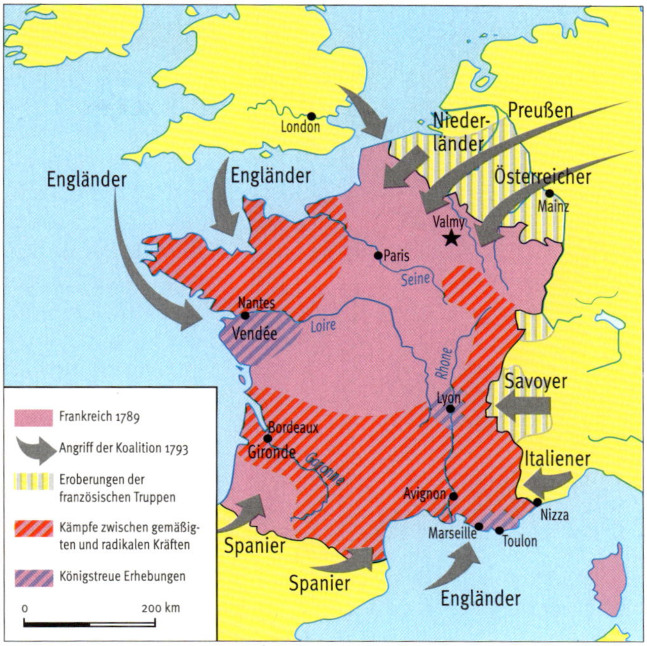

▶ **Die belagerte Republik im Sommer 1793.**
Während der Auseinandersetzungen zwischen den Revolutionstruppen und ausländischen Heeren oder gegenrevolutionären Gruppen fielen hunderttausende Menschen. Allein der Bürgerkrieg zwischen der königlich-katholisch gesinnten Landbevölkerung und den republikanischen Revolutionstruppen in der Vendée von 1793 bis 1796 führte in einigen Gemeinden zu einem Bevölkerungsverlust von 25 bis 35 Prozent.

köpfigen Gremien ein: den *Wohlfahrtsausschuss* (*Comité de salut public*) und den *Sicherheitsausschuss* (*Comité de sûreté générale*). Der erste Ausschuss übernahm die Leitung und Kontrolle über Kriegsführung, Regierung, Verwaltung und Wirtschaft, der zweite entwickelte sich zu einer Art Polizeiministerium. Mit diesen Maßnahmen hatte das Parlament das Gewaltmonopol des Staates zurückgewinnen wollen. Dabei ignorierten die Abgeordneten jede Gewaltenteilung und schufen so die Grundlagen für „die Schreckensherrschaft" („*La Terreur*").
Die angespannte Lage sollte durch Zugeständnisse an die Volksbewegung beruhigt werden. Das Parlament beschloss Höchstpreise (Maximum) für Getreide, Zwangsanleihen bei den Reichen und Bodenverteilung an die Armen. Doch diese Maßnahmen reichten den radikalen Kräften nicht. Die Jakobiner und Sansculotten schalteten daraufhin ihre politischen Gegner aus. Am 2. Juni 1793 zogen 80 000 Frauen und Männer vor das Parlament, um die Auslieferung von 29 führenden girondistischen Abgeordneten und zwei Ministern zu erzwingen. Sie wurden für die katastrophale innen- und außenpolitische Lage verantwortlich gemacht. Das war das Ende der Girondisten, aber zugleich auch ein schwerer Schlag gegen das repräsentative System.
Mit dem Ausschluss der Girondisten übernahmen die Montagnards die Führung im Parlament. Um das Vertrauen der Sansculotten zu gewinnen, wurde am 24. Juni 1793 eine neue Verfassung verabschiedet. Sie verkündete ein erweitertes Wahlrecht und garantierte soziale Grundrechte (Recht auf Arbeit, öffentliche Unterstützung, allgemeinen Unterricht für Jungen und Mädchen). Obwohl die Verfassung durch eine Volksabstimmung bestätigt wurde, blieb sie Programm. Der Grund: Das Parlament hatte beschlossen, die Verfassung erst nach Beendigung des Krieges in Kraft zu setzen.

Schreckensherrschaft
107 – 109

▲ **Der ermordete Marat.**
Ölgemälde (165 x 128 cm) von Jacques-Louis David, 1793.

- *Analysieren Sie, mit welchen künstlerischen Mitteln Marat hier dargestellt wird.*

„Macht alle gleich!"

Inflation, Arbeitslosigkeit, Lebensmittelknappheit, Krieg im Innern und nach außen ließen die Bevölkerung nicht zur Ruhe kommen. Die Ermordung des von den Sansculotten verehrten Journalisten und Konventsabgeordneten *Jean-Paul Marat*[1] am 13. Juli 1793 durch die 24-jährige *Charlotte Corday*, eine Sympathisantin der Girondisten, verschärfte die Spannungen. Der Kampf gegen die soziale Ungleichheit wurde radikaler. Daran änderten auch die entschädigungslose Abschaffung aller Feudalrechte (17. Juli 1793) und die Einführung der Todesstrafe für Spekulanten und Schwarzhändler (26. Juli 1793) nichts. Dafür fanden die Abgeordneten im August 1793 eine Lösung für die Kriegsführung: die Einführung der *Allgemeinen Wehrpflicht* (*Levée en masse*) für alle unverheirateten Männer zwischen 18 und 25 Jahren. Am 2. September 1793 forderten die Sansculotten von den Abgeordneten *„Macht alle gleich!"* (➧ M4), drei Tage später umstellten sie das Parlament und verlangten: *„Gesetzgeber! Setzt den Terror auf die Tagesordnung!"* Diese Forderung galt den Wucherern, Spekulanten und Kriegsgewinnlern. Die Abgeordneten mussten die Forderung ernst nehmen. Denn nur mit Unterstützung der Sansculotten konnten sie die Aufstellung der Volksarmee durchführen, die Waffen, Kleider und Lebensmittel für das Heer beschaffen sowie die aufständischen Gebiete unter Kontrolle bringen. In dieser Lage beschloss das Parlament ein „Gesetz über die Verdächtigen"(➧ M5) und legte ein „Allgemeines Maximum" für Preise und Löhne fest. Damit war der Höhepunkt der Schreckensherrschaft erreicht. Verantwortlich für den Terror zeichnete der 35-jährige Rechtsanwalt *Maximilien de Robespierre*[2]. Der Abgeordnete des Nationalkonvents war der führende Kopf der Montagnards und stand seit Juli 1793 mit diktatorischer Macht an der Spitze des Wohlfahrtsausschusses. Für Robespierre war der Terror ein politisches Mittel, die Republik von allen tatsächlichen und möglichen Gegnern zu befreien. Meinungs-, Versammlungs- und Religionsfreiheit galten nicht mehr. Kirchen und Klöster wurden geschlossen und abgerissen, der christliche Glaube verfolgt und verhöhnt. Dagegen setzten Robespierre und seine Anhänger republikanische Vernunftkulte. Ein deutliches Zeichen für die „Zeitenwende" stellte die Einführung des republikanischen Kalenders im Oktober 1793 dar. Er folgte der Einführung des Dezimalsystems für Maße und Gewichte und ersetzte den siebentägigen christlichen Wochenrhythmus durch einen zehntägigen. Zum Jahr I der „einen und unteilbaren Republik" wurde rückwirkend der 22. September 1792 erklärt – am 21. September war die Monarchie abgeschafft worden; der Revolutionskalender galt bis zum 31. Dezember 1805.

---

1) ***Jean-Paul Marat*** *(1744 – 1793): Der Journalist vertrat in seiner populären Zeitung „L 'Ami de Peuple" („Der Volksfreund") die Interessen der städtischen Volksbewegung. Als Präsident des Jakobinerklubs und Mitglied des Nationalkonvents kämpfte er gegen die Girondisten.*

2) ***Maximilien de Robespierre*** *(1754 – 1794, hingerichtet): Rechtsanwalt; Mitglied des Jakobinerklubs, Abgeordneter des Nationalkonvents und seit Juli im Wohlfahrtsausschuss tätig*

▲ **Hinrichtung mit der Guillotine.**
Zeichnung von Michael Welply, 2007.

„Die Revolution frisst, gleich Saturn, ihre eigenen Kinder“

Denunziantentum und Spitzelwesen stützten den Polizei- und Justizterror. Alle überregionalen Klubs, die nicht zu den Jakobinergesellschaften gehörten, wurden verboten. Zeugnisse der Staatsbürgertreue wurden obligatorisch und Hausdurchsuchungen alltäglich. Die Gefängnisse waren bald überfüllt und die Prozesse eine Farce. Die Guillotine[1], die „Sense der Gleichheit“, wie der Volksmund sie nannte, wurde zum Inbegriff der Schreckensherrschaft, und der girondistische Konventsabgeordnete *Pierre-Victurnien Vergniaud* meinte vor seiner Hinrichtung: „Die Revolution frisst, gleich Saturn, ihre eigenen Kinder.“ Die Verantwortlichen ließen ihre blutige Herrschaft durch das „Grundgesetz der Revolutionsregierung“ legitimieren (4. Dezember 1793). Bald fielen selbst Revolutionsanhänger wie Danton dem Terror zum Opfer. Aber auch Robespierre verlor durch den Terror seinen Rückhalt. Am 27. Juli 1794 (*9. Thermidor des Jahres II*) stürzte ihn eine Mehrheit des Parlaments, um die Schreckensherrschaft zu beenden. Er und 105 seiner engsten Anhänger wurden ohne Prozess hingerichtet. Die Bilanz des Terrors: Landesweit waren von März 1793 bis Ende Juli 1794 etwa 500 000 Menschen verhaftet und circa 50 000 guillotiniert worden. Diese geschätzten Zahlen berücksichtigen die Toten der Aufstände nicht.

Nach der Schreckensherrschaft

6 Ende der Revolution 109 – 110

Die neue Regierung beseitigte Polizei- und Justizterror, Wirtschaftslenkung und Meinungsdruck schrittweise. Politische Gefangene wurden entlassen und die Jakobinerklubs geschlossen. Eine „Säuberung“ des öffentlichen Dienstes von Jakobinern begann. Die Not der städtischen Kleinbürger hielt allerdings an, denn die Lebensmittelpreise wurden wieder freigegeben und stiegen zusätzlich noch wegen der anhaltenden Inflation an. Als die Sansculotten im Mai 1795 *„Brot und die Verfassung von 1793“* forderten und das Parlament bedrohten, beendeten regierungstreue Truppen diese letzte große Aktion der Sansculotten blutig.

Im August 1795 veröffentlichte der Nationalkonvent eine neue Verfassung; es war die dritte seit 1791 (➧ M6). Mit ihr wurde das Zensuswahlrecht wieder eingeführt. Danach erfüllten nur noch etwa 30 000 Franzosen die Voraussetzungen, um Wahlmänner zu werden und Abgeordnete wählen zu können.

Noch stärker als die vorhergehenden Regierungen versuchten die neuen Machthaber durch eine expansive Außenpolitik, die innenpolitische Misere auszugleichen. Sie ließen ihr Volksheer im Glauben an die Revolution und Nation gegen die stehenden Heere der traditionellen Mächte Europas marschieren. Mit Erfolg: Am Ende des *Ersten Koalitionskrieges* 1797 war das gesamte linksrheinische Gebiet erobert. Der Rhein bildete die natürliche Grenze Frankreichs.

---

[1] **Guillotine**: *Hinrichtungsgerät, benannt nach dem Arzt Joseph Ignace Guillotin (1738–1834), der sich als Abgeordneter in der Konstituante für einen humaneren und für alle Stände gleichen Vollzug der Todesstrafe eingesetzt hatte*

Die Revolution und die Frauen

Mit dem Sturz der Girondisten im Juni 1793 endete auch der von wenigen Frauen und Männern geführte politische Dialog zwischen den Geschlechtern. Dabei hatten Frauen im revolutionären Alltag – wie der Zug der Marktfrauen nach Versailles zu Beginn der Revolution gezeigt hatte – eine wichtige Rolle übernommen. Sie demonstrierten gegen Missstände, entsandten Deputationen und meldeten sich mit Petitionen und Streitschriften zu Wort. Frauen organisierten sich teils in Volksgesellschaften der Männer, teils in eigenen Klubs. Nach Kriegsbeginn stellten sie freiwillige Frauenregimenter für den Kampf gegen die Feinde der Revolution auf. Trotzdem waren, sieht man von dem im September 1792 erlassenen Scheidungsrecht ab, Forderungen nach Verbesserung ihrer Stellung in Ehe und Familie, in Ausbildung und Berufsleben weitgehend unberücksichtigt geblieben. Von der Mitarbeit in den Kommunen und im Parlament blieben Frauen weiterhin ausgeschlossen.

▲ **Olympe de Gouges.** *Diese Pastellminiatur von 1785 gilt als das einzige zuverlässige Porträt der 1748 geborenen Schriftstellerin und Frauenrechtlerin, die 1791 die „Erklärung der Rechte der Frau und Bürgerin" (siehe M3, Seite 114 f.) verfasste.*

Lesetipp
Paul Noack, Olympe de Gouges 1748–1793. Kurtisane und Kämpferin für die Rechte der Frau, München 1992

Nach gewalttätigen Ausschreitungen verbot der Nationalkonvent im Oktober 1793 alle Frauenklubs. Danach wurde den Frauen auch das Petitionsrecht genommen und der Besuch des Parlaments sowie der Volksgesellschaften untersagt. Die gelenkte Presse verunglimpfte politisch aktive Frauen nun als „unweiblich" und „blutrünstig" und forderte sie auf, ihre republikanischen Aufgaben im Haushalt, in der Familie und bei der Erziehung der Kinder zu erfüllen. Es blieb nicht bei verbalen Diskriminierungen: Frauen wurden in Gefängnisse geworfen und starben auf dem Schafott. *Olympe de Gouges*, die in einem Manifest die freie Wahl des Volkes zwischen Monarchie, föderativer oder zentralistischer Republik verlangt hatte, wurde am 3. November 1793 wegen „Gefährdung der Volkssouveränität" hingerichtet. Madame *Manon Roland*, die mit einem führenden Girondisten verheiratet war und einen einflussreichen Salon geführt hatte, verurteilte ein Revolutionsgericht fünf Tage später wegen „Konspiration gegen die Republik und Entfachung des Bürgerkrieges" zum Tode.

Wirkung auf Deutschland

Überall im territorial zersplitterten Heiligen Römischen Reich Deutscher Nation brachen mit den Nachrichten vom Sturm auf die Bastille alte sowie neue soziale, rechtliche und konfessionelle Konflikte aus. Es kam zu regional begrenzten Bauern- und Handwerkerunruhen in Baden, in der Pfalz, im Rheinland, in Kursachsen und in Schlesien sowie zu lokalen Aktionen in Trier, Köln, Göttingen, Hamburg, Nürnberg, Ulm und Reutlingen. Sie alle wurden mit Gewalt unterdrückt.

Der französische Versuch, die Gedanken der Aufklärung in praktische Politik umzusetzen, wurde zunächst von einem großen Teil des Bildungsbürgertums mit Sympathie verfolgt. Es entstanden ein ausgedehnter Revolutionstourismus nach Paris und eine breite Revolutionspublizistik. Zentren der intellektuellen Auseinandersetzung mit der Revolution waren die Universitäten, die höheren Schulen, Lesegesellschaften und Freimaurerlogen. In einigen deutschen Städten wurden auch politische Vereinigungen nach dem Vorbild der französischen Jakobinerklubs gegründet.

Nirgendwo sonst im Reich fanden die Ideen der Französischen Revolution eine so weite Verbreitung wie in Mainz. Angeregt von den Franzosen, die am 21. Oktober 1792 Mainz besetzt hatten, und gefördert von dem kurz darauf gegründeten Jakobinerklub wurde in den von den alten Herrschern befreiten Gebieten Anfang 1793 ein *„Nationalkonvent der freien Deutschen diesseits des Rheins"* gewählt. Am 18. März riefen dessen Abgeordnete

◀ **Tanz um den Freiheitsbaum.**
Ölgemälde (19 x 30 cm) eines unbekannten Künstlers, um 1793. Ab 1790 wurden in Frankreich „Freiheitsbäume" gesetzt. Man knüpfte damit – wie schon in den amerikanischen Kolonien – an die Tradition des Maibaumes an. Im Frühjahr 1792 standen in ganz Frankreich zehntausende solcher Bäume. Die Revolutionsheere brachten sie auch ins Rheinland. Dort wurden etwa 100 Freiheitsbäume errichtet. Das Bild zeigt vermutlich eine Szene, die in Aachen stattfand.

- *Beschreiben Sie die abgebildete Szene.*
- *Analysieren Sie die Symbole und die Zusammensetzung der Tanzenden.*
- *Arbeiten Sie den Standpunkt des Künstlers heraus.*

einen „*Rheinisch Deutschen Freistaat*" für das Gebiet zwischen Landau und Bingen aus. Doch der erste deutsche Versuch, eine auf Freiheit, Gleichheit und Eigentum beruhende demokratische Staats- und Gesellschaftsordnung einzuführen, scheiterte wenige Monate später – einerseits, weil die Franzosen begannen, das Land wirtschaftlich auszubeuten, andererseits, weil zur gleichen Zeit Rheinhessen und die Pfalz von österreichisch-preußischen Truppen zurückerobert wurden. Abgesehen davon hatte das Schicksal der französischen Flüchtlinge und die Hinrichtung Ludwigs XVI. den Kreis der deutschen Revolutionsanhänger nach 1793 stark schrumpfen lassen.
Unabhängig davon wurden in den deutschen Staaten zwischen 1790 und 1798/99 mehrere Verfassungen entworfen. Sie machen die intensive juristische Auseinandersetzung mit den Entwicklungen in den USA und Frankreich deutlich und begründen zugleich die demokratische Verfassungstradition in Deutschland (➧ M 7).

Das „amtliche" Ende der Revolution

In Paris brachen erneut Machtkämpfe aus, als sich militärische Rückschläge einstellten. In dieser Lage rief Sieyès, der Mann der ersten Stunde, den 30-jährigen, aus korsischem Kleinadel stammenden *Napoleon Bonaparte*[1)] zu Hilfe. Als siegreicher Oberbefehlshaber der Truppen in Italien war er zur unentbehrlichen Stütze der Machthaber geworden. Das hinderte Bonaparte nicht, die Regierung am 9. November 1799 (*18. Brumaire des Jahres VIII*) zu stürzen und den Widerstand des Parlaments mit Waffengewalt zu brechen. Ein Kollegium von drei Konsuln trat an die Stelle der alten Regierung. Bonaparte wurde Erster Konsul und ließ sich seine Stellung vom Volk bestätigen. Von über drei Millionen Stimmen wurden nur 1562 gegen ihn abgegeben – bei allerdings vier Millionen Enthaltungen. Danach erklärte er die Revolution für „amtlich beendet".
Das vermögende Bürgertum wurde damit letztlich zum Gewinner der Revolution. Es hatte von der Veräußerung der Nationalgüter am stärksten profitiert und den Adel endgültig aus wichtigen Positionen in Verwaltung und Militär verdrängt. Die städtischen Unterschichten und die kleinen Bauern gehörten zu den eigentlichen Verlierern der Revolution. Ihre soziale und politische Lage hatte sich nicht wesentlich verbessert.

Internettipp
www.historicum.net/themen/franzoesische-revolution

Lesetipps
- *Wolfgang Kruse, Die Französische Revolution, Paderborn 2005*
- *Ernst Schulin, Die Französische Revolution, München ⁴2004*
- *Hans Ulrich Thamer, Die Französische Revolution, München ³2009*

---

1) **Napoleon Bonaparte** *(1769–1821): Er kämpfte zunächst gegen die Royalisten; kam dann 1799 durch einen Staatsstreich an die Regierung, krönte sich 1804 selbst zum Kaiser der Franzosen und nannte sich fortan Napoleon I.*

◀ **Jean-Jacques Rousseau.** *Kupferstich, um 1753.*

M1
Vom Gesellschaftsvertrag

Einer der wirkungsmächtigsten Schriftsteller der Aufklärung ist der 1712 in Genf geborene Calvinist Jean-Jacques Rousseau. Er veröffentlicht 1762 in Amsterdam sein politisches Hauptwerk „Du contrat social ou principes du droit politique". Diese Schrift über die vertragstheoretische Grundlegung der Gesellschaft beginnt mit der Feststellung: „Der Mensch ist frei geboren, und überall liegt er in Ketten." Um ihn daraus zu befreien, schlägt Rousseau vor:

„Finde eine Form des Zusammenschlusses, die mit ihrer ganzen gemeinsamen Kraft die Person und das Vermögen jedes einzelnen Mitglieds verteidigt und schützt und durch die doch jeder, indem er sich mit allen vereinigt, nur sich selbst gehorcht und genauso frei bleibt wie zuvor." Das ist das grundlegende Problem, dessen Lösung der *Gesellschaftsvertrag* darstellt. […]

Wenn man also beim *Gesellschaftsvertrag* von allem absieht, was nicht zu seinem Wesen gehört, wird man finden, dass er sich auf Folgendes beschränkt: Gemeinsam stellen wir alle, jeder von uns, seine Person und seine ganz Kraft unter die oberste Richtschnur des *Gemeinwillens*; und wir nehmen, als Körper, jedes Glied als untrennbaren Teil des Ganzen auf.

Dieser Akt des Zusammenschlusses schafft augenblicklich anstelle der Einzelperson jedes Vertragspartners eine sittliche Gesamtkörperschaft, die aus ebenso vielen Gliedern besteht, wie die Versammlung Stimmen hat, und die durch ebendiesen Akt ihre Einheit, ihr gemeinschaftliches Ich, ihr Leben und ihren Willen erhält. Diese öffentliche Person, die so aus dem Zusammenschluss aller zustande kommt, trug früher den Namen Polis, heute trägt sie den der Republik oder der staatlichen Körperschaft, die von ihren Gliedern Staat genannt wird, wenn sie passiv, Souverän, wenn sie aktiv ist, und Macht im Vergleich mit ihresgleichen. Was die Mitglieder betrifft, so tragen sie als Gesamtheit den Namen Volk, als Einzelne nennen sie sich Bürger, sofern sie Teilhaber der Souveränität, und Untertanen, sofern sie den Gesetzen des Staates unterworfen sind. […]

Damit nun aber der Gesellschaftsvertrag keine Leerformel sei, schließt er stillschweigend jene Übereinkunft ein, die allein die anderen ermächtigt, dass, wer immer sich weigert, dem *Gemeinwillen* zu folgen, von der gesamten Körperschaft dazu gezwungen wird, was nichts anderes heißt, als dass man ihn zwingt, frei zu sein […]. […]

Aus dem Vorhergehenden folgt, dass der *Gemeinwille* immer auf […] das öffentliche Wohl abzielt: woraus allerdings nicht folgt, dass die Beschlüsse des Volkes immer gleiche Richtigkeit haben. Zwar will man immer sein Bestes, aber man sieht es nicht immer. Verdorben wird das Volk niemals, aber oft wird es irregeführt, und nur dann scheint es das Schlechte zu wollen.

Es gibt oft einen beträchtlichen Unterschied zwischen dem *Gesamtwillen* und dem *Gemeinwillen*; dieser sieht nur auf das Gemeininteresse, jener auf das Privatinteresse und ist nichts anderes als eine Summe von Sonderwillen: Aber nimm von ebendiesen *das Mehr* und *das Weniger* weg, das sich gegenseitig aufhebt, so bleibt als Summe der Unterschiede der *Gemeinwille*. […] Um wirklich die Aussage des *Gemeinwillens* zu bekommen, ist es deshalb wichtig, dass es im Staat keine Teilgesellschaften gibt und dass jeder Bürger nur seine eigene Meinung vertritt.

Jean-Jacques Rousseau, Gesellschaftsvertrag, übersetzt und hrsg. von Hans Brockard, Stuttgart 1977, S. 10, 21 und 30ff.

1. *Arbeiten Sie die Unterscheidung Rousseaus von Gesamtwillen und Gemeinwillen heraus.*
2. *Überprüfen Sie den Nutzen des Gesellschaftsvertrages für den Einzelnen und für die Gesamtheit aller Bürger.*
3. *Nehmen Sie vor dem Hintergrund pluralistischer Demokratiekonzeptionen (wie z. B. in der Bundesrepublik Deutschland) Stellung zu Rousseaus Entwurf eines Gemeinwesens.*

M2

„Was ist der Dritte Stand?"

Der katholische Geistliche Emmanuel Joseph Sieyès, genannt Abbé Sieyès, verfasst Ende 1788 die Schrift „Qu'est-ce que le tiers-état?". Sie wird kurze Zeit später anonym veröffentlicht, erreicht eine Auflage von über 30 000 Exemplaren und wird damit zur maßgeblichen „Kampfschrift" des Dritten Standes:

3

QU'EST-CE QUE
LE TIERS-ÉTAT?

Le plan de cet Ecrit eſt aſſez ſimple. Nous avons

▲ **„Qu'est-ce que le tiers-état?"**
Überschrift des ersten Kapitels der Schrift von Emmanuel Joseph Sieyès, um 1788/89.

Der Plan dieser Schrift ist ganz einfach. Wir haben uns drei Fragen vorzulegen.

1. Was ist der Dritte Stand? ALLES.
2. Was ist er bis jetzt in der politischen Ordnung gewesen? NICHTS.
3. Was verlangt er? ETWAS ZU SEIN. [...]

Also, was ist der Dritte Stand? Alles, aber ein gefesseltes und unterdrücktes Alles. Was wäre er ohne den privilegierten Stand? Alles, aber ein freies und blühendes Alles. Nichts kann ohne ihn gehen; alles ginge unendlich besser ohne die anderen. [...]
Was ist eine Nation? Eine Körperschaft von Gesellschaftern, die unter einem gemeinschaftlichen Gesetz leben und durch dieselbe gesetzgebende Versammlung repräsentiert werden usw. [...]
Der Dritte Stand umfasst also alles, was zur Nation gehört; und alles, was nicht der Dritte Stand ist, kann sich nicht als Bestandteil der Nation ansehen. Was also ist der Dritte Stand? ALLES. [...]
Unter dem Dritten Stand muss man die Gesamtheit der Bürger verstehen, die dem Stand der gewöhnlichen Leute (l'ordre commun) angehören. Alles, was durch das Gesetz privilegiert ist, einerlei auf welche Weise, tritt aus der gemeinschaftlichen Ordnung heraus, macht eine Ausnahme für das gemeinschaftliche Gesetz und gehört folglich nicht zum Dritten Stand. [...]
Der Dritte Stand hat bis zur Stunde keine wahren Vertreter auf den Generalständen gehabt. Er hat also keinerlei politische Rechte. [...]
Was verlangt der Dritte Stand? Etwas zu werden.
[...] Man kann die wirklichen Forderungen des Dritten Standes nur nach den authentischen Beschwerden beurteilen, welche die großen Stadtgemeinden (municipalités) des Königreichs an die Regierung gerichtet haben. Was sieht man da? Dass das Volk etwas sein will, und zwar nur das Wenigste, was es sein kann. [...] Es will haben 1. echte Vertreter auf den Generalständen, das heißt Abgeordnete, die aus seinem Stand kommen und die fähig sind, die Interpreten seines Willens und die Verteidiger seiner Interessen zu sein. Was nützt es ihm, an den Generalständen teilzunehmen, wenn das dem seinen entgegengesetzte Interesse dort dominiert? [...] Es verlangt weiter 2. eine Zahl von Vertretern, die derjenigen ebenbürtig ist, welche die beiden anderen Stände zusammen besitzen. Diese Gleichheit der Vertretung wäre indessen völlig illusorisch, wenn jede Kammer eine eigene Stimme besäße. Der Dritte Stand verlangt deshalb 3., dass die Stimmen nach Köpfen und nicht nach Ständen gezählt werden. [...]
Ich bitte zu beachten, welch gewaltiger Unterschied zwischen der Versammlung des Dritten Standes und den Versammlungen der beiden anderen Stände besteht. Ersterer vertritt fünfundzwanzig Millionen Menschen und berät über die Interessen der Nation. Die beiden letzteren haben, sollten sie zusammentreten, nur die Vollmacht von ungefähr zweihunderttausend Einzelpersonen und denken nur an ihre Vorrechte. Man wird sagen, der Dritte Stand allein könne keine „Generalstände" bilden. Nun, umso besser, dann wird er eben eine „Nationalversammlung" bilden!

Eberhard Schmitt und Rolf Reichardt (Hrsg.), Emmanuel Joseph Sieyès. Politische Schriften 1788–1790, München/Wien ²1981, S. 119, 123-125, 127, 130, 131 und 180

1. *Erklären Sie, was die Ausführungen von Sieyès zu einer revolutionären „Kampfschrift" macht.*
2. *Arbeiten Sie die Argumente Sieyès' dafür heraus, dass nur ein Stand die Nation vertreten könne.*
3. *Entwickeln Sie aus dem Beitrag eine Definition des Begriffes „Nation".*

◀ **Erklärung der Menschen- und Bürgerrechte.**
Ölgemälde (67 x 56 cm) von Jean-Jacques François le Barbier, 1789/90. Die Frauenfigur links trägt eine Krone und hat die „Ketten der Unfreiheit zerrissen". Sie blickt auf den Engel (rechts), der mit der Linken auf die Gesetzestafel verweist – eine Anspielung auf die biblische Verkündung der Zehn Gebote. Das Auge in dem Dreieck mit dem Strahlenkranz symbolisiert die (göttliche) Vernunft und die sich in den Schwanz beißende Schlange die Ewigkeit.

- *Analysieren Sie die Bildelemente, beachten Sie auch die Farben der Kleider, die Krone, das Zepter, die rote Mütze, die Pike und das Rutenbündel.*

M3
Menschenrechte für alle?

Die „Erklärung der Menschen- und Bürgerrechte" wird am 26. August 1789 von der Verfassunggebenden Versammlung (Konstituante) verkündet und der Verfassung von 1791 vorangestellt (linke Spalte). In Anlehnung an dieses Dokument veröffentlicht 1791 die 43-jährige Schriftstellerin Olympe de Gouges eine „Erklärung der Rechte der Frau und Bürgerin" (rechte Spalte):

Da die Vertreter des französischen Volkes, als Nationalversammlung eingesetzt, erwogen haben, dass die Unkenntnis, das Vergessen oder die Verachtung der Menschenrechte die einzigen Ursachen des öffentlichen Unglücks und der Verderbtheit der Regierungen sind, haben sie beschlossen, die natürlichen und unveräußerlichen und heiligen Rechte der Menschen in einer feierlichen Erklärung darzulegen, damit diese Erklärung allen Mitgliedern der Gesellschaft beständig vor Augen ist und sie unablässig an ihre Rechte und Pflichten erinnert; damit die Handlungen der Gesetzgebenden wie der Ausübenden Gewalt in jedem Augenblick mit dem

Wir, die Mütter, Töchter, Schwestern, Vertreterinnen der Nation, verlangen in die Nationalversammlung aufgenommen zu werden. In Anbetracht dessen, dass Unkenntnis, Vergessen oder Missachtung der Rechte der Frauen die alleinigen Ursachen öffentlichen Elends und der Korruptheit der Regierungen sind, haben wir uns entschlossen, in einer feierlichen Erklärung die natürlichen, unveräußerlichen und heiligen Rechte der Frau darzulegen, damit diese Erklärung allen Mitgliedern der Gesellschaft ständig vor Augen ist und sie unablässig an ihre Rechte und Pflichten erinnert; damit die Machtausübung von Frauen ebenso wie jene von

[Erklärung von 1789]

Endzweck jeder politischen Einrichtung verglichen werden können und dadurch mehr geachtet werden; damit die Ansprüche der Bürger, fortan auf einfache und unbestreitbare Grundsätze begründet, sich immer auf die Erhaltung der Verfassung und das Allgemeinwohl richten mögen. Infolgedessen erkennt und erklärt die Nationalversammlung in Gegenwart und unter dem Schutze des Allerhöchsten folgende Menschen- und Bürgerrechte:

Artikel 1
Die Menschen sind und bleiben von Geburt frei und gleich an Rechten. Soziale Unterschiede dürfen nur im gemeinen Nutzen begründet sein.

Artikel 2
Das Ziel jeder politischen Vereinigung ist die Erhaltung der natürlichen und unveräußerlichen Menschenrechte. Diese Rechte sind Freiheit, Eigentum, Sicherheit und Widerstand gegen Unterdrückung. [...]

Artikel 4
Die Freiheit besteht darin, alles tun zu können, was einem anderen nicht schadet. So hat die Ausübung der natürlichen Rechte eines jeden Menschen nur die Grenzen, die den anderen Gliedern der Gesellschaft den Genuss der gleichen Rechte sichern. Diese Grenzen können allein durch Gesetz festgelegt werden.

Artikel 6
Das Gesetz ist der Ausdruck des allgemeinen Willens. Alle Bürger haben das Recht, persönlich oder durch ihre Vertreter an seiner Formung mitzuwirken. Es soll für alle gleich sein, mag es beschützen, mag es bestrafen. Da alle Bürger in seinen Augen gleich sind, sind sie gleicherweise zu allen Würden, Stellungen und Beamtungen nach ihrer Fähigkeit zugelassen ohne einen anderen Unterschied als den ihrer Tugenden und ihrer Talente.

[Olympe de Gouges von 1791]

Männern jederzeit und somit auch mehr geachtet werden kann; damit die Beschwerden von Bürgerinnen, nunmehr gestützt auf einfache und unangreifbare Grundsätze, sich immer zur Erhaltung der Verfassung, der guten Sitten und zum Wohl aller auswirken mögen.
Das an Schönheit wie Mut im Ertragen der Mutterschaft überlegene Geschlecht anerkennt und erklärt somit, in Gegenwart und mit dem Beistand des Allmächtigen, die folgenden Rechte der Frau und Bürgerin:

Artikel I
Die Frau ist frei geboren und bleibt dem Manne gleich in allen Rechten. Die sozialen Unterschiede können nur im allgemeinen Nutzen begründet sein.

Artikel II
Ziel und Zweck jedes politischen Zusammenschlusses ist der Schutz der natürlichen und unveräußerlichen Rechte sowohl der Frau als auch des Mannes. Diese Rechte sind: Freiheit, Sicherheit, das Recht auf Eigentum und besonders das Recht auf Widerstand gegen Unterdrückung. [...]

Artikel IV
Freiheit und Gerechtigkeit besteht darin, den anderen zurückzugeben, was ihnen zusteht. So wird die Frau an der Ausübung ihrer natürlichen Rechte nur durch die fortdauernde Tyrannei, die der Mann ihr entgegensetzt, gehindert. Diese Schranken müssen durch Gesetz der Natur und Vernunft revidiert werden.

Artikel VI
Das Gesetz sollte Ausdruck des allgemeinen Willens sein. Alle Bürgerinnen und Bürger sollen persönlich oder durch ihre Vertreter an seiner Gestaltung mitwirken. Es muss für alle das Gleiche sein. Alle Bürgerinnen und Bürger, die gleich sind vor den Augen des Gesetzes, müssen gleichermaßen nach ihren Fähigkeiten, ohne andere Unterschiede als die ihrer Tugenden und Talente, zu allen Würden, Ämtern und Stellungen im öffentlichen Leben zugelassen werden.

[Erklärung von 1789]

Artikel 7
Jeder Mensch kann nur in den durch das Gesetz bestimmten Fällen und in den Formen, die es vorschreibt, angeklagt, verhaftet und gefangen gehalten werden.

[...]

Artikel 10
Niemand soll wegen seiner Meinung, selbst religiöser Art, beunruhigt werden, solange ihre Äußerungen nicht die durch das Gesetz festgelegte öffentliche Ordnung stören.

Artikel 11
Die freie Mitteilung der Gedanken und Meinungen ist eines der kostbarsten Menschenrechte. Jeder Bürger kann also frei schreiben, reden, drucken unter Vorbehalt der Verantwortlichkeit für den Missbrauch dieser Freiheit in den durch Gesetz bestimmten Fällen. [...]

Artikel 17
Da das Eigentum ein unverletzliches und heiliges Recht ist, kann es niemandem genommen werden, wenn es nicht die gesetzlich festgelegte, öffentliche Notwendigkeit augenscheinlich erfordert und unter der Bedingung einer gerechten und vorherigen Entschädigung.

[Olympe de Gouges von 1791]

Artikel VII
Für Frauen gibt es keine Sonderrechte; sie werden verklagt, in Haft genommen und gefangen gehalten in den durch das Gesetz bestimmten Fällen. Frauen unterstehen wie Männer den gleichen Strafgesetzen.

[...]

Artikel X
Niemand darf wegen seiner Meinung, auch wenn sie grundsätzlicher Art ist, verfolgt werden. Die Frau hat das Recht, das Schafott zu besteigen. Sie muss gleichermaßen das Recht haben, die Tribüne zu besteigen, vorausgesetzt, dass ihre Handlungen und Äußerungen die vom Gesetz gewahrte öffentliche Ordnung nicht stören.

Artikel XI
Die freie Gedanken- und Meinungsäußerung ist eines der kostbarsten Rechte der Frau, denn diese Freiheit garantiert die Vaterschaft der Väter an ihren Kindern. Jede Mutter kann folglich in aller Freiheit sagen: „Ich bin die Mutter eines Kindes, das du gezeugt hast", ohne dass ein barbarisches Vorurteil sie zwingt, die Wahrheit zu verschleiern.
[...]

Artikel XVII
Das Eigentum gehört beiden Geschlechtern vereint oder einzeln. Jede Person hat darauf ein unverletzliches und heiliges Anrecht. Niemandem darf es als wahres Erbteil der Nation vorenthalten werden, es sei denn, eine öffentliche Notwendigkeit, die gesetzlich festgelegt ist, mache es augenscheinlich erforderlich, jedoch unter der Voraussetzung einer gerechten und vorher festgesetzten Entschädigung.

Ute Gerhard, Menschenrechte – Frauenrechte 1789, in: Viktoria Schmidt-Linsenhof (Hrsg.), Sklavin oder Bürgerin? Französische Revolution und Neue Weiblichkeit, Frankfurt am Main 1989, S. 69-72

1. *Erläutern Sie die Funktion der Präambeln beider Erklärungen.*
2. *Geben Sie die wesentlichen Rechte, die den Bürgern nach den jeweiligen Texten eingeräumt werden, wieder.*
3. *Leiten Sie aus diesen Rechten bzw. Forderungen möglicherweise bestehende Missstände ab.*
4. *Die Forderungen von Olympe de Gouges sind unseren heutigen Vorstellungen näher. Prüfen Sie diese These.*

M4
„Macht alle gleich!"

In Paris beschließen die Sansculotten am 2. September 1793 folgende Adresse an den Nationalkonvent:

Abgeordnete des Volkes!
[…] Beeilt euch, den Preis der Grundnahrungsmittel unverrückbar festzusetzen, ebenso den der Rohstoffe, den Arbeitslohn, die Industrieprofite und die Handelsgewinne; ihr habt dazu das Recht und die Macht … „Aber wie!" werden euch die Aristokraten, die Royalisten, die Gemäßigten, die Ränkeschmiede sagen. „Heißt das nicht Hand an das Eigentum legen, das heilig sein soll und unverletzlich?" […] Zweifellos; aber wissen sie nicht, diese Schurken, wissen sie nicht, dass Eigentum nur soweit gut ist, als es den Bedarf des Einzelnen befriedigt? Wissen sie nicht, dass keiner das Recht hat, etwas zu tun, was dem anderen schaden kann? Was gibt es Schändlicheres, als willkürlich einen Preis für die Lebensmittel zu verlangen, den sieben Achtel der Bürger nicht aufbringen können? […]
2. Alle Grundnahrungsmittel sind unveränderlich auf den Preis der sogenannten „früheren Jahre" 1789 bis 1790 festzusetzen, jedoch in Ansehung ihrer unterschiedlichen Qualität.
3. Ebenso sollen die Rohstoffpreise festgesetzt werden, und zwar so, dass die Industrieprofite, die Arbeitslöhne und die Handelsgewinne durch Gesetz in Grenzen gehalten werden und den gewerblichen Arbeiter, den Bauer und den Kaufmann in die Lage versetzen, sich nicht nur die Dinge zu verschaffen, die er zum Leben braucht, sondern auch all das, was es ihm angenehm machen kann. […]
8. Es soll ein Maximum für Vermögen festgesetzt werden. […]
11. Ein Bürger soll nicht mehr als eine Werkstatt oder einen Laden besitzen dürfen. […]

Walter Markov, Revolution im Zeugenstand. Frankreich 1789–1799, Bd. 2: Gesprochenes und Geschriebenes, Leipzig [2]1986, S. 489 f.

1. *Charakterisieren Sie das Wirtschaftsmodell, das die Sansculotten fordern.*
2. *Überprüfen Sie, ob die Forderungen mit Artikel 4 der Erklärung der Menschenrechte (M3, Seite 115) vereinbar sind.*

M5
„Gesetz über die Verdächtigen"

Der „Große Terror" beginnt für viele Historiker mit diesem Gesetz vom 17. September 1793:

Artikel 2. Als Verdächtigte gelten: **1.** alle, die sich durch ihr Verhalten, ihre Beziehungen oder ihre in Wort oder Schrift geäußerten Ansichten als Anhänger der Tyrannei, des Föderalismus[1)] und als Feinde der Freiheit erwiesen haben; **2.** alle, die sich nicht auf die durch das Gesetz vom 21. März dieses Jahres vorgeschriebene Weise über die Mittel ihrer Existenz und die Erfüllung ihrer Bürgerpflichten ausweisen können; **3.** alle, denen die Beglaubigung der Staatsbürgertreue verweigert worden ist; **4.** durch den Nationalkonvent oder seine Kommissare von ihren Ämtern suspendierte oder abgesetzte und nicht wieder eingesetzte öffentliche Beamte, namentlich diejenigen, die kraft des Gesetzes vom 12. August dieses Jahres abgesetzt worden sind oder noch abgesetzt werden müssen; **5.** jene unter den ehemaligen Adligen, ob Männer, Frauen, Väter, Mütter, Söhne oder Töchter, Brüder oder Schwestern wie auch Bevollmächtigte von Emigranten, die nicht beständig ihre Verbundenheit mit der Revolution kundgetan haben; **6.** alle, die in dem Zeitraum zwischen dem 1. Juli 1789 und der Verkündung des Gesetzes vom 8. April 1792 emigriert sind, auch wenn sie in der von diesem Gesetz bestimmten Frist oder davor nach Frankreich zurückgekehrt sein sollten.

Walter Markov, a. a. O., S. 499 f.

1. *Nehmen Sie zu dem Gesetz Stellung. Beachten Sie dabei, dass die Mehrheit des Nationalkonvents dafür stimmte.*
2. *In der Auseinandersetzung zwischen der städtischen Volksbewegung und den Girondisten (siehe M4 und M5) sieht die marxistisch geprägte Revolutionsgeschichtsschreibung den Beginn eines Klassenkampfes zwischen „Bourgeoisie" und „Proletariat". Erläutern Sie diese Vorstellung. Berücksichtigen Sie dazu auch den Theorie-Baustein „Revolution" (siehe M2, Seite 121 f.).*

[1)] Als Parteigänger des Föderalismus galten alle, die die Einheit der Republik infrage stellten.

M6
Staatsform und Wahlrecht von 1789 bis 1795

Zwischen 1789 und 1799 werden in Frankreich vier Verfassungen verabschiedet. Sie alle dokumentieren unterschiedliche Stadien der Revolution und sind Ausdruck eines intensiven Erfahrungs- und Lernprozesses.

	Ancien Régime (Wahlordnung von 1789)	Verfassung von 1791	Verfassung von 1793 (trat nicht in Kraft)	Verfassung von 1795
Regierungsform	absolutistische Monarchie	konstitutionelle Monarchie	Republik	Republik
Staatsoberhaupt	König	König	–	5 Direktoren
Vertretungssystem	Generalstände (beratende Funktion) 1. Stand: ca. 300 Vertreter 2. Stand: ca. 300 Vertreter 3. Stand: ca. 600 Vertreter	Nationalversammlung für 2 Jahre (etwa 745 Vertreter aus 83 Départements)	Nationalrepräsentation für 1 Jahr (je 1 Abgeordneter auf 40 000 Einwohner, 749 Abgeordnete, zuzüglich 28 aus den Kolonien)	– Rat der Alten (250 Mitglieder) – Rat der Fünfhundert (beide Räte wurden alljährlich zu einem Drittel erneuert)
Wahlverfahren	nach Ständen	indirekt	direkt	indirekt
Wahlberechtigung (in den Urversammlungen)	– Männer (beim Adel auch Frauen) – 25 Jahre – Eintragung in die Steuerliste	– Männer – 25 Jahre – fester Wohnsitz seit einem Jahr – weder Tagelöhner noch Dienstleute – Steuerleistung im Wert von 3 Arbeitstagen – Mitglied der Nationalgarde – Bürgereid	– Männer – 21 Jahre – ein Jahr in Frankreich	– Männer – 21 Jahre – ein Jahr in Frankreich und/oder (ehemaliger) Soldat – Jungwähler sollten lesen und schreiben können und einer qualifizierten Arbeit nachgehen
Voraussetzungen, um als Wahlmann bestellt zu werden	–	– aktives Bürgerrecht – 25 Jahre	–	– aktives Bürgerrecht – 25 Jahre
Eigentum/Einkommen im Wert von – in Städten über 6 000 Einwohner		– 200 Arbeitstagen		– 100 Arbeitstagen
– in Städten unter 6 000 Einwohner		– 100 - 150 Arbeitstagen		– 150 Arbeitstagen
– auf dem Land		– ca. 150 Arbeitstagen		– 150 - 200 Arbeitstg.
Zahl der Wahlmänner	–	etwa 45 000	–	etwa 30 000 Kandidaten
Voraussetzungen, um als Abgeordneter gewählt zu werden	–	aktives Bürgerrecht	aktives Bürgerrecht	Rat der Fünfhundert: – 30 Jahre – fester Wohnsitz seit 10 Jahren Rat der Alten: – 40 Jahre – fester Wohnsitz seit 15 Jahren

1. *Vergleichen Sie die vier Verfassungen hinsichtlich der politischen Teilhaberechte der Bevölkerung.*
2. *Erklären Sie das unterschiedliche Ausmaß der Teilhaberechte.*
3. *Arbeiten Sie heraus, welche Interessen welcher gesellschaftlicher Gruppen Niederschlag in den jeweiligen Verfassungen gefunden haben.*

M7

Ein Verfassungsentwurf für Deutschland von 1798/99

Der „Entwurf einer republikanischen Verfassungsurkunde, wie sie in Deutschland taugen möchte" wird im Sommer 1798 verfasst und ein Jahr später gedruckt. Er umfasst über 500 Artikel, ist von der französischen Verfassung von 1795 beeinflusst worden (siehe M6) und findet am Oberrhein, in Baden und Württemberg großes Interesse. Der oder die Verfasser sind bis heute nicht eindeutig nachgewiesen.

Zweiter Teil. Grundartikel der Verfassung des deutschen Freistaates

1. Die deutsche Völkerschaft ist ihr einziger Oberherr. Sie verfasset und vollziehet ihre Gesetze und strafet die Übertreter derselben.
2. Sie bildet einen einzigen unzerteilbaren Körper unter einem und demselben Gesetze; keine Abteilung derselben hat eine abgesonderte Gewalt. Sie ist der eine und unzerteilbare deutsche Freistaat.
3. Keine Macht und kein Ausspruch kann je einen Teil von ihr trennen. [...]

16. Die Mehrheit der Stimmen drückt die Annahme und den Willen des deutschen Volkes aus. Dieses will allemal, was der Erhaltung der menschlichen Gesellschaftsrechte und der Grundartikel seiner Verfassung gedeihlich ist. [...]

48. Die Gesetze, Urteile und Verfügungen, die nicht zur Erhaltung der menschlichen Gesellschaftsrechte und der Grundartikel der deutschen Verfassung beitragen oder derselben entgegenstehen, sind ungiltig. [...]

81. Die Freiheit der Meinungen ist unantastbar, soweit sie sich mit der Ruhe, Ordnung, dem Wohl des Staats, den Menschen- und Gesellschaftsrechten und Grundartikeln der Verfassung vertragen. [...]

Dritter Teil. Verfassungsform. Zweiter Abschnitt: Bürgerlicher Zustand der Staatsglieder

1. Jeder ist des ganzen Freistaates und nicht besonderer Kreise, Bezirke oder Gemeinden Bürger.
2. Jeder deutsche Bürger [...] ist im ganzen Umfange des Freistaates zu allen Ämtern stimm- und wahlfähig.
3. Deutscher Bürger ist, wer einen Nahrungszweig hat, republikanisch denkt und
   a) in einem deutschen Kreise oder von einem Vater oder einer Mutter geboren ist, die wirklich noch deutsche Bürger sind, oder
   b) ein Jahr lang in Deutschland ein erlaubtes Gewerbe getrieben oder der Wissenschaften oder Künste gepflogen hat und giltige Beweise von seiner guten Aufführung aufweisen kann [...], oder
   c) eine nützliche Erfindung oder Entdeckung in den Freistaat gebracht oder dem Staate andere nützliche Dienste geleistet und seine Ergebenheit an denselben tätig bewiesen hat, oder
   d) sich durch eine schöne Tat auszeichnet, oder [...]
   g) sich um die Menschheit, um die Sache der Freiheit und Gleichheit verdient gemacht und sich niemals als Feind des deutschen Freistaates bewiesen hat.
4. Deutscher Bürger kann nicht sein:
   a) Wer wegen seines Hasses gegen Freiheit und Gleichheit und Menschenrechte seinen Geburts- oder Aufenthaltsort verließ oder verlassen musste; [...]
   c) wer Gesinnungen heget, die nicht mit den Grundsätzen von Freiheit und Gleichheit übereinstimmen [...].

Horst Dippel (Hrsg.), Die Anfänge des Konstitutionalismus in Deutschland. Texte deutscher Verfassungsentwürfe am Ende des 18. Jahrhunderts, Frankfurt am Main 1991, S. 184–187, 190 und 192f.

1. *Fassen Sie die hier ausgewählten demokratischen Elemente des Verfassungsentwurfs zusammen.*
2. *Erklären Sie den Begriff „Freistaat".*
3. *Vergleichen Sie die Bestimmungen zum Staatsbürgerrecht aus dem Verfassungsentwurf mit dem Grundgesetz für die Bundesrepublik Deutschland.*
4. *Überprüfen Sie, ob die Bestimmungen mit den Menschen- und Bürgerrechten von 1789 (siehe M3, Seite 114f.) vereinbar sind.*

Kompetenz:
Theoretische Vorstellungen über Revolutionen analysieren und beurteilen

Revolutionärer Wandel

Revolutionen sind besondere Formen des geschichtlichen Wandels. Sie unterscheiden sich von lang dauernden, evolutionären Prozessen durch schnelle und radikale, stark beschleunigte Veränderungen in Politik, Recht, Gesellschaft, Wirtschaft, Kultur und Technik. Der aus der Astronomie stammende Begriff „Revolution" wird erst seit dem 17. Jahrhundert auf die Geschichte angewendet, zunächst im Sinne des Wortes als „Wiederkehr", dann als „Umwälzung" bzw. „Wiederherstellung" alter Rechte und Zustände. Erst mit der Amerikanischen und der Französischen Revolution erfuhr das Wort seine heutige Bedeutung eines abrupten Wandels, der meist politische Freiheiten und soziale Fortschritte bringen soll. Beide Revolutionen beeinflussten die sozialen, nationalen und rechtlichen Forderungen in den europäischen Revolutionen von 1848/49 und hatten Fernwirkungen auf die kommunistische Oktoberrevolution von 1917 in Russland sowie auf die Unabhängigkeitsbestrebungen der kolonisierten Völker in Afrika, Asien und Südamerika.

Mit der Suche nach Ursachen und Gründen für den revolutionären Wandel befasst sich die Revolutionstheorie. Sie analysiert das Besondere an dem revolutionären Wandel, nicht nur, um ihn zu erklären, sondern auch, um ihn zukünftig beeinflussen zu können. Ein Beispiel dafür ist die Gesellschafts- und Revolutionsanalyse von *Karl Marx* und *Friedrich Engels*.

Heute erarbeiten Sozialwissenschaftler, Politologen und Historiker überprüfbare Kriterien, um revolutionären Wandel beschreiben, analysieren und beurteilen zu können. Bei der Bewertung von Revolutionen nehmen in demokratisch verfassten Gesellschaften die während der Amerikanischen und Französischen Revolution verkündeten Menschen- und Bürgerrechte einen besonderen Stellenwert ein. Auf sie setzten noch 1989/90 viele Menschen in den autoritären und diktatorischen Staaten Ost- und Mitteleuropas, um einen revolutionären politischen Wandel mit friedlichen Mitteln zu erreichen. Ihre Erfolge ließen die berechtigte Frage aufkommen, ob die Anwendung von Gewalt wirklich ein fester Bestandteil aller Revolutionen sei.

M1
Was sind Revolutionen?

Der Kölner Historiker Theodor Schieder definiert den Begriff „Revolution" 1972 so:

Je größer der Anwendungsbereich eines Begriffs wird, desto schwieriger ist es, seinen spezifischen Gehalt zu bestimmen. Dies gilt auch für den Begriff „Revolution". Man wird sich daher im einzelnen Fall einer Revolution an die Ereignisse zu halten haben, die im Geschehensablauf durch relativ feste Daten oder Datenketten markiert sind. Diese Ereignisse spielen sich in der Regel innerhalb der politischen Institutionen ab, erfassen aber je nach ihrer Komplexität gesellschaftliche, kulturell-ideologische, materielle Lebensbereiche. Diese Komplexität ist es, die revolutionäre Ereignisse nach ihrer historischen Bedeutung unterscheiden lässt: Ein *Staatsstreich* führt beispielsweise nur einen irregulären Regierungswechsel oder – in der Monarchie – eine irreguläre Erbfolge herbei, ohne an der Grundstruktur eines politischen und sozialen Systems etwas zu ändern. [...] *Rebellionen* können als Form der Wiederherstellung einer bestimmten politischen Struktur und Sozialstruktur, als Akt sozialer Chirurgie verstanden werden, mit dem eine durch Machtmissbrauch von Einzelnen oder ganzen Schichten gestörte Ordnung restituiert[1] wird. In der modernen Revolutionssoziologie unterscheidet man solche Vorgänge auf drei Ebenen – auf der Ebene 1. der *Regierung*, 2. der *Regierungsform* und 3. der *Gesellschaftsverfassung* – und bemisst danach den Wirkungsgrad und die Stufe einer revolutionären Aktion. [...]

1) **restituieren**: *zurückgeben; hier im Sinne von wiederherstellen*

Die großen modernen Revolutionen sind insofern Totalrevolutionen, als von ihnen alle Bereiche erfasst und in verschiedenem Grad dauerhaft umgeformt wurden. Ihnen kommen auch Ausstrahlung über ihren nationalen Ursprungsherd hinaus zu.

Theodor Schieder, Artikel „Revolution", in: C. D. Kernig (Hrsg.), Sowjetsystem und demokratische Gesellschaft. Eine vergleichende Enzyklopädie, Bd. V, Freiburg/Basel/Wien 1972, Sp. 696

1. *Beschreiben Sie die von Schieder genannten Typen des schnellen Wandels. Notieren Sie dazu die jeweiligen Charakteristika in einem Schaubild.*
2. *Erläutern Sie Schieders Modell, indem Sie selbst gewählte historische Beispiele untersuchen.*
3. *Entwickeln Sie eine eigene Definition des Begriffs „Revolution".*

M2

„Ein Gespenst geht um in Europa – das Gespenst des Kommunismus"

Karl Marx und Friedrich Engels schreiben vom Dezember 1847 bis Januar 1848 im Auftrag des „Bundes der Kommunisten" das „Manifest der Kommunistischen Partei"; in der „Kampfschrift" heißt es:

Es ist hohe Zeit, dass die Kommunisten ihre Anschauungsweise, ihre Zwecke, ihr Tendenzen vor der ganzen Welt offen darlegen und dem Märchen vom Gespenst des Kommunismus ein Manifest der Partei selbst entgegenstellen. […]

Bourgeois und Proletarier[1)]

Die Geschichte aller bisherigen Gesellschaft ist die Geschichte von Klassenkämpfen. Freier und Sklave, Patrizier und Plebejer, Baron und Leibeigener, Zunftbürger und Gesell, kurz, Unterdrücker und Unterdrückte standen in stetem Gegensatz zueinander, führten einen ununterbrochenen, bald versteckten, bald offenen Kampf, einen Kampf, der jedesmal mit einer revolutionären Umgestaltung der ganzen Gesellschaft endete oder mit dem gemeinsamen Untergang der kämpfenden Klassen. […]

Die aus dem Untergange der feudalen Gesellschaft[2)] hervorgegangene moderne bürgerliche Gesellschaft hat die Klassengegensätze nicht aufgehoben. Sie hat nur neue Klassen, neue Bedingungen der Unterdrückung, neue Gestaltungen des Kampfes an die Stelle der alten gesetzt.

Unsere Epoche, die Epoche der Bourgeoisie, zeichnet sich jedoch dadurch aus, dass sie die Klassengegensätze vereinfacht hat. Die ganze Gesellschaft spaltet sich mehr und mehr in zwei große feindliche Lager, in zwei große, einander direkt gegenüberstehende Klassen: Bourgeoisie und Proletariat. […] Jede dieser Entwicklungsstufen der Bourgeoisie war begleitet von einem entsprechenden politischen Fortschritt. […] Die Bourgeoisie hat in der Geschichte eine höchst revolutionäre Rolle gespielt. […]

Das Bedürfnis nach einem stets ausgedehnteren Absatz für ihre Produkte jagt die Bourgeoisie über die ganze Erdkugel. […] In demselben Maße, worin sich die Bourgeoisie, d.h. das Kapital entwickelte, in demselben Maße entwickelte sich das Proletariat. […] Aber mit der Entwicklung der Industrie vermehrt sich nicht nur das Proletariat; es wird in größeren Massen zusammengedrängt, seine Kraft wächst, und es fühlt sie mehr. […] [Die Bourgeoisie] produziert vor allem ihren eigenen Totengräber.

Proletarier und Kommunisten

[…] Der erste Schritt in der Arbeiterrevolution [ist] die Erhebung des Proletariats zur herrschenden Klasse, die Erkämpfung der Demokratie. […] Das Proletariat wird seine politische Herrschaft dazu be-

1) *„Unter **Bourgeoisie** wird die Klasse der modernen Kapitalisten verstanden, die Besitzer der gesellschaftlichen Produktionsmittel sind und Lohnarbeit ausnutzen. Unter **Proletariat** die Klasse der modernen Lohnarbeiter, die, da sie keine eigenen Produktionsmittel besitzen, darauf angewiesen sind, ihre Arbeitskraft zu verkaufen, um leben zu können." Fußnote von Engels zur englischen Ausgabe von 1888.*

2) ***Feudalismus**: In dieser Gesellschaftsordnung des Mittelalters und der Frühen Neuzeit übt der adlige Lehnsherr richterliche, politische und militärische Herrschaftsfunktionen aus. Bürger und Bauern, der „Dritte Stand", genießen den Schutz des Lehnsherrn, sind ihm aber zu Diensten und Abgaben verpflichtet und unterstehen seiner Herrschaft.*

Manifest

der

Kommunistischen Partei.

Veröffentlicht im Februar 1848.

Proletarier aller Länder vereinigt Euch!

London.

Gedruckt in der Office der „Bildungs-Gesellschaft für Arbeiter"

von J. E. Burghard

46, Liverpool Street, Bishopsgate.

▲ **Titelblatt des „Manifestes".**

Im Februar 1848 erschien das „Manifest" ohne Angabe der Verfasser in London in einer Auflage von nur 500 Exemplaren, weitere Auflagen folgten. Eine größere Leserschaft fand es erst in den 1870er-Jahren durch die Sozialdemokraten. Inzwischen zählt diese „Kampfschrift" zu den häufigsten gedruckten Büchern der Welt.

nutzen, der Bourgeoisie nach und nach alles Kapital zu entreißen, alle Produktionsinstrumente in den Händen des Staats, d.h. des als herrschende Klasse organisierten Proletariats, zu zentralisieren und die Masse der Produktionskräfte möglichst rasch zu vermehren. […]

An die Stelle der alten bürgerlichen Gesellschaft mit ihren Klassen und Klassengegensätzen tritt eine Assoziation[1], worin die freie Entwicklung eines jeden die Bedingung für die freie Entwicklung aller ist. […]

Mit einem Wort, die Kommunisten unterstützen überall jede revolutionäre Bewegung gegen die bestehenden gesellschaftlichen und politischen Zustände. […]

Die Kommunisten verschmähen es, ihre Ansichten und Absichten zu verheimlichen. Sie erklären es offen, dass ihre Zwecke nur erreicht werden können durch den gewaltsamen Umsturz aller bisherigen Gesellschaftsordnung. Mögen die herrschenden Klassen vor einer kommunistischen Revolution zittern. Die Proletarier haben nichts in ihr zu verlieren als ihre Ketten. Sie haben eine Welt zu gewinnen.

Proletarier aller Länder, vereinigt euch!

Theo Stammen und Alexander Classen (Hrsg.), Karl Marx: Das Manifest der kommunistischen Partei, Paderborn 2009, S. 66-69, 72, 74, 77, 84-86, 96 und 207

1. *Beschreiben Sie mithilfe eines Schaubildes das Revolutionsverständnis von Marx und Engels. Unterscheiden Sie dabei die verschiedenen Phasen der revolutionären Entwicklung.*
2. *Setzen Sie die Merkmale der bürgerlichen, sozialistischen und kommunistischen Gesellschaft zueinander in Beziehung.*
3. *Erläutern Sie, warum Revolutionen nach Marx und Engels gesetzmäßig sind.*
4. *Nehmen Sie Stellung zum Demokratieverständnis von Marx und Engels (siehe bes. Zeilen 44ff.). Grenzen Sie es vom heutigen Demokratieverständnis ab.*
5. *Krise und Ende der römischen Republik lassen sich als eine (proletarische) Revolution im Sinne von Marx und Engels begreifen. Problematisieren Sie diese Aussage.*

[1] ***Assoziation**: im Sinne von Marx und Engels freiwillige Verbindung aller Gesellschaftsmitglieder, nicht nur einer gesellschaftlichen Teilgruppe*

M3
Reformen können gefährlich sein

Der französische Schriftsteller und Politiker Alexis de Tocqueville analysiert in den 50er-Jahren des 19. Jahrhunderts die Ursachen der Französischen Revolution und verallgemeinert seiner Untersuchung zu folgender grundsätzlichen Hypothese:

Man gelangt nicht immer nur dann zur Revolution, wenn eine schlimme Lage zur schlimmsten wird. Sehr oft geschieht es, dass ein Volk, das die erdrückendsten Gesetze ohne Klage und gleichsam, als fühlte es sie nicht, ertragen hatte, diese gewaltsam beseitigt, sobald ihre Last sich vermindert. Die Regierung, die durch eine Revolution vernichtet wird, ist fast stets besser als die unmittelbar voraufgegangene, und die Erfahrung lehrt, dass der gefährlichste Augenblick für eine schlechte Regierung der ist, wo sie sich zu reformieren beginnt.

Alexis de Tocqueville, Der alte Staat und die Revolution, hrsg. von Jacob Peter Mayer, Reinbek 1969, S. 153

1. *Vergleichen Sie die Bedeutung von Revolutionen für Tocqueville und Marx/Engels (M2).*

2. *Überprüfen Sie Tocquevilles Aussage über Revolutionen auf der Grundlage Ihres Wissens über die Französische Revolution. Beziehen Sie sich auch – auf Grundlage eigener Recherche – auf die russische Revolution von 1917.*

M4
Über Ursachen von Revolutionen

Der an der School of Public Policy der George Mason University in Virginia lehrende Jack A. Goldstone nennt 1991 folgende zusammenwirkende Trends für die Zusammenbrüche von Staaten:

1. Zunehmender Druck auf die Staatsfinanzen, da die Inflation die Staatseinnahmen unterhöhlte und das Bevölkerungswachstum die Realausgaben erhöhte. Die Staaten versuchten, sich selbst zu erhalten, indem sie die Einnahmen auf verschiedene Arten erhöhten, doch diese Versuche entfremdeten Eliten, Bauernschaft und die städtischen Konsumenten vom Staat und versagten gleichzeitig als Mittel gegen die wachsende Verschuldung und schließlich den Bankrott.

2. Konflikte zwischen Eliten wurden immer vorherrschender, da eine größere Zahl an Familienmitgliedern und die Inflation es manchen Familien erschwerte, ihren Status zu halten, während Bevölkerungswachstum und steigende Preise zum Aufstieg anderer Familien und somit zu Anwärtern neuer Elitepositionen führten. Die finanziell schwache Situation des Staates erlaubte es diesem nicht, allen diesen Anwärtern entsprechende Positionen zur Verfügung zu stellen, und innerhalb der Elitehierarchie kam es zu beträchtlichen Änderungen und Verschiebungen. […] Wenn die zentralen Autoritäten dann aufgrund von Bankrott oder Krieg zusammenbrachen, traten beim Kampf um die Macht die Elitegruppen in den Vordergrund.

3. Die Unruhen in der Bevölkerung nahmen in dem Maße zu, in dem Konkurrenz um Boden, Landflucht, übersättigte Arbeitsmärkte, abnehmendes Realeinkommen und Anstieg des Anteils der jugendlichen Bevölkerung zu einem Anstieg des Potenzials für Massenmobilisierung innerhalb der Bevölkerung führten. Unruhen traten sowohl in ländlichen als auch in städtischen Gebieten […] in verschiedenen Varianten auf: Als Hungeraufstände, Angriffe auf die Landbesitzer und Staatsbeamte oder Land- und Nahrungsbeschlagnahmungen. […]

4. Die Bedeutung der […] Ideologien nahm zu.

Jack A. Goldstone, Revolution and Rebellion in the Early Modern World, 1991; zitiert nach: Shmuel N. Eisenstadt, Die großen Revolutionen und die Kulturen der Moderne, Wiesbaden 2006, S. 44f. (vereinfacht)

1. *Fassen Sie die Ursachen für eine Revolution nach Goldstone zusammen. Tipp: Verwenden Sie die Form eines Schaubilds mit Folge- und Beziehungspfeilen.*

2. *Analysieren Sie die Französische Revolution mithilfe der von Goldstone genannten Faktoren.*

3. *Erläutern Sie Goldstones Überlegungen anhand eines selbst gewählten historischen Beispiels.*

Kompetenz:
Ursachen, Erscheinungsformen und Dauer von Veränderungsprozessen beschreiben, analysieren und beurteilen

Was sind Modernisierungen?

Modernisierung steht für Fortschritt. In den Sozialwissenschaften, zu denen die Geschichte gehört, bezeichnet sie eine bestimmte Form des sozialen, wirtschaftlichen und gesellschaftlichen Wandels. Die Entwicklung von der traditionellen Agrar- zur Industrie- und dann zur Dienstleistungsgesellschaft gilt als ein Modernisierungsprozess. Auch der Weg von der Adelsherrschaft zur Demokratie ist ein solcher Prozess. Dabei zeigt sich meist ein widersprüchliches Bild aus althergebrachten dauerhaften Strukturen, aus Rückschritten und modern wirkendem Wandel.

Modernisierung kann das Ergebnis einer bewusst geplanten Politik sein oder sie ergibt sich indirekt. Grundsätzlich verläuft sie nicht kontinuierlich und harmonisch. Sie ist mit Krisen, Umbrüchen und Revolutionen verbunden.[1]

▲ **„Faustkeil. Dampfmaschine…“**
Plakat des Zentralverbandes des Deutschen Handwerks für eine Kampagne von 2011.

Historiker untersuchen die Geschichte bestimmter Entwicklungen, um die Faktoren herauszufinden, die gesellschaftlichen Wandel lenken, fördern oder behindern. Sie analysieren auch die Folgen der Modernisierung. Ihre Überlegungen fassen sie in Theorien zusammen. Kritik entzündet sich an den Modernisierungstheorien vor allem dann, wenn sie

- ausgesuchte Prozesse isoliert beschreiben,
- die Modernisierung unkritisch bewerten und
- Wechselbeziehungen zwischen Tradition und Moderne ausblenden.

1) *Siehe dazu die Theorie-Bausteine „Krise“ (Seite 86 f.) und „Revolution“ (Seite 120 f.).*

M1
Traditional – Modern

Hans-Ulrich Wehler lehrt von 1971 bis 1996 an der Universität Bielefeld Geschichte. Er hat 1975 folgenden Katalog von Begriffen zusammengestellt, um seine modernisierungstheoretischen Vorstellungen anschaulich zu machen:

	Traditional	*Modern*
Alphabetismus[1]	gering	hoch
Berufe	einfach, stabil	ausdifferenziert, wechselnd
Soziale Bewegung	stabil	mobil
Soziale Differenzierung	gering	hoch
Einkommen	niedrig, große Unterschiede	hoch, tendenzielle Angleichung
Familie	Dominanz großer Primärgruppe	Kernfamilie, konkurrierender Gruppeneinfluss
Herrschaft	lokal, personal	zentralistisch, anonym
Kommunikation	personal	Medien
Konflikte	offen, disruptiv[2]	institutionalisiert, eingehegt
Soziale Kontrolle	direkt, personal	indirekt, bürokratisch
Lebenserwartung	gering	hoch
Mobilität	gering	hoch
Politische Partizipation[3]	gering	groß
Produktivität	gering	hoch
Recht	religiös, personalistisch	abstrakt, formelle Verträge
Religion	Dogmatik, Staatsbeistand	Säkularisierung, Trennung von Staat und Kirche
Siedlungsweise	ländlich	städtisch
Sozialstruktur	homogen, stabile lokale Gruppen	heterogen, hohe Mobilität
Technik	gering	hoch
Wirtschaft	agrarische Subsistenzweise[4]	Technologie

Zit. nach: Hans-Ulrich Wehler, Modernisierungstheorie und Gesellschaftsgeschichte, in: ders., Die Gegenwart als Geschichte, München 1995, S. 20 (gekürzt)

1) ***Alphabetismus**: Fähigkeit, lesen und schreiben zu können*
2) ***disruptiv**: störend*
3) ***Partizipation**: Teilhabe*
4) ***agrarische Subsistenzweise**: bäuerliche Wirtschaft für den Eigenbedarf*

1. *Erklären Sie einzelne Begriffspaare. Hier ein kurzes Beispiel: „Recht: In traditionellen Gesellschaften ist das Rechtswesen oft an religiösen Werten orientiert, und ein Urteil wird nicht unabhängig von Macht und Einfluss der Prozessbeteiligten gesprochen. In modernen Gesellschaften …"*

2. *Wehler hat diese Gegenüberstellung als „Dichotomien-Alphabet" bezeichnet. Erläutern Sie den Begriff.*

3. *Modernisierungen sind stets positiv. Nehmen Sie Stellung zu dieser Aussage.*

▲ **Hans Ulrich Wehler (*1931).**
Foto vom 15. Oktober 2008, Frankfurt am Main.

M2
Basisprozesse untersuchen

Hans-Ulrich Wehler (siehe M2) schreibt in einem Aufsatz von 1998:

Diese historische Modernisierungsforschung bevorzugt die Analyse eines Bündels von Basisprozessen, z. B.

- die Entwicklung des Kapitalismus, insbesondere des Industriekapitalismus;
- die Bildung von Klassen und damit neuer Muster der sozialen Ungleichheit;
- die Entstehung und den Ausbau des bürokratischen Anstaltsstaats[1], vor allem in Form des Nationalstaats mit einem demokratischen politischen System;
- die kulturelle Mobilisierung[2] und Rationalisierung;
- die „Entzauberung" der Welt: die Verwissenschaftlichung der Produktion und der Lebensführung;
- die Urbanisierung usw.

Zugleich gibt die historische Modernisierungsforschung Entwicklungskriterien an (die Bewegung hin zum Kapitalismus, zur Klassengesellschaft, zum modernen Staat), die idealtypisch-hypothetisch[3] verwendet werden können. Sie macht auch die normativen Implikationen[4] klar, um die in jeder Modernisierungsforschung kein Weg herumführt und die deshalb [...] diskussionsfähig gemacht werden müssen.

Hans-Ulrich Wehler, Diktaturenvergleich, Totalitarismustheorie, DDR-Geschichte, in: ders., Umbruch und Kontinuität. Essays zum 20. Jahrhundert, München 2000, S. 120

Weisen Sie „normative Implikationen" (Zeile 23) nach Wehler in den von Flemming (M3) referierten Modernisierungstheorien nach.

1) **bürokratischer Anstaltsstaat**: *Fachleute führen die Staatsgeschäfte nach demokratisch festgelegten Regeln.*

2) **kulturelle Mobilisierung**: *Alte, überlieferte Rollen weichen neuen Lebensstilen freier Individualität.*

3) **idealtypisch-hypothetisch**: *Auf der Grundlage theoretischer Überlegungen werden Analysekriterien oder Modelle gewonnen, die z. B. bei der Untersuchung historischer Ereignisse helfen können.*

4) **normative Implikationen**: *Annahmen über Gesetzmäßigkeiten*

M3
Modernisierungstheorie als Denkanstoß

Jens Flemming lehrt von 1992 bis 2009 an der Universität Kassel Geschichte. Er schreibt in einem Lexikonartikel von 1994 über Modernisierungstheorien:

Modernisierungstheorien oder Elemente von Modernisierungstheorien, wie sie derzeit in der Geschichtsschreibung benutzt werden, versuchen den sozialen, kulturellen und wirtschaftlichen Wandel zu erfassen, der sich im Zeitalter der industriellen und demokratischen Revolution seit dem späten 18. Jh. vollzieht. Dabei geht es um den Übergang von Agrar- zur Industrie-, von der ständischen zur Klassengesellschaft. Geprägt wird dieser Prozess durch die fortschreitende „Entzauberung der Welt" (Max Weber). Ältere Regelwerke, Normen für Sinnbezüge werden fragwürdig, Religion und Kirche müssen sich der Konkurrenz der Wissenschaften erwehren. Am Ende stehen der säkularisierte Mensch und die säkularisierte Gesellschaft. An die Stelle von Selbstgenügsamkeit und Statik treten Bewegung, Tempo und Mobilität. Darin eingeschlossen sind Bürokratisierung, Rationalisierung und Zentralisierung, Mechanisierung und Kommerzialisierung, Verstädterung, steigende Produktivität und steigende Masseneinkommen. Konflikte werden institutionalisiert und verrechtlicht, insoweit entschärft und gezähmt. Verkehrsmittel durchdringen Landstriche und ganze Kontinente, Raum und Zeit, Metropole und Peripherie rücken zusammen. Moderne Gesellschaften sind im Vergleich zu traditionalen komplexer, arbeitsteiliger und durchlässiger. Sozialer Status orientiert sich nicht mehr an Geburt und Herkunft, sondern an individueller Tüchtigkeit und beruflicher Leistung. Staatliche Herrschaft bedarf neuer Formen der Legitimation, muss Möglichkeiten der politischen Teilhabe für alle bieten, die Erwartungen und Interessen der Bürger zu befriedigen. Milieus und Lebenswelten verlieren an Geschlossenheit und Bindekraft, Rollen und Rollenbilder verändern sich ebenso wie die Beziehungen der Geschlechter, der Generationen und Klassen.
Ein derartiges Raster von Merkmalen und Kategorien entworfen zu haben ist zweifellos ein Verdienst. Der Nachteil jedoch ist, dass diese ungeordnet, ohne plausiblen inneren Zusammenhang bleiben; Überhaupt arbeiten Modernisierungstheorien mit relativ starren, schematischen Gegensatzpaaren, die in dieser Reinheit gewöhnlich nicht in der Wirklichkeit anzutreffen sind. Historische Prozesse verlaufen nicht linear, sondern in Sprüngen, sind widersprüchlich und vielschichtig. Fortschritt und Rückschritt, Tradition und Modernität sind nicht säuberlich getrennt, sondern liegen häufig dicht beieinander. Kennzeichnend ist die Gleichzeitigkeit höchst unterschiedlicher Entwicklungen und Entwicklungslinien, spannend sind die Brüche, die Ambivalenzen und Mischungsverhältnisse. Insofern liefern sozialwissenschaftliche Konzepte der Modernisierung bestenfalls Denkanstöße, Ausgangspunkte für vergleichende Betrachtungen. Idealtypen, die sich am historischen Material aber erst noch zu bewähren haben.

Manfred Asendorf, Jens Flemming, Achatz von Müller und Volker Ullrich (Hrsg.), Geschichte. Lexikon der wissenschaftlichen Grundbegriffe, Hamburg 1994, S. 446 f.

1. *Fassen Sie Flemmings Ausführungen zu Modernisierungstheorien zusammen.*
2. *Beurteilen Sie ausgehend von den kritischen Anmerkungen zur Modernisierungstheorie, ob diese ein sinnvolles Modell zur Betrachtung geschichtlicher Prozesse sein können.*
3. *Entwickeln Sie ausgehend von M1, M2 und M3 einen Kriterienkatalog, mit dem sich untersuchen lässt, ob ein Modernisierungsprozess vorliegt und überprüfen Sie anhand dessen, inwieweit bei der Französischen Revolution und der römischen Republik Formen von Modernisierungsprozessen auszumachen sind.*

Kompetenz:
Historische Fachliteratur als interpretierte Vergangenheit analysieren und einordnen

Internettipp
Besprechungen von neuen Sachbüchern finden Sie unter http://hsozkult.geschichte.hu-berlin.de unter dem Stichwort „Rezensionen".

Umgang mit historischer Fachliteratur

Historische Fachliteratur ist ein Sammelbegriff für wissenschaftliche Veröffentlichungen. Darin entwickeln Historiker aus Quellen und Fachliteratur Darstellungen der Geschichte oder setzen sich mit bereits vorliegenden wissenschaftlichen Werken auseinander. Historische Fachliteratur umfasst Bücher eines Autors (Monografien), Aufsätze, gedruckte Vorträge, Lexikonartikel und Buchbesprechungen (Rezensionen).

Die Literatur über die Französische Revolution ist nahezu unüberschaubar. Ein Verzeichnis der Aufsätze und Bücher zu dem Thema von 1985 enthält bereits über 42 000 Titel und 1989, anlässlich des 200. Jahrestages der Erstürmung der Bastille, kamen erneut unzählige hinzu.

Die historische Forschung über die Französische Revolution ist von unterschiedlichen wissenschaftlichen und politisch-ideologischen Anschauungen geprägt. Es gibt keine objektive, für immer gültige oder richtige und verbindliche Geschichtsschreibung. Wichtig ist die Einsicht, dass diese immer abhängig ist von der Person, die die Forschung betreibt, von der Zeit, in der geforscht wird, von den Fragen, die der Forscher an die Vergangenheit stellt, von den ausgewerteten Quellen und von der benutzten Literatur. Um den Text eines Historikers zu verstehen, die Darstellung der Geschichte, die er entwirft, einordnen, und die Zuverlässigkeit seiner Deutung beurteilen zu können, helfen die unten angeführten Leitfragen sowie Wissen über die Quellen und den Stand der historischen Forschung. Von besonderer Bedeutung ist es jedoch, die Qualität der wissenschaftlichen Arbeitsweise und den Standpunkt des Autors zu prüfen.

Formale Kennzeichen

- Wer ist der *Autor* (Name, Beruf, Funktion)?
- Welche *Textsorte* liegt vor (z. B. Lexikonartikel, Auszug aus einem Fachbuch, Essay)?
- An welchem Ort und ggf. in welchem *Medium* (z. B. wissenschaftliche Zeitschrift, Zeitung, Internet) wurde der Text veröffentlicht?
- Wann ist der Text veröffentlicht worden (*Erscheinungsjahr*) und gab es möglicherweise einen besonderen *Anlass* (z. B. Jubiläum, Jahrestag) für die Veröffentlichung?

Textinhalt und -struktur

- Was sind *Thema* und *Hauptaussage* des Textes? Welchen Zeitraum, welches Ereignis und welche Personen behandelt der Text?
- Welche *Textstruktur* ist erkennbar? Welche Behauptungen oder Thesen werden aufgestellt? Mit welchen Argumenten werden diese gestützt und welche Belege (Quellen, Fachliteratur) werden verwendet?
- Welche *sprachlichen Besonderheiten* weist der Text ggf. auf (Sprache, Stil)?

Intention und Standpunkt des Autors

- An welchen *Adressaten* richtet sich der Text?
- Welche *Aussageabsicht* hat der Autor (z. B. sachlich informieren, unterhalten)?
- Auf welche *wissenschaftliche oder politische Diskussion* geht der Autor ein?
- Welchen (wissenschaftlichen, ideologischen, politischen) *Standpunkt* nimmt der Autor gegenüber dem behandelten Thema ein?

Bewertung

- Welche *wissenschaftliche Qualität* besitzen die Ausführungen? Wurde das Thema schlüssig und mit Mitteln der wissenschaftlichen Objektivität bearbeitet?
- Sind die *Wertungen* des Autors – soweit er welche vornimmt – plausibel begründet?

M1
„Im Zentrum der modernen Weltgeschichte"

Albert Soboul fasst das Ergebnis der Französischen Revolution 1973 wie folgt zusammen:

Mit der radikalen Zerstörung der gesamten feudalen Hinterlassenschaft, der Befreiung der Bauern von den Herrenrechten, den kirchlichen Zehnten und – eingeschränkt – auch von den kollektiven Zwängen (contraintes communautaires), mit der Aufhebung der Zunftmonopole und der Herstellung des nationalen Marktes beschleunigte die Französische Revolution die Entwicklung des Übergangs vom „Feudalismus" zum Kapitalismus und bildete zugleich eine ihrer entscheidenden Etappen. Indem sie andererseits die provinziellen Besonderheiten und die lokalen Vorrechte aufhob und die Staatsgewalt des Ancien Régime zerbrach, schuf sie vom Direktorium bis zum Empire die Voraussetzungen eines modernen Staates, der den wirtschaftlichen und sozialen Interessen der Bourgeoisie entsprach. […]

Die Französische Revolution steht damit im Zentrum der modernen Weltgeschichte, am Kreuzweg verschiedener gesellschaftlicher und politischer Strömungen, welche die Nationen entzweit haben und noch weiterhin entzweien werden. Ihr Enthusiasmus begeistert die einen, die an die Kämpfe für Freiheit und Unabhängigkeit und an ihren Traum von der brüderlichen Gleichheit denken – bei anderen löst er Hassgefühle aus. Den einen bedeutet ihr aufgeklärter Geist einen Angriff auf Privileg und Tradition – andere sehen darin maßlose Vernunft, die mit ihrer gewaltigen Kraft die ganze Gesellschaft neu ordnen wollte. Die Revolution, ob bewundert oder gefürchtet, lebt weiter im Bewusstsein der Menschen.

Albert Soboul, Die große Französische Revolution. Ein Abriss ihrer Geschichte (1789–1799), Frankfurt am Main [5]1988, S. 571ff.

M2
„Die erste Erfahrung mit der Demokratie"

In einem Essay von 1978 hebt François Furet hervor:

Was die Originalität des damaligen Frankreich ausmacht, ist nicht, dass es von einer absoluten Monarchie zu einem repräsentativen Regime übergegangen ist, oder von der Welt des Adels zur bürgerlichen Gesellschaft: Das übrige Europa ging den gleichen Weg ohne Revolution und ohne Jakobiner, wenn auch die Ereignisse in Frankreich hier und da die Entwicklung beschleunigen und Nachahmer erzeugen konnten. Doch die Französische Revolution ist eben keine Übergangsphase, sondern ein Ursprung, sowie das Trugbild eines Ursprungs. Das Einmalige an ihr macht sie historisch interessant, und übrigens ist gerade dieses „Einmalige" allgemein geworden: Es ist die erste Erfahrung mit der Demokratie.

Am 19. Januar 1989 bemerkt Furet in einem Vortrag:

Wenn man am Begriff einer *bourgeoisen Revolution* festhält, sollte man ihn […] unbestimmt lassen […] und darin bloß die Spitze einer umfassenderen Bewegung sehen, die ein wenig vage als Fortschritt der *civilisation* beschrieben wird. So betrachtet, lässt sich ein Ensemble von Bedingungen für 1789 ausmachen, darunter ein quantitatives Wachstum der Wirtschaft, Fortschritte in Verkehr und Handel, die Verschönerung der Städte und eine glanzvollere Kunst zu leben, die Modernisierung und Vereinheitlichung des Königreichs durch den Staat – alles Dinge, für die die Menschen des 18. Jahrhunderts einen so ausgeprägten Sinn hatten. Die Französische Revolution war ein Kind des Wachstums und nicht eine Krise der Stagnation. Der Historiker gewinnt jedoch keine größere Klarheit, wenn er die Bourgeoisie zur einzigen Triebkraft der Revolution macht, denn so, wie der historische Prozess verlaufen ist, war sie weder der einzige Akteur noch der einzige Nutznießer der Revolution. Er muss sich deshalb von der Vorstellung freimachen, als gäbe es zur Erklärung von 1789 einen Königsweg, um den sich alle Ursachenverkettungen ordnen und dessen

Achse als Hauptakteur der Bewegung der bürgerlichen Gesellschaft die Bourgeoisie darstellte. [...] Die Französische Revolution war vor allem ein Laboratorium der modernen Politik; sie bietet eine ungewöhnlich komplexe Fülle politischer Materialien sowie eine Vielzahl von intelligenten Akteuren und scharfsinnigen Kommentatoren.

Erster Text: François Furet, 1789 – vom Ereignis zum Gegenstand der Geschichtswissenschaft, Frankfurt am Main 1980, S. 96; zweiter Text: Ders., Zur Historiographie der Französischen Revolution heute, München 1989, S. 30–32

M3
Einfluss auf die politische Kultur Europas

Rolf E. Reichardt schreibt 1998 über die Französische Revolution:

Überall wirkte die Revolution bei unzufriedenen Gruppen als Anstoß, überfällige Reformen und Veränderungen im jeweils eigenen Land energischer zu betreiben. Überall löste sie eine Welle politischer Publizistik von neuer Radikalität und sozialer Reichweite aus, welche die revolutionären Grundvorstellungen und Schlagworte verbreitete. Überall verband sich damit sowohl eine neuartige Klubkultur als auch eine internationale Freiheits- und Gleichheitssymbolik – beides nach französischem Vorbild. Überall wurden durch die so bewirkten Akkulturationsprozesse[1)] neue soziale Gruppen und Schichten an die Politik herangeführt beziehungsweise zusätzlich politisiert [...]. Überall bildeten sich in Auseinandersetzung mit der Revolution deutlicher als zuvor gegensätzliche politische Lager heraus. So hat die Französische Revolution, wie unterschiedlich sie auch vordergründig auf einzelne Länder einwirkte, letztlich wichtige Impulse zur Herausbildung einer gemeinsamen, tendenziell demokratischen politischen Kultur Europas gegeben.

Rolf E. Reichardt, Das Blut der Freiheit. Französische Revolution und demokratische Kultur, Frankfurt am Main ³2002, S. 331

1) **Akkulturation**: Übernahme fremder geistiger und materieller Kulturgüter durch Einzelpersonen oder ganze Gruppen

M4
Zweifel an der Bedeutung der Revolution

Hans Fenske kommt in einem Beitrag von 2004 zu folgender Betrachtung:

Die Eruption in Frankreich gab dem Konservatismus außerordentlich viel Nahrung. [...] Der konservative, im Dienst Wiens stehende Publizist Friedrich von Gentz brachte das Ende 1805 in einem Brief an den Historiker Johannes von Müller in wenige Sätze. Zwei Prinzipien konstituierten die Welt, so schrieb er: das des immerwährenden Fortschritts und das der notwendigen Beschränkung des Fortschritts. Die besten Zeiten seien diejenigen, in denen sich beide Tendenzen im Gleichgewicht befänden. Wenn aber, „wie in unserem Jahrhundert, Zerstörung alles Alten die herrschende, die überwiegende Tendenz wird, so müssen die ausgezeichneten Menschen bis zur Halsstarrigkeit altgläubig werden". So wie Gentz dachten viele. Es ist zu vermuten, dass sich die Erfolgsaussichten der vielen reformwilligen Persönlichkeiten unter dem Eindruck der Entwicklung in Frankreich wenigstens ab 1792 verschlechterten, dass ihr Weg schwieriger wurde. Genau messen lässt sich das nicht, aber es ist doch erwägenswert, ob die europäischen Staaten 1815 ohne die Französische Revolution nicht auch dort gestanden hätten, wo sie tatsächlich waren. Es ist sogar denkbar, dass sie auf dem Wege zum modernen Verfassungsstaat schon weiter vorangekommen wären.

Hans Fenske, Staatsformen im Zeitalter der Revolutionen, in: Alexander Gallus und Eckhard Jesse (Hrsg.), Staatsformen von der Antike bis zur Gegenwart. Ein Handbuch, Köln ²2007, S. 185

1. *Vergleichen Sie die Bedeutung, die die Historiker der Französischen Revolution zuschreiben (M1 bis M4).*
2. *Recherchieren Sie den wissenschaftlichen und ggf. ideologischen Hintergrund der vier Historiker.*

Bearbeitung eines Beispiels

- *Analysieren Sie die Darstellung der Bedeutung der Französischen Revolution durch Albert Soboul (M1).*

Formale Kennzeichen

Albert Soboul (1914–1982) gilt als einer der bedeutendsten Kenner der Französischen Revolution und hatte ab 1967 für lange Zeit den Lehrstuhl für die Geschichte der Französische Revolution an der Sorbonne in Paris inne. Der vorliegende Text ist ein Auszug aus Sobouls Monografie „Précis d'histoire de la Révolution française". Dieses Standardwerk über die Französische Revolution erschien 1962 in Frankreich und wurde in viele Sprachen übersetzt.

Textinhalt und -struktur

Der kurze Text weist keine argumentierende Struktur auf. Es handelt sich hier vielmehr um eine Zusammenfassung und Darstellung zentraler Thesen: Für Soboul markiert die Französische Revolution erstens den Übergang von der feudalen zur kapitalistischen Gesellschaft. Sie schuf die wirtschaftlichen und sozialen Voraussetzungen für einen modernen bürgerlichen Staat. Somit komme ihr zweitens eine zentrale Stellung in der modernen Weltgeschichte zu, deren Wirkung noch immer anhalte.

Soboul bedient sich einer gut verständlichen Sprache und verzichtet auf möglicherweise nicht allgemein und unmittelbar verständliche Fachbegriffe der Geschichtswissenschaft. Einige der verwendeten Begriffe wie das Gegensatzpaares „Feudalismus" und „Kapitalismus" (M1, Zeile 9) oder die Bezeichnung „Bourgeoisie" (M1, Zeile 16) weisen Anklänge an die Begriffsverwendung der sozialistischen geprägten Forschung auf. Eine solche ideologische Prägung lässt sich jedoch nicht eindeutig festmachen, da die Begriffen im vorliegenden Textauszug ebenso in ihrer allgemeinsprachlichen Verwendung gebraucht sein könnten.

Intention und Standpunkt des Autors

Wie bereits die Verwendung einer allgemeinverständlichen Sprache zeigt, wendet sich Soboul nicht nur und nicht vorrangig an Fachkollegen, sondern an eine breitere Leserschaft. Sein Ziel ist es, über die Entwicklung der Französischen Revolution zu informieren. Auch macht er seine Konstruktion von Geschichte und seine Forschungsergebnisse zugänglich. Es ist ihm offenbar ein besonderes Anliegen, die überaus große Bedeutung der Französischen Revolution, die „im Zentrum der modernen Weltgeschichte" (M1, Zeile 18f.) stehe, hervorzuheben. Soboul steht hierbei in der Tradition der sozialistischen Geschichtsschreibung, die die universitäre Forschung zur Französischen Revolution in der Mitte des 20. Jahrhunderts in Frankreich prägte. Nach der Revolutionstheorie von Marx und Engels (vgl. M2, Seite 121f.) stellt die Französische Revolution als „bürgerliche Revolution" mit dem Sieg des Bürgertums über den Adel und der kapitalistischen über die feudalen Produktionsverhältnisse einen ersten notwendigen Schritt auf dem Weg zur „klassenlosen" Gesellschaft des Kommunismus dar.

Bewertung

Die Feststellung, dass der Französischen Revolution zentrale weltgeschichtliche Bedeutung zukomme, begründet Soboul im vorliegenden Textausschnitt nicht näher. Diese Zuschreibung einer weltweiten Bedeutung lässt sich jedoch in den Kontext der marxistischen Revolutionstheorie einordnen. Nach dieser ist der Kommunismus das weltweite Ziel der Geschichte. Andere Historiker wie Rolf Reichardt (vgl. M3, Zeile 17–22) und François Furet (vgl. M2, Zeile 41f.) weisen der Revolution hingen vor allem Bedeutung für den europäischen oder von europäischen politischen Werten geprägten Raum zu.

Auch Sobouls Deutung der Revolution als notwendige Phase auf dem Weg vom Feudalismus zum bürgerlichen Kapitalismus steht in der Kritik. Furet kritisiert diese Deutung als zu monokausal (vgl. M2, Zeile 30–45). Tatsächlich ist fraglich, ob angesichts der Dauer der Revolution und der oft sehr unterschiedlichen inhaltlichen Forderungen und Ziele unterschiedlicher Gruppierungen von einem einheitlichen Prozess ausgegangen werden kann. Extremer noch ist die Haltung des Historikers Hans Fenske, der die Bedeutung der Revolution für die Entwicklung moderner Staatswesen bezweifelt (vgl. M4, Zeile 19–25).

Geschichts- und Erinnerungskultur: der 14. Juli – ein Mythos?

▲ **Militärparade am französischen Nationalfeiertag.**
Foto vom 14. Juli 2003, Champs-Elysees in Paris.

Erläutern Sie, inwiefern solche Feiern das Geschichtsbewusstsein der Franzosen prägen.

Nationalfeiertage sind politisch inszenierte Erinnerungen an besondere Ereignisse der Geschichte eines Staates. Sie sollen das Gefühl der Zusammengehörigkeit stärken, solidarisches Handeln fördern und das nationale Selbstverständnis mit Inhalt füllen.
Wie und mit welchen Mitteln dies möglich ist, zeigt das französische Beispiel. In Frankreich wird seit 1790 der Tag, an dem in Paris die Bastille gestürmt wurde, gefeiert, aber erst 1880 wurde der 14. Juli zum Nationalfeiertag der Franzosen erklärt. Vorher und noch lange Zeit danach spaltete das Gedenken an die Revolution die Gesellschaft. Während für die Republikaner mit dem Datum die Herrschaft des Volkes begann, setzte für die Monarchisten an dem Tag die Schreckensherrschaft ein. Heute ist der Nationalfeiertag allgemein anerkannt und Politiker erinnern am 14. Juli daran, wie wichtig es immer noch ist, sich für Demokratie und Menschenrechte einzusetzen.
Wie ist diese Entwicklung zu erklären? Begann am 14. Juli 1789 tatsächlich der Kampf um Freiheit, Gleichheit und Brüderlichkeit? Oder wurde der Tag erst in der Erinnerung politisch verklärt und zum einheitsstiftenden Mythos gemacht?

▲ **„Die Erstürmung der Bastille."**
Ölgemälde von Charles Thévenin, 1793.
Die Festung war Ende des 14. Jahrhunderts zur Verteidigung gegen die Engländer erbaut und später zum Staatsgefängnis gemacht worden. Sie hatte 1,5 Meter dicke Mauern und acht ungleich hohe Rundtürme; der höchste maß 22 Meter.
Die im Bild gezeigte blau-weiß-rote Trikolore (lat. tricolor: dreifarbig) ist eine Kombination aus den Farben der Stadt Paris (blau und rot) und dem weißen Lilienbanner der Monarchie. Offiziell wurde die Trikolore erst 1794 zur Nationalflagge erklärt.

- *Das Gemälde deutet den Sturm auf die Bastille als nationales Ereignis. Erklären Sie diese Aussage.*
- *Von dem Bild gibt es auch eine Fassung, die statt der Trikolore eine weiße Fahne zeigt. Erläutern Sie, inwiefern sich damit die Bildaussage verändert.*

Mythen gehören zu unserer Erinnerungskultur

Der Begriff „Mythos" hat für den Historiker eine doppelte Bedeutung: Er weist zum einen auf eine Verfälschung von Tatsachen oder zum anderen auf eine sinnstiftende Erzählung hin. Eine „gefälschte" Geschichte kann von der Geschichtswissenschaft einfacher erkannt und widerlegt werden als zu Mythen gewordene Geschichten. Ihnen kommen die Historiker nur näher, wenn sie diese sinnstiftenden Erzählungen ebenfalls dekonstruieren, das heißt, die angegebenen Tatsachen prüfen und der Frage nachgehen, warum und wieso an ein bestimmtes Ereignis erinnert wurde und wird. Ausgangpunkt für eine umfassende und gründliche Untersuchung dieser Mythen sind oft sogenannte „Erinnerungsorte" (*Lieux de mémoire*). Das können Daten wie der „14. Juli", ein Motto wie „Freiheit – Gleichheit – Brüderlichkeit", ein bestimmter Ort wie die „Bastille" oder ein Name wie „Robespierre" sein.

Die Funktion von Mythen

Mythen spielen eine wichtige Rolle, um politische Ansprüche zu begründen und Menschen zu mobilisieren. Das Verständnis dafür, einer bestimmten Nation anzugehören, wird davon beeinflusst, wie und wo in der Gegenwart an die gemeinsame Vergangenheit erinnert wird.
Grundlage der politischen Mythen sind eingängig erzählte Geschichten, die zum kulturellen Gedächtnis einer Gesellschaft zählen und politische Ansprüche begründen halfen. Sie interpretieren die Vergangenheit, idealisieren bestimmte Aspekte und verschweigen

Schattenseiten. Zu den politischen Mythen gehören auch symbolische Handlungen. So werden nationale Gefühle geweckt, wenn die Nationalhymne zu hören und die -flagge zu sehen ist oder wenn ein Nationalfeiertag festlich begangen wird. Auch diese symbolischen Handlungen beruhen oft auf politischen Mythen. Sie drücken eine gemeinsame Übereinstimmung, eine „kollektive Identität", zwischen den Staatsbürgern und ihrem Staat aus. Damit wird deutlich, dass eine nationale Identität nicht nur etwas mit der gemeinsamen Herkunft, dem gemeinsamen Staatsgebiet und Recht, der gemeinsamen Sprache und Religion der Menschen zu tun hat, sondern auch das Ergebnis einer sozialen Konstruktion ist. Herrscher und Regierende können politische Mythen nutzen, um ein Gemeinschaftsgefühl zu erzeugen oder um ihre Macht zu rechtfertigen.

Internettipp
www.botschaft-frankreich.de/spip.php?article157 (Artikel über den Nationalfeiertag 14. Juli)

Nationale Symbolik am 14. Juli

Alljährlich wird heute in Frankreich an den 14. Juli gedacht. Nach einer Umfrage von 1989 halten 60 Prozent der Franzosen den „Bastille-Sturm" für das wichtigste Ereignis der Französischen Revolution. An den Abenden des 13. Juli finden in allen französischen Dörfern und Städten Feste statt, die an die ausgelassenen Feiern des einfachen Volkes während der Revolutionszeit erinnern. Am folgenden Morgen beschwören dann die Regierenden in Paris die nationale und republikanische Einheit Frankreichs mit einer großen Militärparade. Sie knüpfen damit an die erste Jahresfeier der Revolution vom 14. Juli 1790 an. Die Nationalfeiertage enden abends mit aufwändigen Feuerwerken.
Der heutige Umgang mit dem 14. Juli geht nicht unmittelbar und durchgängig auf die Revolution von 1789 zurück. Er ist das Ergebnis von Deutungen und Mystifizierungen. Erst in einer politischen Krisenzeit konnten die Republikaner 1880 den 14. Juli gegen den massiven Widerstand der Monarchisten zum Nationalfeiertag machen. Die von den Republikanern inszenierte Hundertjahrfeier der Revolution 1889 stand noch unter dem Leitmotiv „Eintracht und Befriedung" der innenpolitisch stark zerstrittenen Nation. Erst die militärischen Erfolge Frankreichs über das Deutsche Reich und seine Verbündeten im Ersten und Zweiten Weltkrieg trugen dazu bei, den 14. Juli fast ganz aus seiner ursprünglichen Bedeutung herauszulösen und zu einem Tag der wehrhaften Nation zu machen. In den Grundzügen ist dies bis heute so geblieben.
1989, zur Zweihundertjahrfeier der Revolution (*Bicentenaire de la révolution*), fanden in Frankreich über 6000 Veranstaltungen statt. Sie reichten vom Staatsakt mit Militärparaden über wissenschaftliche Tagungen und Straßenfeste bis zur Pflanzung von Freiheitsbäumen. Dabei wurde aber nicht nur an den „Sturm auf die Bastille" vom 14. Juli und die Einheit der Nation erinnert, sondern auch an die internationale Bedeutung der Erklärung der Menschen- und Bürgerrechte vom 26. August 1789.

Was machte den 14. Juli zum Mythos?

Von Anfang an wurde dem Sturm auf die Bastille am 14. Juli 1789 eine besondere Bedeutung gegeben. Das sahen schon die Zeitgenossen so (▶ M1). Aber worauf beruhte die außerordentliche Symbolkraft der „Bastille"? Die Antwort der Historiker lautet: Sie gründete vor allem darauf, dass

- der „Staatskerker" als „Zwingburg der Despoten" und „Ort des Schreckens" galt;
- das einfache Volk die Festung im Sturm eroberte,
- das Volk die willkürlich verhafteten und seit Jahrzehnten in Ketten liegenden Kritiker des Despotismus befreite,

- die Bastille zerstört und „vermarktet“ wurde,
- man die „Sieger der Bastille“ zu „Helden der Nation“ machte und
- seit dem 14. Juli 1790 des Bastille-Sturms öffentlich gedachte.

Diese Gründe sind, wie die Forschung belegt hat, das „Ergebnis eines kollektiven Mystifizierungsprozesses“ (*Rolf Reichardt*). Folgende Argumente sprechen für diese Behauptung: In zahlreichen vorrevolutionären Schriften, die oft von ehemaligen Häftlingen stammten, wurde die Bastille immer wieder als Ort der despotischen Willkür dargestellt, in der unschuldige Vorkämpfer der Freiheit in menschenunwürdigen Kerkern angekettet um ihr Überleben kämpfen mussten. Diese Schilderungen entsprachen aber nicht den Tatsachen. Die Bastille war 1789 ein fast leeres und unbedeutendes Gefängnis.

▲ **Sansculotten tragen ein Modell der Bastille.**
Gouache der Brüder Lesueur, 1790/91.
Solche Bastille-Modelle wurden bei Umzügen durch die Städte getragen.

Die Bastille wurde nicht im Sturm erobert. Sie war nach einer chaotischen, militärisch wenig wirksamen Belagerung den Aufständischen übergeben worden. 98 Angreifer und sieben Verteidiger kamen dabei ums Leben. Der „Blutzoll“ für die befreiende Tat rechtfertigte nicht die anschließende Lynchjustiz der aufständischen Menge an dem gefangenen Gouverneur der Bastille und dem Vorsteher der königlichen Stadtverwaltung, deren Köpfe man auf Piken gespießt zur Schau gestellt hatte.

Die Bastille wurde nicht eingenommen, um zu Unrecht gefangengehaltene und in finsteren Kerkern misshandelte Insassen zu befreien. Die Angreifer suchten nach Waffen und wollten die sie bedrohenden Kanonen auf den Festungstürmen beseitigen. Erst nachträglich wurde die Befreiung „unschuldiger Männer“ in der Presse hervorgehoben. Dabei verschwiegen die meisten Reportagen, dass die „Befreier“ nur sieben gut genährte Gefangene (zwei Geistesgestörte, vier Fälscher und ein wegen sittlicher Vergehen eingesperrter Adliger) in den Turmzimmern vorgefunden hatten. Statt über Tatsachen zu berichten, schrieb man über einen erfundenen „ehrwürdigen Greis“, der „dreißig Jahre“ in dem Gefängnis gesessen habe (➧ M2).

Der Vorsatz, die Bastille zu zerstören, entstand nicht am 14. Juli. Seit Mitte der 1780er-Jahre wurde von offizieller Seite aus erwogen, die Festung abzureißen. Noch am Abend des 14. Juli ergriff der 34-jährige Bauunternehmer *Pierre-François Palloy* die Gelegenheit, mit der Schleifung der Festung zu beginnen. Zwei Jahre später war die Bastille baulich nicht mehr vorhanden. Dafür lebte sie nun in den Köpfen der Menschen weiter, denn Palloy hatte sie zur Touristenattraktion gemacht, Bürgerfeste auf ihren Trümmern zelebriert, aus den Steinen Bonbonnieren, Tintenfässer, Würfelbecher und Miniatur-Bastillen machen lassen und dazu Bastille-Modelle als Zeichen der Unfreiheit in alle 83 Départements versandt. Seine revolutionäre Vermarktungsstrategie hatte den Bastille-Mythos vergrößert.

Noch am Abend des 14. Juli 1789 gab es in Paris Umzüge für die „Sieger der Bastille“ (*Vainqueurs de la Bastille*). Wie römische Imperatoren sollen sie triumphierend durch die Straßen gefahren worden sein. Im Juni 1790 verlieh die Nationalversammlung den offiziell ermittelten 863 „Vainqueurs“ (darunter eine Frau und elf deutsche Männer) Vorrechte und Ehrenzeichen dafür, dass sie „ihr Leben aufs Spiel gesetzt hatten, um ihr Vaterland zu befreien und das Joch der Sklaverei abzuschütteln“.

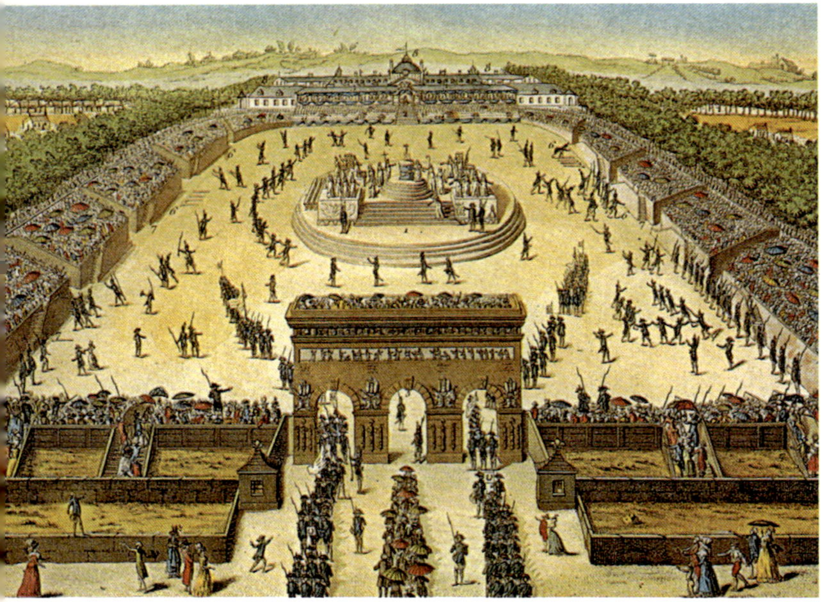

◀ **Fest der Föderation auf dem Marsfeld in Paris am 14. Juli 1790.**
Ölgemälde von Hubert Robert, um 1790.
Das Marsfeld, ein Truppenübungsplatz, befand sich dort, wo heute der Eiffelturm steht. Vor der Militärschule, die im rechten Bildhintergrund des Gemäldes zu sehen ist, stand ein Zelt für den König. Auf der gegenüberliegenden Seite der Tribüne, auf der die königliche Familie Platz genommen hatte, war der „Altar des Vaterlandes" errichtet worden, an dem Lafayette, der Kommandeur der Nationalgarde, als Erster den Eid auf „die Nation, das Gesetz und den König" vor 300 000 Menschen ablegte.

Zu den Vorrechten der „Vainqueurs" gehörte es, auf dem Föderationsfest vom 14. Juli 1790 auf einer Ehrentribüne sitzen zu dürfen. Das am ersten Jahrestag des Bastille-Sturms auf dem Pariser Marsfeld begangene Fest galt weniger diesem Ereignis als der Beschwörung der Einheit der Nation. Nationalgardisten aus allen 83 Départements legten hier gemeinsam mit den königlichen Linientruppen feierlich einen Eid auf „die Nation, das Gesetz und den König" ab.
Die gemeinsame Erinnerung an dieses nationale Föderationsfest, das zum Vorbild aller weiteren öffentlichen Revolutionsfeiern wurde, ließ die Kontroversen zwischen Republikanern, Konservativen und Royalisten um die Opfer der Revolution allmählich vergessen. Langfristig trug es dazu bei, dass die Mehrheit der Franzosen den am 6. Juli 1880 durch Gesetz verkündeten 14. Juli als Nationalfeiertag annahm (➧ M3 bis M5).

Welche historische Bedeutung bleibt dem „Bastille-Sturm"?

Die Entmythologisierung des 14. Juli sollte nicht dessen historische Einordnung vergessen lassen. Auf der einen Seite erinnerten die Historiker und Politiker daran, dass der Bastille-Sturm unnötig und der Anfang der Schreckenszeit gewesen sei. Die eigentliche Revolution habe bereits zuvor mit der Entstehung der Nationalversammlung (17. Juni) und dem Ballhausschwur (20. Juni) stattgefunden, außerdem lag den Abgeordneten seit dem 11. Juli der Entwurf für die Erklärung der Menschen- und Bürgerrechte vor.
Auf der anderen Seite wurde darauf verwiesen, dass am 14. Juli die Nationalversammlung von der Auflösung bedroht, der wichtigste Minister entlassen und das Militär um Paris aufmarschiert war. Erst am 14. Juli siegte „die Entschlossenheit über die Zögerlichkeit", indem das Volk von Paris „das Heft der Politik selbst in die Hand" nahm, so der Historiker *Erich Pelzer*. Der König zog die Truppen zurück, holte den am 11. Juli entlassenen, populären Minister *Jacques Necker* wieder ins Amt und steckte sich am 17. Juli auf dem Festakt zum Gedenken an die Opfer des 14. Juli in Paris unter dem Jubel der Bevölkerung die ihm überreichte blau-rote Kokarde zu seiner lilienweißen an die Hutkrempe. Ein Zurück zu den alten Zuständen war danach nicht mehr möglich.

▶ **„Niederschlagung des Despotismus."**
Radierung (70 x 93 cm) von Pierre-François Palloy, 1789.
- *Analysieren Sie die Bildsymbolik.*

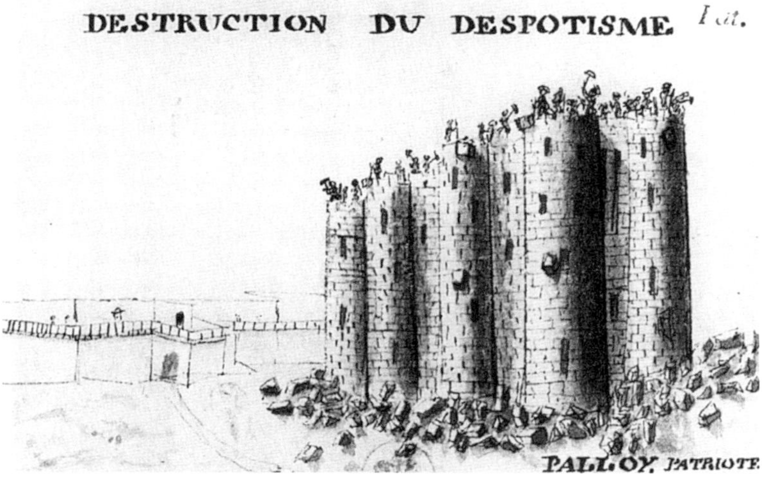

M1
Zeitzeugenbewertungen

Am 15. Juli 1789 verkündet der 48-jährige Journalist Antoine Joseph Gorsas im „Courrier de Versailles":

Dieser gestrige Kampftag wird als ewig denkwürdig in den Festkalender unserer Geschichte eingehen. Er bereitet die größte und vielleicht glücklichste Umwälzung vor!

Der englische Botschafter Lord Dorset berichtet am 16. Juli 1789 aus Paris an den Duke of Leeds:

Auf diese Weise, Mylord, hat sich die größte Revolution vollzogen, die es je in der Geschichte gab, und wenn man das Gewicht der Ergebnisse in Betracht zieht, hat sie verhältnismäßig wenig Blut gekostet. Von diesem Augenblick können wir Frankreich als ein befreites Land betrachten, den König als einen Monarchen mit sehr eingeschränkter Macht, und der Adel ist mit dem Rest der Nation auf ein Niveau gerückt.

Der englische Arzt Dr. Edward Rigby hält sich seit Anfang Juli als Tourist in Paris auf. Seiner Familie schreibt der 42-Jährige am 19. Juli:

Ich bin Zeuge der außerordentlichsten Revolution gewesen, die vielleicht jemals in der menschlichen Gesellschaft stattgefunden hat. Ein großes und weises Volk kämpfte für die Freiheit und Rechte der Menschheit; sein Mut, seine Umsicht und seine Ausdauer sind mit Erfolg belohnt worden, und ein Ereignis, das zum Glück und Gedeihen von Millionen ihrer Nachkommen beitragen wird, ist mit sehr geringem Blutverlust und mit einer Unterbrechung der Alltagsgeschäfte von nur wenigen Tagen eingetreten.

Der Arzt, Naturwissenschaftler und Publizist Jean-Paul Marat ist bei Beginn der Revolution 46 Jahre alt. Er wird Vertreter der radikalen städtischen Volksbewegung. Am 30. Juni 1790 bilanziert er in seiner Zeitung „L'Ami du Peuple" („Der Volksfreund"):

Es steht fest, dass wir die Revolution dem Aufstand des einfachen Volkes verdanken; und es ist nicht weniger gewiss, dass die Einnahme der Bastille hauptsächlich Zehntausenden armen Arbeitern der Vorstadt Saint-Antoine zu verdanken war.

Erster Text: Walter Markov, Revolution im Zeugenstand. Frankreich 1789–1799, Bd. 1: Aussagen und Analysen, Leipzig ^{2}1986, S. 80f.; zweiter Text: Erich Pelzer, 14. Juli 1789 – Geschichte und Mythos eines denkwürdigen Tages, in: Wolfgang Krieger (Hrsg.), Und keine Schlacht bei Marathon. Große Ereignisse und Mythen der europäischen Geschichte, Stuttgart ^{2}2006, S. 194; dritter Text: Gustav Landauer, Briefe aus der Französischen Revolution, Bd. 2, Berlin (Ost) ^{3}1985, S. 134f.; vierter Text: Walter Markov, a.a.O., S. 78f.

◀ **Der Nationalfeiertag am 14. Juli 1880.** *Gemälde (175 x 370 cm) von Alfred Roll, 1882.*

- *Vergleichen Sie, wie 1880 und 2003 (siehe Seite 132) der 14. Juli in Frankreich gefeiert wurde.*

M2
„Erinnert Euch immer ..."

Eine der populärsten Flugschriften über den Sturm auf die Bastille, der Lebensbericht des fiktiven Bastille-Gefangenen Comte de Lorges, erscheint im September 1789; sie endet mit folgendem Aufruf:

Erinnert Euch immer dieses denkwürdigen Tages in den Annalen der Geschichte Frankreichs; es schlug zwölf, und plötzlich war ein dumpfes Geräusch zu vernehmen, das bis in die Tiefe meines Kerkers hinabhallte. […]
Das Geräusch hörte auf, und bald darauf erklangen Triumph- und Freudengesänge in meinen Ohren. Die Soldaten der Freiheit kommen in Massen heran, die Türen meines Kerkers bersten unter den mächtigen Schlägen der Belagerer. […] Ich möchte ewig feiern, ja, ich möchte, dass dieser vierzehnte Tag des Monats Juli ein Festtag werde und dass die Reste meines Vermögens dafür verwendet werden, jedes Jahr fünf Gefangene, die durch ein übereiltes Urteil in Ketten gelegt wurden, zu befreien.

Hans-Jürgen Lüsebrink und Rolf Reichardt, Die Bastille. Zur Symbolgeschichte von Herrschaft und Freiheit, Frankfurt am Main 1990, S. 167

M3
Vorschlag

Am 21. Mai 1880 stellen 64 Abgeordnete der Deputiertenkammer den Gesetzesantrag, den 14. Juli zum Nationalfeiertag zu erklären. In der entscheidenden Sitzung am 8. Juni 1880 rechtfertigt der radikale Abgeordnete Antoine Achard den Antrag so:

Er erinnert an den Bastille-Sturm vom 14. Juli 1789 und zugleich an das Bundesfest vom 14. Juli 1790. Der Bastille-Sturm war das ruhmreiche Vorspiel, der erste Akt der Revolution; er beschloss die alte Welt und eröffnete die neue Welt. […] Das Bundesfest hat die moderne Welt geschaffen [… und] auf unzerstörbarer Grundlage die Einheit des Vaterlandes begründet. (Auf der Linken: sehr gut, sehr gut!) – Das Volk […] hat den 14. Juli immer mehr als jeden anderen Gedenktag gefeiert; er ist sein Fest, weil er das Fest der Freiheit des Vaterlandes war. – Wir schlagen ihnen also in gewisser Weise die Bestätigung eines Volksfestes vor.

Hans-Jürgen Lüsebrink und Rolf Reichardt, a. a. O., S. 247

M4
Widerstand

Die Julifeiern von 1880 eröffnen das Jahrzehnt eines regelrechten Kulturkampfes um die Bedeutung des 14. Juli. Das katholisch und monarchisch gesonnene Frankreich wehrt sich dagegen. In einem 1880 in Grenoble veröffentlichten Beitrag heißt es:

Der 14. Juli 1789 war selbst und in seinen Folgen ein Tag der Unordnung des aufständischen betrunkenen Pöbels, ein Tag der Niedertracht und Lüge, ein Tag des Eidbruchs, ein Tag der militärischen Gehorsamsverweigerung, Fahnenflucht und des Verrats, ein Tag der Plünderungen, der tierischen Barbarei und des Kannibalismus. [...] Kurz, er bedeutet die Freigabe aller Verbrechen und den eigentlichen Beginn jener revolutionären Epoche, die zu Recht Terreur genannt wird.

Hans-Jürgen Lüsebrink und Rolf Reichardt, a. a. O., S. 250

M5
„Es lebe die Republik!"

Der Präfekt des südwestlichen Departements Corrèze versendet 1901 folgendes Rundschreiben an alle Bürgermeister:

Wie alle Jahre sind Sie auch diesmal wieder aufgerufen, das nationale Fest, das Fest der Republik zu begehen. Sie werden dem Jahrestag des Bastille-Sturms umso mehr Glanz verleihen, als er das Fest der Regierung geworden ist. [...] Sie schmücken die öffentlichen Gebäude mit den drei Farben, welche die Revolution Frankreich beschert hat. Sie sorgen dafür, dass Schüler, Frauen und Männer zu Banketten, zum Tanz und zu Spielen zusammenkommen. Sie lassen insbesondere das Alter und die Kindheit ehren. Möge eine Gefühlsgemeinschaft für Frieden und Freiheit Ihre Versammlung beseelen, möge aus der Brust aller Bürger ein einziger Ruf erschallen: Es lebe die Republik!

In einem Handbuch mit Musterreden für Bürgermeister, Schuldirektoren und alle Repräsentanten des öffentliches Lebens, das erstmals 1909 veröffentlicht und zuletzt 1983 wiederaufgelegt worden ist, heißt es:

Eine Festung, ein Gefängnis, ein Grab, wo Schuldige wie Unschuldige bei lebendigem Leibe verfaulten, wie es den Großen gefiel. Die Bastille war gleichsam das Symbol, das sichtbare Zeichen des königlichen Despotismus. [...] Ihr bloßer Name versetzte die Tapfersten in Schrecken. [...]
Doch 1789 verlieh eine großmütige Wut über die Ungerechtigkeit und Unterdrückung der Könige dem Volk von Paris ungeahnte Kraft; mit Gewalt bemächtigte es sich dieser geheimnisumwitterten Festung, die als uneinnehmbar galt. Und es gab den Gefangenen die Freiheit zurück, den Opfern einer Autokratie, die es nicht länger ertrug. [...] Mit der Einnahme der Bastille [...] beginnt das Zeitalter des Fortschritts und der Freiheit.

Der französische Generalkonsul Gilles Thibault lädt aus Anlass des Nationalfeiertages am 14. Juli 2007 Gäste aus Politik, Wirtschaft und Kultur in den Innenhof des Düsseldorfer Rathauses zu einem Fest ein. In der kurzen Eröffnungsrede sagt er:

Aber kommen wir [...] auf den 14. Juli, den Tag im Jahre 1789, an dem die Bevölkerung von Paris die Bastille stürmte. Noch heute steht dieses Datum für eines der wichtigsten Ereignisse zur Sicherung der Demokratie weltweit.
Seitdem haben wir hoffentlich aus der Geschichte gelernt, dass Demokratie, Freiheit und Gleichheit niemals gesicherte Werte darstellen, sondern dass permanent um sie gerungen werden muss.

Erster Text: Hans-Jürgen Lüsebrink und Rolf Reichardt, a. a. O., S. 253; zweiter Text: ebda, S. 253; dritter Text: www.botschaft-frankreich.de/konsulate/IMG/discours_14_juillet_2007.pdf (Zugriff: 14. April 2012)

1. *M1 und M2 liefern Material für einen „kollektiven Mystifizierungsprozess" (Rolf Reichardt). Erläutern Sie diese Aussage.*
2. *Analysieren Sie die Kontroverse, die der Erklärung des 14. Juli zum Nationalfeiertag vorausging (M3 und M4). Informieren Sie sich in dem Zusammenhang über die Anfangsjahre der französischen Dritten Republik.*
3. *Charakterisieren Sie, wie sich die „amtliche" Erinnerungsarbeit allmählich veränderte (M5).*

Aufgabenstellung

In einer Abiturklausur werden die Aufgaben zusätzlich zum **Pflicht**- und **Kernmodul** eines Semesters ein Thema eines weiteren Semesters (**Semesterübergriff**) ansprechen, und Sie werden in Form einer offenen Frage Kenntnisse über ein **Wahlmodul** einbringen müssen. Im Abitur erhalten Sie unterschiedliche Aufgaben für gA- und eA-Kurse (grundlegendes und erhöhtes Anforderungsniveau).

Pflichtmodul

1. *Fassen Sie nach einer quellenkritischen Einführung die Aussagen Sallusts zu den Ursachen und dem Charakter der Krise der römischen Republik zusammen (M1).*

Pflichtmodul

2. *Ordnen Sie die Aussagen Sallusts zur Entwicklung von Staat und Gesellschaft Roms in den historischen Kontext ein (M1).*

Pflicht-, Wahl- und Kernmodul

3. *Vergleichen Sie anhand der Definition des Historikers Rudolf Vierhaus (M2) die Krise der römischen Republik mit einer Ihnen bekannten Krise aus der Neuzeit.*

Pflichtmodul und Kernmodul

4. *Prüfen Sie auf Basis Ihres Hintergrundwissens, inwieweit Sallust die Krise der römischen Republik in ihren Ursachen und Ausprägungen im Sinne moderner Krisentheorie systematisch und umfassend erfasst. Beziehen Sie hierbei auch Krisendefinitionen wie die des Historikers Rudolf Vierhaus mit ein (M1 und M2).*

Semesterübergriff

5. *Erörtern Sie ausgehend von den in M3 genannten Kriterien und der Funktion des 14. Juli 1789, ob ein entsprechendes Datum in der Geschichte der römischen Republik die Voraussetzung für einen Erinnerungstag erfüllen kann.*

Materialien

M1

Die Krise der römischen Republik

Der römische Geschichtsschreiber Sallust (86–35/34 v. Chr.) schreibt in seinem um 40 v. Chr. entstandenen Werk über den Jugurthinischen Krieg (111–105 v. Chr.) über die römischen Republik:

Im Übrigen entstanden der Brauch von Parteien- und Cliquenbildung und die daraus folgenden schlechten Verhaltensweisen wenige Jahre zuvor in Rom aufgrund des Friedens und des Überflusses an den Dingen, die die Menschen für vorrangig halten. Denn vor der Zerstörung Karthagos regierten das Volk und der römische Senat gemeinsam das Gemeinwesen ruhig und gemäßigt, es gab keinen Streit zwischen den Bürgern, weder um Ruhm noch um Herrschaft, die Angst vor dem Feind bewahrte die Bürgerschaft in moralisch rechtschaffenem Verhalten. Als aber jene Furcht aus dem Denken wich, trat naturgemäß das auf, was glückliche Zeiten mit sich bringen, Zügellosigkeit und Hochmut, sodass der [endlich] erlangte Frieden, den sie in schlechten Zeiten ersehnt hatten, härter und bitterer [als die vorherige äußere Bedrohung] war. Denn die Nobilität begann ihren Rang, das Volk seine Freiheit in beliebige Willkür zu verwandeln, ein jeder rechnete, raubte und raffte für sich. So wurde alles in zwei Teile gerissen, das Gemeinwesen, das die Mitte gebildet hatte, zerfleischt.

Im Übrigen war die Nobilität durch enge Gruppenbildung stärker, die Kraft des Volkes [dagegen], ungebündelt und unorganisiert in der Menge, vermochte weniger auszurichten. Nach dem Beschluss weniger Männer wurde Krieg geführt und Frieden geschlossen. In der Gewalt derselben Leute lagen der Staatsschatz, die Provinzen, Ämter, Ehren und Triumphe. Das Volk wurde bedrängt durch Wehrdienst und Not, die Kriegsbeute plünderten die Feldherren mit einigen Wenigen. Derweil wurden die Eltern und kleinen Kinder der Soldaten, gerade so wie ein jeder einen Mächtigeren zum Nachbarn hatte, von ihren Wohnsitzen vertrieben.

So drang mit der Macht Habgier ohne Maß und Beschränkung ein, die alles besudelte und verwüstete, die keine Wertmaßstäbe kannte, der nichts heilig war, bis sie sich selbst zu Fall brachte. Denn sobald sich innerhalb der Nobilität Leute fanden, die wahren Ruhm ungerechter Macht voranstellten, begann die Bürgerschaft in Bewegung zu geraten und eine innere Entzweiung wie ein Erdbeben entstand. Denn nachdem Tib[erius] und C[aius] Gracchus, deren Vorfahren im Punischen und in anderen Kriegen vieles zum Wohl des Staates beigetragen hatten, das Volk in die Freiheit zu führen und die Verbrechen der Wenigen offenzulegen begannen, trat die Nobilität schuldig und daher aufgeschreckt [...] den Aktionen der Gracchen entgegen, und zuerst tötete man durch das Schwert Tiberius, dann wenige Jahre später Gaius, als er den gleichen Weg beschritt [...].

So vernichtete die Nobilität indem sie ihren Sieg nach ihrem Gutdünken nützte, viele Existenzen mit dem Schwert oder durch die Verbannung und erwarb sich bei den Übrigen mehr Angst als Macht. Dies hat oft große Staaten zugrunde gerichtet, wenn die einen die anderen gleich auf welche Art besiegen und die Besiegten sich mit übermäßiger Härte rächen wollen.

Sallust, Bellum Iugurthinum 41,1–42,4, Klaus Bringmann, Krise und Ende der römischen Republik (133–42 v. Chr.), Berlin 2003, S. 101 f.

M2

Was sind Krisen?

Der Historiker Rudolf Vierhaus hat lange Zeit das Max-Planck-Institut für Geschichte in Göttingen geleitet. In einem Lexikonartikel von 2002 definiert er den Begriff „Krisen" so:

Krisen sind Prozesse, deren Anfänge, Höhepunkte, Ende prinzipiell datierbar sind. Niedergangs-, Auflösungs-, Verfallsprozesse sind keine Krisen, wohl aber können ihnen sich steigernde Krisen vorangegangen sein. Krisen sind prinzipiell offene Prozesse; ihre Geschwindigkeit, ihr Ausgang sind nicht zwangsläufig, ihr Ablauf und ihr Wendepunkt selten so deutlich erkennbar wie in einem Krankheitsprozess. [...]

Von Krisen kann gesprochen werden, wenn zuvor bestehende stabile und funktionierende Zustände sich aufzulösen beginnen, erodieren[1], dysfunktional[2] werden und die eingetretenen Störungen nicht mit hergebrachten Mitteln überwunden werden können, sondern eine renovatio, eine Reform, eine Revolution erforderlich wird und erfolgt; geschieht dies nicht, handelt es sich nicht (mehr) nur um eine Krise. Kennzeichen von Krisen ist, dass es in ihrem Prozess Alternativen gibt, Phasen und Konstellationen, in denen sich entscheidet, ob sie überwunden werden können.

Krisen sind keine Naturprozesse, wohl aber können z. B. Erdbeben, Flutkatastrophen, Dürreperioden Krisen auslösen: Hungerkrisen, aber auch Krisen des Vertrauens in die Fähigkeit von Regierung und Verwaltung, mit ihnen fertig zu werden. Naturprozesse können Bedingungen der Möglichkeit von Krisen sein, diese sind von Menschen erfahrene, erlittene, gemachte und genutzte Krisen. Allerdings genügt subjektiv oder auch kollektiv geäußertes Krisenbewusstsein nicht als hinreichender Beweis, sondern kann allenfalls als Indiz für tatsächliche Krisen gelten. Indes kann Krisenbewusstsein Verlauf und Ausmaß einer Krise wesentlich beeinflussen. Krisen müssen, um als solche bezeichnet werden zu können, objektiven Charakter haben, also nicht nur herbeigeredet sein, indem vorübergehenden und vereinzelten krisenhaft erscheinenden Symptomen von Veränderung aus Sorge übertriebene Bedeutung zugeschrieben wird. [...]

Es geschieht nicht selten, dass der Krisencharakter gerade langfristiger Veränderungsprozesse, in die viele Menschen und Lebensbereiche involviert waren, nachträglich von der historischen Forschung unterschiedlich interpretiert, infrage gestellt oder überhaupt bestritten wird.

Stefan Jordan (Hrsg.), Lexikon Geschichtswissenschaft. Hundert Grundbegriffe, Stuttgart 2002, S. 193 – 195

---

[1] ***erodieren**: hier: zerstören*

[2] ***dysfunktional**: einer Funktion, Wirkung o. Ä. abträglich, schädlich*

M3
Erinnerungstage

Die Historiker Etienne François und Uwe Puschner schreiben 2010 über Erinnerungstage:

[...] Erinnerungs- bzw. Jahrestage sind „Denkmäler in der Zeit", um die pointierte Formulierung von Aleida Assmann aufzugreifen. Sie ermöglichen den „Übergang von einem latenten[1] Gedächtnis in die Form einer geregelten sozialen Kommemoration[2]" und „stabilisieren die Erinnerung durch mehr oder weniger regelmäßige Wiederholungen als Sinn- und Identitätsangebote bzw. als zukunftsgerichtete Handlungsverpflichtung für folgende Generationen". [...] Entscheidend ist dabei die [...] Vergegenwärtigung des vergangenen Ereignisses. Auch wenn diese sich wiederholende Vergegenwärtigung nicht formalisiert ist bzw. sein muss, ähnelt sie, weil sie immer kollektiv geschieht, einem Kult. [...]

Der 14. Juli ist ein charakteristisches Beispiel für die sich wiederholenden Wandlungsprozesse, die zu einem Erinnerungs- bzw. Gedenktag führen. Zu Beginn, am 14. Juli 1789, hat man es mit einem Aufruhr größeren Ausmaßes zu tun, der sich in eine Reihe von vergleichbaren Protestbewegungen in Paris und in den Provinzen, in den Städten und auf dem Land, einordnet. Sehr schnell aber [...] begann sich ein kollektiver Prozess der Umdeutung durchzusetzen: Das geschichtliche Ereignis wurde rückblickend in ein „historisches" Ereignis verwandelt, das eine Zäsur[3] markiert zwischen einem negativ konnotierten „Vorher", das sogenannte Ancien Régime, und einem positiv belegten „Nachher", die Revolution und die neue Zeit. Diese neue Deutung [...] wurden in den ersten Monaten des Jahres 1790 so stark, dass der Nationalversammlung keine andere Wahl blieb, als am Jahrestag der Erstürmung der Bastille eine große „Fête la Fédération" („Bundesfest") zu veranstalten. [...] Weit entfernt von dem gewalttätigen Geschehen im Jahr zuvor sollte der 14. Juli 1790 das große Fest des Friedens, das Fest des Bündnisses zwischen allen Regionen und Ständen des Königreichs, das Fest der Neugründung des regenerierten Frankreich unter Gottes und der katholischen Kirche Segen und vor allem das Fest einer neuen Eintracht zwischen dem König und der französischen Nation sein. Spätestens dann wurde der 14. Juli zum Erinnerungstag, aber längst nicht zu einem institutionalisierten Gedenktag [...]. Es dauerte fast ein Jahrhundert, bis die siegreiche III. Republik im Jahre 1880 beschloss, in bewusster Anknüpfung an die „Fête la Fédération" von 1790, aus dem Erinnerungstag den französischen Nationalfeiertag zu machen – wobei aus dem Fest, das einst die Einheit zwischen König und Nation gefeiert hatte, ein neues Fest entstand, das die Einheit zwischen Nation und Republik zelebrierte.

Etienne François und Uwe Puschner, Warum Erinnerungstage?, in: Dies. (Hrsg.), Erinnerungstage. Wendepunkte der Geschichte von der Antike bis zur Gegenwart, München 2010, S. 13–24, hier S. 19–21

---

1) **latent**: *nicht offenkundig, unterschwellig*
2) **Kommemoration**: *Erinnerung, Gedenken (ursprünglich kirchliche Gedenktage)*
3) **Zäsur**: *Einschnitt, Bruch*

Erwartungshorizont

Zu Aufgabe 1

- Die Quelle ist ein Auszug aus einem Werk des römischen Geschichtsschreibers Sallust, das um 40 v. Chr. entstand. Darin berichtet er rückblickend über die Ursachen und den Charakter der Krise der römischen Republik. Er geht dabei auf die Zeit vor der Zerstörung Karthagos im Dritten Punischen Krieg (149–146 v. Chr.) bis zu den Gracchen (um 133/123 v. Chr.) ein. Sallust hat als ehemaliger Politiker (u.a. Volkstribun) und Anhänger Caesars fundierte Kenntnisse über die politischen Vorgänge, ist aber auch als parteiisch anzusehen. Sein historisches Werk richtet sich vor allem an die gebildete Schicht Roms (Ritter und Mitglieder der Nobilität), die er informieren, aber auch von seinem moralischen Standpunkt überzeugen will.
- Sallust sieht die Krise als Ausdruck moralischen Verfalls, der durch den Reichtum und die Sicherheit, die Rom nach dem Sieg über den Hauptgegner Karthago erlangte, ausgelöst wurde. Die Nobilität habe sich bewusst von der plebs abgehoben und entfremdet und so die Spaltung der Gesellschaft verursacht. Die Plebejer hätten durch den Druck der besitzenden Bürger ihren Landbesitz als Existenzgrundlage verloren und besäßen durch ihre Unorganisiertheit keinen Einfluss auf politische Entscheidungen. Wenige Adlige bestimmten daher die gesamte Politik und bereicherten sich. Die Gracchen hätten versucht, das Schicksal der Plebejer durch Reformen zu verbessern, wären aber mit ihren Anhängern von der Nobilität aus Angst vernichtet worden. Dieses hätte Rachegelüste erzeugt und die Spaltung der Gesellschaft noch verschlimmert und sei damit eine weitere Ursache für den Niedergang der römischen Republik.

Zu Aufgabe 2

- Sallust spricht die Rückwirkungen der römischen Expansion an, die spätestens nach der Zerstörung Karthagos (Zeile 1 bis 14) offen sichtbar wurden. Er geht dabei auf die wirtschaftlichen und gesellschaftlichen Folgen für die römische Nobilität (Zeile 17 bis 22) und die Plebejer (Zeile 30 bis 35) und die damit verbundenen Missstände ein. Weiterhin thematisiert er das Vorgehen der Gracchen, die Lage der Plebejer zu verbessern (Zeile 44 bis 53).
- Anknüpfend daran ergänzen Sie auf Basis Ihres Hintergrundwissens Sallusts Aussagen und erläutern den historischen Kontext der Krise der römischen Republik von 146 bis 123 v. Chr. Dabei kann auf folgende Aspekte Bezug genommen werden:
  - Stärkung der ökonomischen und politischen Stellung der Nobilität und der Ritter als publicani infolge der Eroberung des Mittelmeerraumes
  - Verarmung der Kleinbauern
  - beginnender Wandel in der Struktur der römischen Armee (langjährige Dienstzeiten, Probleme bei der Rekrutierung aber auch freiwillige Teilnahme an Feldzügen)
  - Reformvorhaben der Gracchen in ihrer Zielsetzung, Struktur und ihrem Ausgang

Zu Aufgabe 3

- Hier wenden Sie die Kriterien von Vierhaus, die seiner Definition des Begriffs „Krise“ zugrunde liegen (Erosion und Dysfunktionalität, Reformbedarf, Datierbarkeit, Zuspitzung und Wendepunkt, offene Prozesse und Alternativen), auf die römische Republik an, indem Sie die Kriterien des Historikers an konkreten Inhalten festmachen.

Die nachstehenden Gesichtspunkte bieten dazu eine Hilfe:

- Die Selbstversorgung der römischen Kleinbauern, das Rekrutierungssystem der römischen Armee und die Provinzverwaltung weisen erhebliche Missstände auf und sind langfristig in ihren Strukturen nicht mehr funktionsfähig (*Erosion und Dysfunktionalität*). Hier besteht ein entsprechender *Reformbedarf*.
- Die entstehenden Krisen sind *datierbar*. Sie nahmen ihren Anfang vor dem Ende des Zweiten Punischen Krieges (218 bis 201 v. Chr.).
- Es gibt mehrere Phasen der *Zuspitzung*, die als *Wendepunkte* gesehen werden können, wie z. B. die Reformvorhaben der Gracchen, die Bürgerkriege oder die Umgestaltung der republikanischen Staatsform durch Octavian/Augustus. In den Reformvorhaben der Gracchen, der Restauration Sullas oder den Umgestaltungsideen von Caesar und Octavian/Augustus zeigen sich die *Existenz von Alternativen*, die die Krise der römischen Republik zu einem *offenen Prozess* machen.

- Anschließend vergleichen Sie Ihre Ergebnisse auf Basis der genannten Aspekte mit einer Krise aus der Neuzeit, beispielsweise mit der Krise des Ancien Régime. Es könnten u. a. folgende Aspekte genannt werden:
  - Die hohe Staatsverschuldung Frankreichs u. a. durch Hofhaltung, teure Kriege und eine große Armee machte Reformen notwendig (*Dysfunktionalität und Reformbedarf*). Im Gegensatz zur römischen Republik ist hier die Verschuldung des Staates und nicht der Überfluss an wirtschaftlichen Gewinnen ein Auslöser der Krise.
  - Ebenso *dysfunktional* erscheint die Blockade von Reformen durch die Gerichtshöfe und den Adel, der auf seinen Privilegien beharrt. Hier kann ein Bezug zum Scheitern der Reformen der Gracchen an der Haltung der Nobilität hergestellt werden.
  - Auch die Verarmung der Landbevölkerung kann vergleichend zur römischen Republik herangezogen werden. Ein klarer Unterschied ist, dass der Dritte Stand (Bauern und Bürger) über Beschwerdebriefe stärker selbst aktiv wurde, während die Volksversammlung der Plebejer letztlich von Adligen geleitet wurde.
  - Die Krise des Ancien Régime ist in ihren Anfängen bereits in die 70er-Jahre des 18. Jahrhunderts *datierbar*.
  - Wie in der römischen Republik erfolgt auch im Ancien Régime eine *Zuspitzung* der Krise. Die Einberufung der Generalstände führt letztlich zum Ballhausschwur und in einem weiteren Schritt zum Sturm auf die Bastille. Diese *Wendepunkte* treten ähnlich deutlich hervor wie die Machterlangung von Caesar und Octavian / Augustus und führten ebenso zu einer Umgestaltung des Staates. In Frankreich in deutlicher Weise durch eine Revolution.
  - Die verschiedenen staatstheoretischen Ideen und Ansätze im Zuge der Französischen Revolution zeigen (ggf. noch klarer als in der römischen Republik) die *Offenheit des Prozesses*.

Zu Aufgabe 4

Die Beantwortung der Frage kann auf folgenden Aspekten aufbauend durchgeführt werden:

- Sallust spricht von der Auflösung und Zerstörung von bestehenden gesellschaftlichen Strukturen. Dabei bezieht er nachvollziehbar den wachsenden wirtschaftlichen Reichtum der Nobilität und die Verarmung der plebs ein.
- Die Handlungen der Gracchen werden von ihm treffend als eine *Zuspitzung* beschrieben, die den gesellschaftlichen Konsens zerstören (zum Beispiel Zeile 23 bis 35 und

54 bis 61). In diesem Sinne liegt er auch auf einer Linie mit Vierhaus' Definition des Begriffs „Krise".

- Die Ursache für diesen Verfall sieht Sallust in moralischen und ethischen Unzulänglichkeiten der Regierenden, die sich mit der Ausschaltung der letzten, „erzieherisch" wirkenden Bedrohung in Form von Karthago entwickelt hätten. Ob ein solcher allgemeiner Mentalitätswandel festzustellen ist, der als Ursache gelten kann, ist zu hinterfragen.
- Eine Analyse im Sinne einer *Dysfunktionalität* des politischen Systems (vgl. Vierhaus), das aufgrund der Rückwirkung der Expansion nicht mehr kontrollierbar und damit nicht mehr funktionsfähig war, kommt in Sallusts Darstellung nicht zum Ausdruck. Dies bildet aber einen entscheidenden Faktor in den Ursachen der Krise der römischen Republik.

Zu Aufgabe 5

- Erinnerungstage haben nach den Historikern Etienne François und Uwe Puschner die Funktion, *identitäts- und sinnstiftend* für die Gesellschaft (Zeile 6 bis 10) und damit ein Element zu sein, das die jeweilige Gesellschaft zu einer Gemeinschaft *verbindet* (Zeile 11 bis 14). Dabei unterliegt der Tag bewusst *Veränderungen* (Zeile 15 bis 17).
- Die genannten Kriterien können nun zunächst auf den 14. Juli angewandt und erläutert werden:
  - Der Sturm auf die Bastille unterliegt einem Wandlungsprozess vom Tag eines größeren Aufruhrs (Zeile 17 bsi 22) über einen Tag des Bruchs mit dem vorhergehenden System (Zeile 24 bis 39) hin zu einem Festtag des Friedens und der Eintracht zwischen König und Volk (Zeile 34 bis 42), der schließlich zu einem Nationalfeiertag umgestaltet wird (Zeile 45 bis 52). In jeder dieser Phasen bietet der Tag den Franzosen eine Identifikationsmöglichkeit und damit auch die Möglichkeit, sich als Gemeinschaft zu begreifen.
  - Als Erinnerungstag in der Geschichte der römischen Republik kann beispielsweise die Schlacht von Actium (2. September 31 v. Chr.) gewählt werden (Alternative: Überquerung des Rubikon durch Caesar am 10. Januar 49 v. Chr.). Folgende Aspekte sind bei der Auseinandersetzung mit dem Datum u.a. zu berücksichtigen:
  - Die Schlacht von Actium kann als Zäsur gedeutet werden.
  - Sinnstiftende Möglichkeiten, dem Datum gemeinschaftlich zu gedenken, bieten sich für die Bewohner des Römischen Reiches (bis zu seinem Untergang) dahingehend, dass sie sich als Teil der wiederhergestellten und vor allem den Frieden versprechenden Ordnung begreifen und ihre Verbundenheit mit Augustus als Identifikationsfigur für „die wiederhergestellte Republik" in einer entsprechenden Erinnerung ausdrücken können.
  - Wandlungsprozesse sind denkbar vom Tag einer siegreichen Schlacht zu einem Tag des Friedens bis hin zum Beginn des Prinzipats als neue bzw. umgestaltete Ordnung. Die Wandlungsprozesse sind allerdings begrenzt, da anders als in Frankreich eine Deutung als Nationalfeiertag nicht infrage kommen kann.
  - Das Datum hat im Vergleich zum 14. Juli in der Gegenwart keine größere gesellschaftliche Bedeutung. Lediglich in der historischen Forschung wird das Datum gewürdigt.
  - Auf Basis der genannten Aspekte kann die Erörterung erfolgen, die zu einem auf Sachwissen begründeten Urteil führt.

*Auf den mit einem * gekennzeichneten Seiten finden Sie kurze biografische Informationen.*

*Auf den mit einem * gekennzeichneten Seiten finden Sie kurze biografische Informationen.*

Bildnachweis

Archäologische Staatssammlung, München – **S. 84**; Archiv für Kunst und Geschichte, Berlin – **S. 37, 42, 111, 122, 135, 138**; Archiv für Kunst und Geschichte / De Agostini Pict. Lib., Berlin – **S. 47, 56**; Archiv für Kunst und Geschichte / Erich Lessing, Berlin – **S. 15, 99**; Cinetext, Frankfurt – **S. 55, 62, 65, 76**; Citadelles & Mazenod, Paris – **S. 18**; Die Französische Revolution. Freiheit – Gleichheit – Brüderlichkeit, Hildesheim 2007, S. 34 – **S. 109**; dpa Pictures-Alliance / akg-images, Frankfurt – **S. 81**; dpa Picture-Alliance / akg-images, Erich Lessing, Frankfurt – **S. 30**; dpa Picture-Alliance / epa / ansa / Pasquale Bove, Frankfurt – **S. 67**; dpa Picture-Alliance / epa / SIPA / Chamussy Frankfurt – **S. 132**; dpa Picture-Alliance / ZB / Arno Burgi, Frankfurt – **S. 126**; Fotolia / beermedia – **S. 86**; Jean Garrigues, Images de la Révolution. L'imagerie républicaine de 1789 à nos jours, Paris 1988 – **S. 136**; Klaus Gast, Barsinghausen – **S. 20**; Kestner-Museum, Hannover – **S. 11**; Les Editions Albert René, Paris – **S. 51**; Musée Carnavalet, Paris – **S. 96, 114, 133**; Musées Royaux des Beaux-Arts, Brüssel – **S. 108**; Museo Archeologico, Rom – **S. 6**; Museo Archeologico Nazionale, Palestrina – **S. 34**; Museum im Gotischen Haus, Foto: Ursula Seitz-Gray, Bad Homburg vor der Höhe – **S. 105**; Preußischer Kulturbesitz, Berlin – **S. 70**; Preußischer Kulturbesitz / RMN / Hervé Lewandowski, Berlin – **S. 39**; Preußischer Kulturbesitz / Scala, Berlin – **Einband**, **S. 10**; Preußischer Kulturbesitz / The Trustees of the British Museum, Berlin – **S. 26, 71**; Viktoria Schmidt-Linsenhoff, Sklavin oder Bürgerin? Französische Revolution und neue Weiblichkeit 1760–1830, Frankfurt am Main 1989, S. 79 – **S. 110**; Slg. Niggeler Teil II, 935 – **S. 80**; Staatliche Graphische Sammlung, München – **S. 112**; Ullstein-Bild / The Granger Collection, Berlin – **S. 45**; Zentralverband des Deutschen Handwerks e. V. (ZDH), Berlin – **S. 124**.

Fachliteratur finden und nachweisen

Recherchieren und Ausleihen in der Bibliothek

- Um sich für ein Referat einen Überblick über ein Thema zu verschaffen oder es einzugrenzen, eignen sich Lexika und Nachschlagewerke als erste Informationsquellen. Für die gründliche Erarbeitung eines Themas benötigen Sie Fachliteratur.
- Angaben zu Fachbüchern spezieller Themen finden sich im Literaturverzeichnis von Handbüchern und Überblicksdarstellungen, im Internet und im Katalog der Bibliothek.
- In der Bibliothek sind Bücher alphabetisch in einem Verfasser- und in einem Sachkatalog aufgelistet und über eine Signatur, eine Folge von Zahlen und Buchstaben, im Karteikarten- oder Computersystem der Bibliothek für ein leichtes Auffinden genau verzeichnet.
- Bücher, die nicht in der örtlichen Bibliothek vorrätig sind, können über die Fernleihe aus anderen Bibliotheken entliehen werden. Über die Online-Kataloge können Titel nach Schlagworten oder dem Namen des Autors gesucht und direkt an die Ausgabestelle der Bibliothek bestellt werden.

Literatur auswerten und belegen

- Finden Sie zu einem Thema mehr Bücher, als Sie auswerten können, müssen Sie eine Auswahl treffen. Prüfen Sie anhand des Inhaltsverzeichnisses, der Einführung und/oder der Zusammenfassung sowie des Registers, ob das Buch ergiebig sein könnte. Benutzen Sie im Zweifel das Neueste.
- Weisen Sie jedes Buch, das Sie für Ihr Referat benutzt haben, am Schluss des Textes nach. Notieren Sie sich daher bei der Vorarbeit die Titel der Bücher. Aussagen, die Sie wörtlich oder indirekt zitieren, belegen Sie zusätzlich mit Seitenangaben. So kann jeder Leser nachlesen und überprüfen, woher und von wem die Aussagen stammen.
  Beispiel für eine korrekte Literaturangabe:

Buch

Vorname und Name des Autors | Titel | Verlagsort und Jahr der Veröffentlichung | bei Zitat zusätzlich Seitenangabe

Klaus Bringmann, Krise und Ende der römischen Republik (133–42 v. Chr.), Berlin 2003, S. 17

Aufsatz

Vorname und Name des Autors | Titel des Aufsatzes | Vorname und Name der Herausgeber des Sammelbandes

Werner Dahlheim, Iden des März 44 v. Chr., in: Alexander Demandt (Hrsg.), Das Attentat in der Geschichte, Köln/Weimar/Wien 1996, S. 39–59, hier S. 42

Titel des Sammelbandes | Verlagsort und Jahr der Veröffentlichung | Seitenangabe

Quellenarbeit in Archiven

Vorbereitung und Recherche

- Für die Recherche zu regional- und lokalgeschichtlichen Themen bieten sich Archive an. Dort werden Urkunden, Pläne, Karten, Zeitungen, Briefe, Tagebücher, Fotos sowie Akten mit anderen Unterlagen von Behörden, Firmen, Vereinen und Privatleuten aufbewahrt.
- Vor der Arbeit im Archiv sollten Sie sich genau über das Thema informieren, die zu erarbeitenden Aspekte festlegen und Fragen formulieren.
- Inzwischen werden viele Archivstücke elektronisch erfasst und in Datenbanken archiviert. Auf den Internetseiten der Archive können Sie sich über den Bestand informieren, digital vorliegende Dokumente einsehen oder die Signatur der Akten heraussuchen.

Material erfassen, ordnen und auswerten

- Haben Sie geeignetes Material gefunden, notieren Sie sich die genaue Fundstelle. Eine Ausleihe ist nicht üblich. Erfassen Sie das Material sicherheitshalber vor Ort (handschriftlich, per Laptop oder Scanner).
- Nach der Rückkehr aus dem Archiv müssen Sie das gesammelte Material sichten und ordnen, bevor Sie es zu einer Darstellung verarbeiten können.

Phil Bosmans

Vitamine fürs Herz

Das große Lesebuch

HERDER

FREIBURG · BASEL · WIEN

Bund ohne Namen
von Phil Bosmans gegründet
für mehr Herz in dieser Welt

Nähere Informationen über die Kontaktadresse:
Bund ohne Namen e. V.
Postfach 154
D-79001 Freiburg

Oder im Internet:
www.bund-ohne-namen.de
www.phil-bosmans.de

Einmalig!

Du bist ein wunderbarer Mensch.
Hat dir das schon mal jemand gesagt?
In deinem Innersten bist du einmalig,
unverwechselbar.
Von Ewigkeit zu Ewigkeit
wird keiner so sein wie du!
Unter der Oberfläche deines Bewusstseins
stößt du auf das Wunder,
das du selbst bist.
Sei du selbst!

Phil. Bos –

Fang mit einem Lächeln an

Freundlichkeit ist wie ein Wunder.
Freundlichkeit verwandelt Menschen.
Freundlichkeit verändert die Welt.

Ein fröhliches Gesicht – und schon lacht die Sonne.

Fang jeden Tag mit einem freundlichen Gesicht an.
Die Arbeit wird dich nicht so kaputt machen.
Die schönen Dinge des Lebens machen dir mehr Spaß.
Für die Menschen um dich herum ist ein fröhliches Gesicht
wie ein Sonnenstrahl, der alles heller macht.

Dein schönstes Gesicht ist ein freundliches Gesicht.
Darum stell dich jeden Morgen vor den Spiegel
und mach dieses kleine Training des Herzens:
„Menschenskind, sei zufrieden, dass du lebst.
Heute gibt es keine finsteren Mienen.
Von einem traurigen Gesicht hat kein Mensch etwas.
Mein Herz sei frei von Neid und Selbstmitleid.
Dann wird der Tag gut. Ich kann glücklich sein."

Lebensfreude

Was uns am allernächsten liegt,
daran denken wir oft zuallerletzt:
an das Wunder, dass wir leben,
dass wir überhaupt da sind.
Jeder Mensch, der auf die Welt kommt,
bringt nicht nur Lebenshunger mit,
sondern auch eine große Portion Lebenslust.

Es gibt Menschen, die hätten manche Gründe,
unglücklich zu sein, und sind es dennoch nicht.
Und es gibt Menschen, die überall Gründe finden,
sich zu bedauern und zu beklagen.

Verlorene Lebensfreude wiederzufinden ist schwer.
Aber es geht, wenn wir uns neu auf den Weg machen,
wenn wir uns öffnen für die Anziehungskraft des Guten,
wenn wir dem nicht nachtrauern, was wir verloren haben,
sondern uns über alles Gute freuen,
was wir dennoch jeden Tag bekommen,
und sei es nur ein fröhlicher Sonnenstrahl.

Willkommen, kleiner Stern,
auf unserem Planeten.
Ruhe am Herzen einer lieben Mutter,
lass dich wiegen
in den Armen eines lieben Vaters.

Ich wünsche dir Liebe.
Dann hast du alles, was du brauchst,
um ein glücklicher Mensch zu werden.

Wie das Leben besser schmeckt

Optimismus ist das Gewürz,
mit dem das Leben besser schmeckt.
Pessimismus macht es ungenießbar.
Pessimisten finden überall ein Haar in der Suppe.
Sie sagen: „Das geht bestimmt schief.
Das schaffe ich nie. Ich habe sowieso kein Glück."

Optimisten haben bessere Augen.
Sie entdecken das Gute, das verborgen ist.
Sie geben nicht so schnell auf.
In verfahrenen Situationen verlieren sie
weder die Geduld noch den Humor.

Optimisten sind nicht die Blauäugigen,
die alles schön und wunderbar finden.
Optimismus wird uns auch nicht
ein für allemal bei der Geburt mitgeliefert.
Es lässt sich eine Menge dazu beitragen.

Optimismus hat eine dreifache Wurzel:
ein gesundes Selbstvertrauen,
ein grundlegendes Vertrauen ins Leben
und nicht zu vergessen: Gottvertrauen.
Mit Vertrauen finden wir selbst dort,
wo kein Weg mehr ist, noch einen Ausweg.

Nur die Optimisten werden überleben

Wenn Optimisten auf ihrem Weg
den breiten Zug der Pessimisten kreuzen,
bekommen sie plötzlich andere Namen:
Naive, die vom Leben keine Ahnung haben;
Träumer und Spinner, die Utopien nachhängen.

Pessimisten nennen sich selbst Realisten.
Sie meinen, mit beiden Beinen
auf dem Boden der Wirklichkeit zu stehen.
Vor lauter Schatten vergessen sie die Sonne,
und so sehen sie alles schwarz.

Optimisten machen sich auf den Weg
zur anderen Seite, zur Sonnenseite.
zu dem Land, wo man überleben kann.

Optimisten glauben an die Früchte des Geistes:
Liebe und Friede, Freundlichkeit und Güte.

Die Augen eines Kindes

Herr, gib mir ein wenig Sonne.
Gib mir ein Lächeln für diesen Tag.
Gib mir die Augen eines Kindes.

Wünsch dir die Augen und das Herz eines Kindes,
das quietschvergnügt über den verbotenen Rasen rennt,
das über einen kleinen Fisch im Wasser staunt,
das nach den Sternen fragt, wer sie angezündet hat.
Es hat dich nicht gern wegen deines Bankkontos,
sondern weil du mit ihm spielst und lachst,
weil du fantastische Geschichten erzählen kannst.
Mit den Augen eines Kindes wird die ganze Welt neu.

Empfangt die Augen eines Kindes,
um das Leben anders zu sehen.
Empfangt den Traum eines Kindes
nach dem verlorenen Paradies.
Empfangt das Lachen eines Kindes
und seine Freude an den kleinen Dingen.
Empfangt das Herz eines Kindes,
um an die Liebe der Menschen zu glauben.

So ein wunderbarer Frühlingstag,
so ein herrlicher Sonnenschein,
so ein paradiesisches Grün,
so viele Blumen
und so viel Vogelgezwitscher.
Dafür lohnt es sich,
den Regen zu ertragen.

Im Frühling

Aufbruchstimmung in der Natur.
Überall regt sich neues Leben.
Die Schöpfung legt ein Brautkleid an
aus tausend wunderbaren Blumen.
Als ob ihr in aller Stille zugeflüstert würde:

Ich hab dich gern.

Lieber Mensch, komm heraus ins Freie!
Draußen ist Frühling. Öffne deine Augen
für das frische Grün, für die bunten Blüten
und für das Wunder alles Lebendigen.
Öffne deine Ohren für den Gesang der Schöpfung.
Die Spatzen pfeifen es schon von den Dächern.

Was der Himmel der Erde ohne Worte sagt,
das flüstert er auch dir in aller Stille zu:

Mensch, ich hab dich gern.

Eine wunderbare Botschaft der Liebe.
Mit ihr herrscht auch bei dir Aufbruchstimmung.

Kannst du nicht lachen, kannst du nicht leben

Lachen ist gesund. Denk an deine Gesundheit,
vergiss das Lachen nicht.
Lachen befreit, Humor entkrampft.
Lachen: die beste Kosmetik fürs Äußere
und die beste Medizin fürs Innere.
Lachen und Humor – eine Wohltat,
nicht nur für deinen Kreislauf,
sondern auch für deine Umgebung.

Lachen und Humor entlasten.
Sie befreien vom Blei der Probleme,
von übertriebenen Sorgen, von falschem Ernst.
Die Welt sieht plötzlich anders aus.
Lachen und Humor machen den Weg frei
zu ungeahnter Lebensfreude.

Mensch, du bist geschaffen
für das Licht, für die Freude,
um zu lachen und zu singen,
um zu leben in Liebe und um dazusein
für das Glück deiner Mitmenschen.

Wer Menschen froh machen will,
muss Freude in sich haben.
Wer Wärme in die Welt bringen will,
muss Feuer in sich tragen.
Wer Menschen helfen will,
muss von Liebe erfüllt sein.
Wer Frieden auf Erden
schaffen will,
muss Frieden im Herzen
gefunden haben.

Was kommt da Schönes auf mich zu?

Unaufhörlich geht uns etwas durch den Kopf.
Meistens geht es um die Zukunft: Was soll ich machen?
Was wird aus mir? Aus meiner Arbeit?
Aus meinen Plänen? Was kommt auf mich zu?

Weit verbreitet sind die Stimmen der Unglückspropheten.
Sie sehen alles durch die negative Brille. Ob in der Politik,
in der Gesellschaft, im eigenen Leben, wo auch immer.
Es gibt aber auch den Chor der Berufsoptimisten,
die unentwegt versichern: Kein Problem, wir schaffen das.

Freud und Leid, beides gehört zum menschlichen Leben.
Sosehr wir uns wünschen, dass alles gelingt,
ein leidfreies Leben gibt es hier auf Erden nicht.
Aber wir hoffen, dass Schmerzen aufhören,
Prüfungen gut ausgehen, Probleme sich lösen.
Wir wünschen uns, wenn wir eine Sorge endlich los sind,
dass nicht gleich die nächste auf uns lauert.

Wir können diese Hoffnung jetzt schon trainieren:
nicht nur auf das Böse starren, sondern überall versuchen,
Gutes zu entdecken und Gutes zu tun.
So halten wir Ausschau nach dem unendlich Guten:
Da kommt Wunderbares auf uns zu!

Gut leben, wie geht das?

Jeder möchte gut leben. Doch wie geht das: gut leben?
Viele denken: viel Geld, viel Erfolg, viel Spaß haben,
aber auf jeden Fall möglichst viel Gesundheit
und möglichst wenig Ärger und Sorgen.
Werden wir damit allein schon wirklich glücklich?

Was unser Leben im Grunde gut macht,
müssen wir nicht weit weg suchen.
Es liegt in jenem Grund unseres Wesens,
in dem unser Denken, Fühlen und Verlangen
seine Wurzel hat: im Herzen.

Unser Herz verlangt
nach einem Du, das zu ihm sagt:
„Wie gut, dass du da bist!"
Unser Herz fühlt sich gedrängt,
darauf zu antworten:
„Wie gut, dass es dich gibt!"

Keine Last ohne Erlösung

Wir träumen von einem Leben ohne Last
und wissen doch: Das gibt es nicht.
Was ist, wenn der Spaß aufhört?
Wenn Leid in tausendfältiger Form
über Menschen hereinbricht?

Die Last wird leichter, wenn wir glauben können,
dass sie einen Sinn hat, auch wenn wir ihn nicht sehen.
Die Last wird leichter, wenn wir helfen, sie zu tragen,
auch wenn wir sie nicht abnehmen können.
Wenn wir schwere Lasten zu tragen haben,
quälen nicht nur die Schmerzen,
sondern auch das Gefühl der Hilflosigkeit.
Wer wird mir, wer kann mir wirklich helfen?

Das Leid ist so unerklärlich
und so unbegreiflich wie Gott selbst.
Aber er bleibt kein unbeteiligter Zuschauer.
Er ist ein mitleidender Gott.
Er nimmt unsere Last auf sich, er trägt sie.
Durch ihn kommt alle Last zur Erlösung.
Ihm können wir auch unsere Last anvertrauen.
Er vermag alles zum Guten zu wenden.

Gut leben, wie geht das?

Jeder möchte gut leben. Doch wie geht das: gut leben?
Viele denken: viel Geld, viel Erfolg, viel Spaß haben,
aber auf jeden Fall möglichst viel Gesundheit
und möglichst wenig Ärger und Sorgen.
Werden wir damit allein schon wirklich glücklich?

Was unser Leben im Grunde gut macht,
müssen wir nicht weit weg suchen.
Es liegt in jenem Grund unseres Wesens,
in dem unser Denken, Fühlen und Verlangen
seine Wurzel hat: im Herzen.

Unser Herz verlangt
nach einem Du, das zu ihm sagt:
„Wie gut, dass du da bist!"
Unser Herz fühlt sich gedrängt,
darauf zu antworten:
„Wie gut, dass es dich gibt!"

Zustimmung im Herzen, damit lässt sich gut leben.
Zustimmung zum Leben, auch wenn es schwer wird,
Zustimmung zum Leben anderer Menschen,
auch derer, die es uns nicht leicht machen,
auch das meint das kleine Wort „Liebe“.

Wer liebt, dem wachsen Kräfte.
Was die Liebe trägt,
ist niemals eine Last.
Wer liebt,
der vermag alles.

Liebe: So ein kleines Wort. Und es sagt doch alles

Liebe heißt Wärme ausstrahlen,
ohne einander zu ersticken.
Liebe heißt Feuer sein,
ohne einander zu verbrennen.

Liebe heißt einander nahe sein,
ohne einander zu besitzen.
Liebe heißt viel voneinander halten,
ohne einander festzuhalten.

Liebe ist das große Abenteuer
des menschlichen Herzens.
Spüren Menschen das Herz eines Menschen,
kommen sie zum Leben.

Liebe ist der einzige Weg,
auf dem Menschen menschlicher werden.
Allein die Liebe ist das Haus,
in dem wir wohnen können.

Den Liebenden gehört der Himmel.
Sie leben und wachsen zusammen.
Wenn ihr in Liebe lebt, werdet ihr
auf Erden gemeinsam im Himmel sein.

Frühling der Liebe

Wenn zwei Menschen beisammen sind,
wenn sie einander in Liebe umarmen
und Zärtlichkeit an Leib und Seele erfahren,
dann wird das Leben ein Fest.
Dann gibt es keine Grenzen mehr.
Es ticken keine Uhren, die Zeit steht still.
In allen Dingen leuchtet ein Stern,
und auf allen Wegen liegt Musik.

Im Frühling der Liebe
ist das Leben ein Fest.

Man ist im siebten Himmel, und man vergisst,
dass jeder Frühling auf einen Herbst zugeht
und durch einen Winter hindurch muss,
um ein neuer Frühling zu werden.
Nach dem ersten heißen Liebesschwur
kommen die meisten Menschen
bald zu der nüchternen Feststellung,
dass sie doch nicht jeden Tag Lust haben,
füreinander zu sterben.

Krisenzeit – Oasenzeit

Zwei Menschen fühlen sich voneinander angezogen,
sie träumen voneinander, sie wohnen miteinander.
Sie wachsen mehr und mehr zusammen.
Doch der Lebensweg ist lang. Mit der Zeit merkt man,
dass der andere nicht nur gute Seiten hat.
Du ärgerst dich und denkst: Ich habe mich geirrt.

In jedem Zusammenleben kommt es zu Krisen.
Jedes Leben unterliegt dem Rhythmus
von Tag und Nacht, Hoch und Tief, Ebbe und Flut.
Auch ihr seid nur Menschen wie alle anderen auch.
Die Frühlingsgefühle von einst halten nicht ewig.
Ihr geratet in eine eintönige, entsetzlich öde Wüste.

Wenn ihr dann wartet und nicht denkt: Alles ist aus;
wenn ihr dann sehr viel Geduld habt und treu bleibt,
dann wird eines Tages, ganz unvermutet,
irgendwo eine Quelle entspringen,
und in eurem Leben beginnt eine neue Zeit,
nach der Krisenzeit eine Oasenzeit.

Überraschungen und Enttäuschungen

Warum halten die Menschen die Liebe nicht durch?
Sie hatten sich doch leidenschaftlich gern.
Warum ist es so schwer, täglich miteinander auskommen?
Man entdeckt neue Seiten am anderen.
Man erlebt Überraschungen und Enttäuschungen.

Meistens erwartet man zuviel voneinander.
Er hat zu wenig Zeit, zu wenig Aufmerksamkeit für sie.
Sie hat zu wenig Anerkennung für ihn und seine Arbeit.
Er soll nicht so mürrisch sein, sich nicht so gehen lassen.
Sie soll keine Launen haben, sich nicht so anstellen.

Wir meinen, den anderen zu lieben,
Aber in Wirklichkeit dreht sich viel zu viel
ums eigene Ich. Wir denken zu wenig daran,
was wir dem anderen schuldig sind,
was wir ihm geben, für ihn tun können.

Die Liebe hat Geduld, sie ist gütig
und gebraucht keine Gewalt.

Die Liebe nimmt sich nicht so wichtig
und bläht sich nicht auf.

Die Liebe missbraucht kein Vertrauen
und handelt nicht treulos.

Die Liebe freut sich nicht über Unrecht
und trägt das Böse nicht nach.

Die Liebe sucht nicht ihren Vorteil
und ist zur Versöhnung bereit.

Heillos verfahren

Nicht immer geht das Leben glatt.
Es gibt heillos verfahrene Situationen.
Alle Versuche der Verständigung bleiben vergeblich.
Vielleicht müssen auch wir uns Fehler eingestehen
und sagen dann: Wie konnte ich nur!
Vielleicht kommt vieles unheilvoll zusammen
und lässt sich nicht mehr entwirren.

Um Knoten zu entwirren, braucht man viel Geduld.
Manche Wunden heilen mit der Zeit von selbst.
Aber es gibt auch Verwicklungen,
die mit menschlicher Kunst nicht zu meistern sind.
Immer sind wir auf Hilfe von oben angewiesen.
Es ist nicht das Schlechteste,
auf diese himmlische Kunst zu vertrauen.

Es gibt nur einen Ausweg

Wenn die Sonne des gemeinsamen Lebens verdunkelt ist
durch die Wolken von Misstrauen und Unterstellung,
durch die Mauern von Verdächtigung und Lüge,
durch die Nacht von Streit und Wut und Krach,
dann gibt es nur einen Ausweg, nur eine Öffnung zum Licht.

Versöhnung: die einzige Hand,
die geduldig dunkle Wolken beiseite schiebt.
Versöhnung: das erste Licht am Morgen,
das die Nacht allmählich vertreibt.
Versöhnung: der Schlüssel,
der zugeschlagene Türen wieder öffnet.

Es ist nie zu spät, sich zu versöhnen,
denn es ist nie zu spät, zu lieben,
und auch nie zu spät, glücklich zu sein.

Heimweh

Der Mensch – ein kleines wunderliches Wesen:
immer auf der Suche und voller Probleme.
Das Heimweh nach dem verlorenen Paradies
ist ihm tief ins Herz geschrieben.
Menschen sind wie große Kinder: das Leben lang
auf der Suche nach Wärme, Glück, Liebe;
auf der Suche nach einem Zuhause;
auf der Suche nach einem Wesen, das sie gern hat;
bei dem sie sich sicher und geborgen wissen.

Menschen suchen ihr Leben lang auf vielen Wegen,
Umwegen und Irrwegen einen bleibenden Ort,
einen Heimathafen, einen Tisch mit Brot und Wein,
ein Herz, eine sanfte Hand, eine stille Gegenwart,
die bleibt, auch wenn die Worte verstummen.

Aber das Leben lehrt, dass Menschen für Menschen
nur ein Zwischenhafen sind, ein Anlegeplatz auf Zeit,
wie schön er auch sei. Menschen suchen,
ob sie darum wissen oder nicht, im Grunde
den großen Strom, der sie ans andere Ufer bringt,
zum endgültigen Hafen, wo sie für immer geborgen sind,
zu dem Hafen voller Licht und Liebe, den ich Gott nenne.

Ich glaube, dass Gott
der Ursprung alles Guten ist.
Gott ist nicht der gute Mensch,
aber in jedem guten Menschen
kommt er auf uns zu.
Gott ist nicht die Blume,
aber in jeder Blume
ist er vorübergegangen.

In allem, was lebt,
hat Gott eine Spur
seiner Liebe hinterlassen.
In jedem Grashalm entdecke ich
seine Signatur.

Gott ist verliebt

Mein erster Gedanke, wenn ich aufwache, ist Dankbarkeit.
Ich schaue nach draußen. Der ganze Schauplatz ist wieder da,
auf dem ich leben darf: die Luft, die Wolken, die Bäume,
die Sträucher, der Boden unter meinen Füßen, die Wege,
das Land, die Blumen und die Vögel und so viel Sonne.

Ich staune wie ein Kind. Um mich die Wunder des Lebens.
Es gibt jemanden, der unendlich viel von mir hält.
Ich fühle mich geliebt bis in meine Zehenspitzen.
Ich möchte antworten mit überströmender Dankbarkeit.

Gott spricht über seine Liebe zu mir
in jeder Blume, die für mich blüht,
in jedem Baum, der Früchte trägt,
in jedem Vogel, der für mich singt.
In der Zuneigung von Menschen
fühle ich seine Liebe zu mir.

Gott ist verliebt, und alles ist Gabe.
Jede Gabe ist ein Wort Gottes,
mit dem er mir sagen möchte,
wie gern er mich hat.

Ich glaube an das Gute,

auch wenn so viele Menschen
vom Bösen heimgesucht werden.

Ich glaube an das Schöne,

auch wenn so viele Menschen
die Welt zum Müllhaufen machen.

Ich glaube an die Liebe,

auch wenn so viel Feindschaft herrscht,
so viel Hass und Gewalt.

Die erste Aufgabe für alle Menschen heißt:
Kümmere dich um dein Herz!
Das wahre Maß des Herzens heißt:
Liebe.

Mensch, ich hab dich gern.

Sag es weiter mit Worten oder ohne Worte.
Sag es weiter mit einem Lächeln,
mit einem Stern in deinen Augen,
mit einem Händedruck,
mit einem Wort der Anerkennung,
mit einer Umarmung, mit einem Kuss,
mit einer Geste der Versöhnung,
mit tausend kleinen Aufmerksamkeiten,
jeden Tag aufs neue:

**Mensch,
ich hab dich gern.**

Mit anderen leben

Leben heißt mit anderen leben.
Was bin ich denn ohne die anderen?
Eine einsame Insel in einem Meer von Menschen.
Ohne die anderen ist Leben eine Utopie,
ist Lieben ein unerfüllbarer Traum,
ist Glücklichsein eine Fata Morgana.
Wir alle sind miteinander durch tausend Fäden
verbunden. Ein Leben hängt am anderen.

Mit anderen leben heißt:
Mit ihnen muss ich alles teilen.
Ihnen darf durch mich kein Leid geschehen.
Ich muss sie annehmen und anerkennen.
Ohne die anderen kann sich keiner entfalten.
Ich brauche sie nicht nur, weil sie mir
soviel bedeuten. Ich brauche sie auch,
weil ich soviel für sie tun kann.

Augen habe ich,
um die anderen zu entdecken,
Ohren, um auf sie zu hören,
Füße, um zu ihnen zu gehen,
Hände, um sie ihnen hinzuhalten,
und ein Herz, um sie zu lieben.

Du kannst nicht leben,
wenn du keinen Menschen hast,
der sich um dich kümmert.

Du triffst im Leben viele Menschen,
aber nur wenige sind dir ganz nahe,
bedeuten dir viel, gehören zu dir.
Ihnen kannst du dich anvertrauen.
Ihnen bist du immer willkommen.
Ihre Nähe ist für dich unentbehrlich.

Du kannst du nicht leben,
wenn du keinen Menschen hast,
um den du dich kümmerst.

Man muss nicht meinen, das sei schon Liebe:
keinem zu nahe kommen, keinem etwas antun.
Wirklich lieben heißt: sich um Menschen kümmern,
aufmerksam, einfühlsam, erfinderisch.

Auf dem Weg

Unerlässlich sind im Leben Standortbestimmungen,
aber wir brauchen auch Zielvorstellungen.
Was soll ich machen? Wozu bin ich eigentlich da?
Was ist meine Aufgabe? Wohin geht mein Leben?

Gut ist es, nicht allein auf dem Weg zu sein.
Leben geht nur mit guten Beziehungen.
Wir sind auf Menschen angewiesen,
mit denen wir über alles reden können,
was wir erleben, was uns bewegt, was uns quält.

Aber es gilt auch umgekehrt.
Menschen sind auch auf uns angewiesen,
auf unser Verständnis und unsere Hilfe,
dass wir ihre Ängste und Sorgen teilen
und ihnen Mut machen:

„Ich bin bei dir."

Ein solches Wort kann Wunder wirken.
Eine solche Erfahrung ist wie ein Kraftwerk.
Sie schenkt den Gesunden neue Lebensenergie
und den Kranken neuen Lebensmut.
Einander Hoffnung geben heißt
miteinander Freundschaft schließen.

Nur Wasser kann eine Wüste verwandeln.
Liebe ist lebendiges Wasser,
eine Urenergie, die alle menschlichen
Wüsten fruchtbar macht.

In der Nacht

Wenn dein Leben in eine schwarze Nacht gerät,
wenn du nicht mehr ein noch aus weißt,
wenn alle Lebensfreude, aller Lebensmut erlischt,
versuche, das gewohnte Leben durchzuhalten.

Hab Geduld mit dir selbst und warte, bis es heller wird.
Warte mit Veränderungen und Entscheidungen.
Warte, bis du wenigstens eine Nacht geschlafen hast.
Eine Nacht gut schlafen löst manches Problem.

Die Nacht kann nicht so dunkel sein,
dass nicht irgendwo ein Stern zu finden wäre.
Die Wüste kann nicht so trostlos sein,
dass nicht irgendwo eine Oase zu entdecken wäre.

Stehst du mit leeren Händen da, dann wisse,
dass Gott von dir keine vollen Scheunen verlangt.
Wenn du alle deine Karten ausgespielt hast,
hat Gott immer noch einen Trumpf im Ärmel.

Lerne eine Zeitlang blind zu fliegen,
wie Piloten durch Nacht und Nebel.
Vertraue der Führung eines anderen.

Wenn die Lichter
der Menschen verlöschen
und der Lärm der Welt verstummt,
dann sehen wir wieder die Sterne,
dann hören wir wieder die Stille.

Heute

Du lebst nur einen Tag: Heute.
Heute ist der Tag, um glücklich zu sein.
Kein anderer Tag ist dir gegeben als dieser Tag,
um zu leben, um froh und zufrieden zu sein.
Zerbrich dir nicht den Kopf mit Sorgen von morgen.
Belaste dein Herz nicht mit dem Elend von gestern.
Gestern: schon vorbei. Morgen: kommt erst noch.
Heute: der einzige Tag, den du in der Hand hast.

Nimm an, was dieser Tag dir gibt:
das Licht dieses Tages,
die Luft und das Leben,
das Lachen und Weinen,
das Wunder dieses Tages.

Besser, als ich dachte

Menschen wohnen in einem Ort, in einer Straße,
in einem Block, in einem Haus dicht beieinander.
Sie könnten gute Nachbarn und Freunde sein.
Aber wie oft erlebt man das Gegenteil.
Wortlos, grußlos gehen sie aneinander vorbei.
Bei dieser eisigen Gleichgültigkeit genügt dann oft
eine Lappalie, und schon herrscht Streit und Krach.

Nahe beieinander leben
kann sehr unbequem sein.

Doch manchmal lassen sich mit etwas gutem Willen
Dinge erreichen, die keiner für möglich gehalten hätte.
Vielleicht wird uns bewusst, dass auch wir
anderen auf die Nerven gegangen sein könnten.
Wir fangen an, bei ihnen sogar Gutes zu entdecken,
und ringen uns allmählich zu der Einsicht durch:
„Die Menschen sind doch besser, als ich dachte."

Sollte das nicht auch von deinem Nachbarn gelten?
Wenn er sich in deinen Augen unmöglich verhalten hat,
vielleicht merkt er das nicht oder sieht es ganz anders.
Vielleicht tut es ihm sogar im stillen leid.
Vielleicht hat er Ähnliches auch von dir erlebt.
Vielleicht ist der Nachbar besser, als du denkst.

Mein Mitmensch

Mein Mitmensch, der auf meine Liebe wartet,
der meine Anerkennung und Freundschaft braucht.
Mein Mitmensch, dem ich helfen kann
mit einem lächelnden Blick, mit einer guten Geste,
mit einem freundlichen, herzlichen Wort,
Er lebt nicht hinter den Bergen,
er wohnt nicht jenseits der Meere.

Mein Mitmensch ist hier.

Mein Mitmensch: Das ist mein Partner,
meine Partnerin, mein Kind und jedes Kind,
das die Wärme meines Herzens sucht.
Das sind die alt gewordenen Eltern,
um die ich mich kümmern muss,
denen liebevolle Aufmerksamkeit gut tut.

Mein Mitmensch ist hier.

Mein Mitmensch: Das ist er Kranke nebenan,
der schon lange im Bett liegt und einsam ist.
Das ist der Blinde, dem ich zur Hand gehen kann.
Das ist der Kollege, der seine Arbeit verloren hat,
der verbittert ist und an den keiner mehr denkt.

Warum suche ich ihn so weit weg?

Keine linken Menschen, keine rechten Menschen

Ich gehe auf der Straße und sehe
keine linken Menschen, keine rechten Menschen.
Sondern nur: Menschen.

Ich stehe morgens in Bus und Bahn und sehe
keine linken Menschen, keine rechten Menschen.
Sondern nur: Menschen, die es eilig haben.

Ich gehe ins Krankenhaus und sehe
keine linken Menschen, keine rechten Menschen.
Sondern nur: Menschen, die Schmerzen haben.

Warum die Menschen einteilen in Gute und Böse?
Warum sie mit Farbe anstreichen:
rot, schwarz, gelb, grün, braun?
Warum die Menschen einsortieren
nach links oder rechts oder in die Mitte?

Du hast zwei Hände, eine linke und eine rechte.
Strecke die eine Hand nach links aus
und die andere nach rechts
und versöhne die Menschen miteinander.

Jeder Mensch der Mühe wert

So verschieden die Menschen in der Welt sind,
in einem sind alle gleich: dass sie Menschen sind,
alle mit der gleichen Menschenwürde,
und alle leben unter der einen Sonne
und in dem gleichen Dorf, das Erde heißt.

Und doch werden die Menschen keineswegs
alle gleich behandelt. Da gibt es große Unterschiede.
Menschen werden unwillkürlich eingeschätzt
nach Aussehen, Alter, Bildung, Leistung, sozialer Stellung.

Ein Arbeitsloser, der keinen Job findet,
ein Schwerbehinderter, der ständig Hilfe braucht,
ein Kranker, der nicht mehr arbeiten kann,
ein Suchtabhängiger, der kaum zu heilen ist,
solche Menschen sind für viele nicht viel wert.

Die Sonne macht keinen Unterschied.
Jeder ist für sie sympathisch.
Wo die Sonne des Herzens scheint,
ist jeder Mensch der Mühe wert.

Hunger

Jeder weiß es: Millionen Menschen
leiden Hunger – gestern, heute, morgen.
Sie können nicht arbeiten,
weil sie nichts zu essen haben.
Sie werden krank,
weil sie nichts zu essen haben.
Sie sterben schon als Kinder,
weil sie nichts zu essen haben.

Viele sagen:
Ich kann es nicht mehr hören,
ich will es nicht mehr sehen,
immer wieder dasselbe: Hunger.

Es hilft nichts: Wir müssen teilen.
Teile dein Brot, und es schmeckt besser.
Teile dein Glück, und es wird größer.

Gewalt ist die schlechteste Antwort auf die schweren Probleme dieser Zeit.

Täglich berichten die Medien von Gewalt.
Fassungslos lesen wir von unvorstellbaren Verbrechen,
sehen wir Bilder von einem Elend ohne Ende.
Gewalt kann man nicht durch Gewalt überwinden.
Das kann nur die Liebe. Sie sucht überall das Gute
und lässt sich nicht verbittern. Sie genießt nicht
die Sensationen des Bösen, sondern freut sich
über alles Gute, das dennoch geschieht.

Selig die Gewaltlosen

Selig die Gewaltlosen, die nicht nach Macht hungern;
die dort stehen, wo die Schwachen sind
und wo Menschen Opfer von Menschen werden;
die mutig eintreten gegen den Missbrauch der Macht;
die die Spirale der Gewalt umdrehen
zu einer Spirale der Freundschaft und Liebe.

Zur Gewalt musst du hassen lernen.
Zur Gewaltlosigkeit musst du lieben lernen.

Angst hat viele Gesichter

Angst verdunkelt die Seele, quält das Herz,
vertreibt die Lust und verdirbt alle Freude.
Doch dazu ist das Leben nicht da,
dazu ist der Mensch nicht gemacht.

Angst hat viele Gesichter: zu versagen,
verlassen zu werden, nicht geliebt zu sein.
Wir haben Angst vor der unsicheren Zukunft,
vor Unglück, Krankheit und Schmerz,
vor unwiderruflichem Abschied, vor dem Tod.

Manchmal hat die Angst auch ihr Gutes.
Sie kann der Motor sein, der uns antreibt,
endlich zu tun, was notwendig ist.
Angst kann ungeahnte Energien entbinden.
Aber meist legt sie heute die Kräfte lahm,
die wir morgen zum Überleben brauchen.

Angst vor morgen
kommt immer einen Tag zu früh.

Auf der Suche nach Sinn

Immer wieder stellen wir uns die Frage,
ob es sinnvoll ist, was wir tun und wie wir leben.
Können wir Sinn erkennen, kommen wir
leichter über Schwierigkeiten hinweg,
selbst über das schwierigste Hindernis,
das manchmal wir selbst sind.
Wenn wir uns selbst im Wege stehen,
fordert uns eine Aufgabe heraus,
die uns schier unmöglich erscheint:
über den eigenen Schatten zu springen.

Schatten: Das ist unsere dunkle Seite,
das, was wir nicht wahrhaben wollen,
die Schuld, die wir am liebsten vor anderen
und vor uns selbst verstecken.
Diesen Schatten werden wir nicht los,
indem wir ihn auf andere schieben.
Ihm müssen wir uns stellen.
Stellen wir ihn in das Licht jener Liebe,
die unserem ganzen Leben Sinn verleiht.

Blumen

Sag: Wo sind die Blumen geblieben?
Die Blumen der erfreulichen Dinge,
der schönen Erlebnisse und Ereignisse?
Sie sind erstickt in der Lawine
der Katastrophen und Skandale.
Sie sind gestorben auf den Lippen
der ewigen Unglückspropheten.

Sag: Wo sind die Blumen geblieben?
Die Blumen der Aufmerksamkeit,
die zeigen, dass man aneinander denkt
und dass man einander beschenkt?
Die Blumen des Vertrauens,
die uns fröhlich machen?
Die kleinste dieser Blumen erzählt
von einem Stück Himmel auf Erden,
wo Menschen füreinander
blühen wie die Blumen.

Ein Tropfen Wasser kann einer Blume
die Kraft geben, sich wieder aufzurichten.
Ein wenig Liebe kann einem Menschen
den verlorenen Mut wiedergeben.

Hab Mut!

Mut ist eine kostbare Gabe.

Wir können viel verlieren, ohne wirklich unglücklich zu sein.
Wenn wir den Mut verlieren, haben wir alles verloren.
Wer den Mut verliert, ist wie ein Vogel, der seine Flügel verliert.
Da ist kein freier Himmel mehr, keine Sonne, keine Zukunft.

Mutlosigkeit ist ein bleiernes Gewicht.

Mit solchem Gewicht an den Beinen kommen wir nicht weiter.
Mutlosigkeit legt sich aufs Herz und schlägt auf den Magen.
Mutlosigkeit ist ein spitzer Stein in den Schuhen,
jeder Schritt wird zur Qual. Ohne Mut können wir nicht leben.

Mut ist eine seltsame Kraft.

Anderen Mut machen und sich selbst Mut machen
ist das Beste, was ein Mensch tun kann.
Mit Mut kommt man überall durch, so schwer es auch ist,
so ausweglos die Situation auch erscheinen mag.
Wer sagt: Hab Mut, sagt damit auch: Du bist nicht allein.

Hab Mut wie die Sonne am Morgen.
Trotz allem Elend in der Welt
steht sie Tag für Tag neu auf.

Nur keine Panik

Das Leben steckt voller Aufregungen.
Vor lauter Aufregung sind manche
wie gelähmt oder, das Gegenteil,
sie geraten in Panik und machen blindlings
irgendwas, manchmal gerade das Verkehrte.
Wenn es kritisch wird, gilt als erstes:
Nur keine Panik! Nicht den Kopf verlieren!

Oftmals ist die Gefahr nur halb so groß,
wie Angst sie sich ausmalt.
Klug ist, wer die Realität nimmt, wie sie ist,
nicht, wie man sie lieber hätte.
Klug ist, wer sich nicht anstecken lässt,
wenn Stimmungen hoch kochen.

Klug ist, wer in kritischen Situationen
nicht das Vertrauen verliert:
Am Ende wird alles seinen Sinn haben,
am Ende wird alles gut werden.
Dieses Vertrauen schützt vor Panik.

Die Wüste kann nicht so trostlos sein, dass nicht irgendwo eine Oase zu entdecken wäre.

Es gibt eine Traurigkeit, die über uns kommt,
wenn wir zu sehr an uns selbst denken
und an all das, was wir uns nicht leisten können.
Wir sind niedergeschlagen, wenn kein Mensch
an uns denkt, wenn wir uns nicht beachtet fühlen.
Wir werden eifersüchtig bei dem Gedanken,
was andere alles haben, wie viel mehr als wir.

Wir fangen an, uns zu bedauern: Wie schwer
wir es haben, wie schlecht es gerade uns geht.
Vergiss das Gute nicht, das dir jeden Tag
Freude machen kann. Es gibt viele schöne Dinge,
die du nicht mehr siehst, an die du nicht mehr denkst,
so viele Wunder in der Natur, die nur darauf warten,
einen Menschen von seiner Traurigkeit zu heilen.

Vergiss die schönen Tage nicht,
sonst kommen sie nie wieder.

Rätselhaft – geheimnisvoll

Das Rätsel des Leidens und des Bösen,
das Rätsel des Lebens und des Sterbens
hängt zusammen mit dem Geheimnis Gottes.
Aber wir leben in einer Zeit der Verfinsterung
im Denken und Reden von Gott.
Es herrscht eine große Leere um Gott.

Gott ist ein fremdes Licht.
Ich werde mit Gott zum Kampf antreten.
Ich werde Gott zur Verantwortung rufen.
Ich werde rufen: „Warum?
Warum hast du die Sonnen gelöscht,
die du selbst angezündet hast, Gott?“

Manchmal höre ich in den Orkanen
und in den Unwettern des Lebens
das Krachen der Türme von Babel.
Vielleicht ist jemand da,
der den Menschen einen Wink geben will,
alles zu relativieren im Licht der Hoffnung
auf eine neue Erde und einen neuen Himmel.

Gute und schlechte Tage

Schlechte Tage, du weißt, was das heißt.
Tage, an denen alles schief geht,
an denen du alles schwarzsiehst.
Und du denkst, dass es so bleiben wird.

Jeder Mensch hat schlechte Tage.
Was kann man da machen?
An schlechten Tagen hab Geduld,
auch viel Geduld mit dir selbst.
Aber heute muss alles schnell gehen.
Sofort, mit einem Druck auf den Knopf.
Doch das Leben ist keine Maschine,
die nur gute Tage produziert.

Es gibt gute und schlechte Tage.
Gute Tage gehen vorbei, das weißt du,
und das findest du schrecklich.
Aber schlechte Tage gehen auch vorbei.
Warum tröstet dich das nicht?

Die Zukunft gehört Menschen,
die mit weniger zufrieden sind
und die Zeit für Dinge haben,
die man nicht kaufen kann.

Du bist ein Engel

Du hast ein Problem. Du bist ratlos und hilflos.
Auf einmal ist ein Mensch da, der sich dir zuwendet.
Der deine Not erkennt. Der dir auf die Beine hilft.
Du siehst wieder Licht. Du schöpfst neuen Mut.
Erleichtert und befreit sagst du: „Du bist ein Engel."

Engel sind Menschen, die in eine trostlose Welt
einen Sonnenstrahl der Freude bringen,
Sie halten ihre Augen offen für Menschen in Not.
Sie geben ihnen ihre Hand und ihr Herz.
Sie sprechen Einsame an, besuchen Kranke
und lassen Sterbende nicht allein.

Engel haben gute Augen, sie sehen
die verborgene Not der Menschen.
Engel haben gute Ohren, sie hören zu,
und sie hören auch das ungesagte Leid.
Engel finden Worte und Taten,
die Mut machen und weiterhelfen.

Lob beflügelt

Jeder Mensch lebt davon, dass er Zustimmung findet.
Jeder braucht von Zeit zu Zeit Aufmunterung,
Ermutigung, ein ehrliches Wort des Anerkennung.
Doch das erfahren Menschen heute viel zu wenig.

Lob ist eine Quelle der Energie. Es richtet auf,
legt Kräfte frei, gibt neuen Schwung.
Lob ist das beste Heilmittel gegen die Seuche,
an allem zu nörgeln, über alles zu meckern.
Lob reinigt die Luft, verbessert das Klima,
bringt Sonnenstrahlen ins Grau des Alltags.

Es gibt das bewundernde Lob für Höchstleistungen,
das widerlich berechnende Lob der Schmeichelei.
Am schönsten ist das absichtslose, reine Lob,
das der Liebe entspringt: Mensch, ich hab dich gern.

Lob ist wie eine Feder.
Von Zeit zu Zeit ein Lob,
und Menschen bekommen Flügel.

Warum muss das so sein?

Seltsames, unbegreifliches Menschenleben.
Es gibt Tage, da scheint die Sonne.
Du lachst, du möchtest vor Freude platzen.
Und du weißt nicht, warum.

Doch auf einmal ist alles wieder anders.
Dunkle Nacht, schwarze Trauer überfällt dich.
Du denkst: So wird es immer weitergehen,
dieser Zustand wird sich nicht mehr ändern.
Und du weißt nicht, warum.

Warum muss das so sein?
Weil der Mensch ein Stück Natur ist,
mit Frühlingstagen und Herbsttagen,
mit Wärme im Sommer und Kälte im Winter.
Weil sich auch in unserem menschlichen Dasein
Leben und Sterben ständig wiederholt.
Wenn du diesen Wechsel begreifst,
wenn du Ja sagst zum Rhythmus des Lebens,
wirst du durch sein Auf und Ab
zu immer größerer Lebenstiefe finden.

Der Mensch
folgt dem
Rhythmus
des Meeres:
Ebbe und Flut.

Geborgen

Ein neugeborenes Kind ist ein Wunder.
Man kommt aus dem Staunen nicht heraus.
Alles so winzig und doch vollkommen da:
die Händchen, das Näschen, die Öhrlein.
Das Geheimnis des Lebens leuchtet auf.
Schauen wir das Licht in seinen Augen
kann uns eine Ahnung ergreifen:
Gott schaut uns an.

Jeder Mensch, der auf die Welt kommt, sucht sein Leben lang Geborgenheit.

Vom ersten Tag an braucht ein Mensch
nichts so sehr wie liebende Zuwendung.
Jeder Mensch fühlt sich wohl,
wenn er Wärme spürt, zärtliche Berührung.
In seiner Hilflosigkeit muss sich
der kleine Mensch darauf verlassen,
dass sich die Mutter, der Vater
oder eine andere Bezugsperson
um das kümmern, was ihm gut tut.
In ihrer Liebe weiß er sich geborgen.

Ein Blick ins Paradies

Eine Liebesgeschichte

Bereits bei einem neugeborenen Kind
zeigen sich die Urbedürfnisse des Menschen:
das Verlangen nach Nahrung und Zuwendung,
das Bedürfnis, angeschaut und angesprochen,
umsorgt und umarmt und geliebt zu werden.

Das ganze Leben des Menschen
ist wie eine Kette von Liebesgeschichten.
Dabei kann es zugehen wie im Theater:
heitere Lustspiele, aufwühlende Dramen,
erschütternde Tragödien. Gibt es einen
roten Faden, der alle Lebenswege durchzieht?
Die Antwort darauf liegt in der Urerfahrung:

Ich bin geliebt, darum bin ich da,
und ich möchte geliebt werden,
um lieben zu können.

Doch wir alle wissen: Das Leben
keine zuckersüße Liebesgeschichte
und oft genug eine Leidensgeschichte.
Aber immer wieder erfahren Menschen,
wie sehr sie gerade durch ihr Leid
zu neuer, tieferer Liebe gefunden haben.

Ein Zuhause

Ein Zuhause – das ist wie ein warmes Nest,
ein geschützter Hafen in den Stürmen des Lebens,
eine liebevolle Umgebung, eine Oase des Glücks.
Dort ist einem alles vertraut, dort kann man sein,
wie man ist, ohne Druck und ohne fremde Blicke.
Zuhause – das ist wie ein Stück Himmel auf Erden.

Menschen auf der Suche nach einem Zuhause:
Das ist das Schicksal zahlloser Kinder,
die nie die Liebe von Mutter und Vater erfahren haben,
das Schicksal von Millionen, die ihre Heimat verlassen,
weil es dort für sie kein Leben mehr gibt.
Überall, wo verzweifelte Menschen Hoffnung
auf Überleben, Sicherheit, Arbeit, Hilfe finden,
öffnet sich über ihnen der Himmel auf Erden.

Wo gehen wir denn hin? In dieser Frage des Alltags
kann sich die Erfahrung des ganzen Lebens bündeln.
Wie bewegt, enttäuschend, schmerzerfüllt
unser Lebensweg auch sein mag, zuletzt
sehnen wir uns immer nach dem Zuhause,
wo wir in ewiger Liebe geborgen sind.

Gute Wünsche

Das ganze Leben ist von guten Wünschen begleitet.
Einander Guten Tag oder Gute Nacht, guten Appetit
oder viel Erfolg wünschen gehört zum guten Ton,
zu einem freundlichen Miteinander, auch wenn man
sich im Alltag oftmals nicht allzu viel dabei denkt.

Was ist mein sehnlichster Wunsch?
Ein Kind wünscht sich etwas anderes
als ein junger oder ein älterer Mensch.
Mal geht es in unseren Wünschen
mehr um uns selbst, mal mehr um andere;
mal um Gesundheit, mal um Gerechtigkeit,
um Naheliegendes oder um schier Unerfüllbares.

Immer geht es um ein Leben mit Zukunft,
mit guten, ja glänzenden Aussichten.
Allen trüben Erfahrungen zum Trotz
ist diese Perspektive der Hoffnung keine Illusion.
Wünschen wir uns, jetzt schon ab und zu
und dann einmal für immer sagen zu können:

Ich bin wunschlos glücklich.

Humor

Wenn alles so traurig ist, dass keiner mehr lachen kann,
alles so aussichtslos, dass es nichts mehr zu lachen gibt,
dann kann Humor noch ein Lächeln hervorzaubern.
Nicht weil es Freude gibt, gibt es Humor, sondern dort,
wo alle Freude gestorben ist, gerade dort lebt der Humor.

Wenn es im Leben kracht,
ist Humor ein guter Stoßdämpfer.

Humor trägt die Menschen durch die Wüsten des Lebens.
Humor hilft, dass sie nicht in lauter Jammer versinken.
Humor lässt den Kopf lachen, während das Herz weint.

Humor lehrt vieles im Leben relativ sehen:
Was zuerst riesengroß aussieht, wird lächerlich klein.
Was furchtbar schwer erscheint, verliert seine Last.

Humor und Geduld sind die Kamele,
mit denen ich durch jede Wüste komme.

Sehnsucht

Die meisten Menschen lieben die Abendsonne,
wenn sie am rotgoldenen Himmel versinkt.
Warum eigentlich? Was haben sie davon?
Warum drängt es uns immer wieder ins Freie,
in die wohltuende Ruhe des Waldes,
zu den von ferne blau schimmernden Bergen,
an das rauschende, unendlich weite Meer?

Der Mensch ist ein Wesen der Sehnsucht.
Er ist wie eine Brieftaube, die man aus ihrer Heimat
in ein fernes Land gebracht und dort freigelassen hat.
Nun drängt es sie wieder an den Ort ihres Ursprungs.
Allen Hindernissen zum Trotz bleibt sie unterwegs.
Die Sehnsucht gibt ihren Flügeln immer wieder Auftrieb.

Ist der Weg zum Ziel unseres Lebens so ähnlich?
In jedem Menschen schlummert Sehnsucht.
Sie ist eine geheimnisvolle Quelle der Kraft,
besonders in den Schlechtwetterperioden des Lebens.
Selbst wenn wir ganz unten sind,
richtet die Sehnsucht uns wieder auf.
Gerade dann lässt sie uns Flügel wachsen.

Sehnsucht kennt keine Grenzen.
Sie sucht das grenzenlose Glück,
die Liebe, die alles Trennende überwindet.

Sehnsucht leidet darunter,
dass in der Welt nichts vollkommen ist,
dass man an allem etwas aussetzen kann.

Sehnsucht hat unstillbaren Durst,
sie sucht nach einer Quelle,
die unerschöpflich ist.

Sehnsucht liebt den Blick in die Ferne,
in die unendliche Weite des Meeres.
Sie sucht im Vergänglichen das Ewige.

Wenn sich das Innere verändert

Es geht um das Innere des Menschen,
um das Menschwerden des Menschen.
Wenn sich das Innere des Menschen verändert,
verändert sich alles, die ganze Welt.
Nichts geschieht in der Welt, was nicht
vorher im Kopf und im Herzen war.

Alle Gemeinheit und Gewalt, die ausbricht,
hat sich lange vorher als Hass
tief im Inneren des Menschen eingenistet.
Hass ist eine Kraft so groß wie die Liebe,
aber eine Kraft, die zerstört.
Hass ist das Haus des Todes.

Finsternis kann man nicht
durch Finsternis vertreiben.
Das kann nur das Licht.
Hass kann man nicht
durch Hass heilen.
Das kann nur die Liebe.

Wir müssen neue Wege gehen:

den Weg des Saatkorns.
Wir müssen den Weg der Gewalt verlassen,
den Weg von Blut und Tränen,
den Weg des Glaubens an die Macht,
an den Besitz, an das Recht der Stärkeren.

Wir müssen lange Wege gehen:

den Weg zur Menschlichkeit unter Menschen.
den Weg zum Licht durch die Nacht,
den langen Weg zur Liebe,
damit die Freude am Leben aufblüht
wie ein farbiger Regenbogen
am Himmel unseres Dorfes, das Erde heißt.

Ein Fluss beginnt mit einer Quelle,
ein Sturm mit Rauschen in den Blättern,
ein Feuer mit einem Funken,
ein Kornfeld mit unsichtbaren Saatkörnern.

Himmlisch wird die Erde

für alle, die die Sonne gern haben,
das Licht, die Schmetterlinge, die Vögel,
die begeistert sind von Menschen,
die lachen, tanzen und singen
über die Wunder des Lebens.

Himmlisch wird die Erde

für alle, die sich auf Dauer zueinander
hingezogen fühlen und zusammen sind
und die doch einander Raum lassen
für den eigenen Lebensrhythmus,
dass er und sie anders sein können,
er selbst und sie selbst.

Himmlisch wird die Erde

für alle, die durch Stürme und Durststrecken
in ihrer Verbundenheit nicht erschüttert werden,
die alle bitteren Worte Mund entfernt haben
und die es verstehen, mit ein wenig Humor
aus Dornen Rosen zu machen.

Himmlisch ist die Erde

für alle, die frei von Angst und Begierde,
weit über Leibliches hinaus,
am letzten Ufer des Lebens einander
voller Freude die Geborgenheit
gewähren einer unsterblichen Liebe.

Es entsteht eine Mauer

Es gibt Tage, da trägt man einander auf Händen,
voller Begeisterung und ohne Sorgen.
Es kommen Tage, da muss man einander ertragen.
Und es kann Tage geben, an denen nichts mehr geht.

Aus Ärger, Wut, Dummheit ging etwas in die Brüche.
In euer Zuhause und in euer Herz kam die Nacht.
Dann möchte man und kann doch nicht.
Man möchte eine Hand ausstrecken,
doch sie erstarrt wie Eis. Man möchte vergeben
und sagt doch: Warum hast du das getan?

In solchen Tagen gibt es nur eine Lösung:
Geduld, viel Geduld und Suche nach Versöhnung.
Du musst eine Weile blind fliegen,
ohne zu sehen, ohne zu verstehen.

Dir wird bewusst, dass der andere anders ist
und dir im letzten immer fremd bleiben wird.
Und dann geh auf die Suche nach Vergebung.
Wenn du nicht vergeben kannst, entsteht eine Mauer.
Eine Mauer ist der Anfang von einem Gefängnis.

Dünne Liebe sieht überall dicke Fehler

Liebe ist immer ein bisschen blind
für die Fehler der anderen.
Wenn die Liebe verkümmert,
geht sie verloren,
diese sympathische Blindheit.
Dann werden die Augen wirklich schlecht,
und zum Schluss sieht man nichts mehr
als Fehler und Mängel,
Schwächen und Gebrechen,
immer nur so miese Sachen.

Alles kannst du in der Welt ändern,
nur andere Menschen nicht.
Das können nur sie selbst.
Jahrhunderte hindurch versuchten
die einen Menschen die anderen
mit Gewalt zu ändern – ohne Erfolg.
Nur wenn die einen sich selbst ändern,
werden die anderen sich selbst ändern.

Lieben heißt: Konkrete Menschen lieben,
so wie sie sind. Jeden Tag, auch wenn der tägliche
Umgang manchmal furchtbar schwer werden kann.
Menschen deshalb lieben, weil sie so nett sind,
kann leicht mit einer Katastrophe enden.
Menschen sind nicht immer so liebenswert,
dass man sie von selber gern hat.
Liebe heißt: konkrete Menschen lieben,
nicht die abstrakte Menschheit.

Hab die Menschen gern, so wie sie sind,
andere gibt es nämlich nicht.

Das Glück eines Kindes

Das Glück eines Kindes beginnt,
lange bevor es geboren wird,
im Herzen von zwei Menschen,
die einander sehr gern haben.

Ein Kind – lebendiges Band zwischen zwei Menschen.
In seinem Wesen haben die beiden
ihr eigenes Leben aufgeschrieben,
unverwechselbar und für alle Zeiten,
ob sie das wollen oder nicht.
Wenn das Band der Familie zerbricht,
leidet das Kind Schaden.

Ein Kind hat ein unveräußerliches Recht
auf einen Vater und eine Mutter,
Recht auf ein Zuhause, auf Liebe,
auf menschliche Wärme, dass es umsorgt wird,
dass es sich sicher fühlt, dass es geborgen ist.

Wer sich über ein Kind freut,
freut sich über das Leben.

Jeden Tag neu leben

Neu bist du, wenn du staunst,
weil jeden Morgen Licht da ist;
wenn du glücklich bist,
weil deine Augen sehen,
deine Hände fühlen,
weil dein Herz schlägt.

Neu bist du, wenn du
dich freust, dass du lebst.
Neu bist du, wenn du
unvoreingenommen
die Menschen anschaust,
wenn du die Blumen
am Weg deines Lebens
bewundern kannst.

Meine Augen sind da für das Licht,
für das Frühlingsgrün, für das Weiß des Schnees,
für das Grau der Wolken und das Blau des Himmels,
für das Leuchten der Sonne am Tag,
für das Funkeln der Sterne in der Nacht
und für das unglaubliche Wunder,
dass es so viele wunderbare Menschen gibt.

Mein Mund ist da für das Wort,
für ein gutes Wort, auf das ein anderer wartet.
Meine Lippen sind da für einen Kuss,
meine Hände, um zu helfen und zärtlich zu sein,
meine Füße, um den Weg zum Nächsten zu gehen,
zu denen, die in Einsamkeit und Kälte leben.
Und mein Herz ist da für die Liebe.

Glück ist unbezahlbar

Viele Menschen machen sich unglücklich,
weil sie meinen, Glück könne man kaufen.
Wenn die Menschen das Glück suchen,
suchen sie meistens das Geld. Sie denken,
Geld sei Glück. Später erfahren sie das Gegenteil,
aber dann ist es meistens zu spät.

Glück kann man nicht aufs Konto überweisen.
Glück kann man nicht auf dem Fließband herstellen.
Glück kann man nicht im Labor produzieren.
Glück kann man nicht per Anklicken herbeizaubern.

Es gibt keinen Fahrstuhl zum Glück.
Man muss die Treppe nehmen.

Das Leben – ein Weg

Träume vom Weg des Lebens:
ein Spaziergang im Sonnenschein,
eine Wanderung in den Bergen
mit den schönsten Aussichten,
eine spannende Abenteuerreise
mit wunderbaren Erlebnissen.

Wir werden wach und erfahren, wie es ist,
wenn die Sonne nicht lacht,
wenn das Gehen zur Qual wird,
wenn wir den Weg verloren haben,
wenn die Kräfte versagen.
Wir sagen: es geht nicht mehr,
ich kann nicht mehr.

Vielleicht brauchen wir nur etwas Ruhe.
Vielleicht brauchen wir nur etwas Abstand.
Was heute noch ausweglos erscheint,
kann schon morgen anders aussehen.
Vielleicht brauchen wir nur einen Menschen,
der bei uns ist, mit uns fühlt, uns versteht,
der uns Mut macht und weiterhilft.

Auf die Frucht kommt es an

Willst du vertraut werden mit einem Baum,
dann schau auf seinen Reichtum und seine Armut:
sein Blühen im Frühling, seine Früchte im Sommer,
sein Sterben im Herbst und seine Ruhe im Winter.
Willst du vertraut werden mit einem Baum,
dann vergreife dich nie an seinen Wurzeln,
sonst stirbt er. So ist es auch beim Menschen.

Bei einem Baum ist alles von der Wurzel
bis zur Spitze ausgerichtet auf die Frucht.
So soll es auch beim Menschen sein.
Alles in ihm, sein ganzes Tun und Lassen
soll ausgerichtet sein auf das Gute,
auf das, was sein Leben wertvoll macht
und dem Wesen des Menschen entspricht.

Wer aus Liebe handelt, wird Frucht bringen,
nicht nur für sich, sondern auch für andere.

Die Liebe ist wie die Sonne

Die Sonne ist für viele Menschen
das Gewöhnlichste von der Welt.
Und dabei wirkt sie Wunder, Tag für Tag.
Jeden Morgen zündet sie ihr Licht an,
um mir einen guten Tag zu wünschen.
Die Sonne weckt den Frühling.
Sie lockt aus den Bäumen das junge Grün
und tupft bunte Blumen auf die Wiese.
Ohne Sonne wird alles finster und kalt.
Mit Sonne bekommt alles Wärme und Farbe.

So ist es mit der Liebe.
Wenn die Liebe aufgeht im Leben,
dann wird es hell und warm,
und alle fühlen sich wohl.
Wenn die Liebe untergeht im Leben,
dann wachsen die schwarzen Schatten.
Finsternis macht sich breit und Kälte.

Die Liebe ist wie die Sonne.
Wer die Liebe hat,
kann auf vieles verzichten.
Wem die Liebe fehlt, dem fehlt alles.

Wer seine Sorgen liebt, wird sie nie los

Es gibt Menschen, die sind verliebt – in ihre Sorgen.
Sie umarmen ihre Sorgen, ihr Herz quillt über von Sorgen.
Woran sie auch denken, sie denken an ihre Sorgen.
Wovon sie auch reden, sie reden von ihren Sorgen.
Vor lauter Sorgen haben sie das Lachen verlernt.

Jeder Mensch macht sich Sorgen.
Sie lassen sich nicht einfach abschütteln:
die Sorgen um die angeschlagene Gesundheit,
um den Arbeitsplatz, um das Los von Angehörigen,
um das tausendfache Elend in der Welt.

Es gibt eine Sorge, die ist eine Schwester der Vernunft.
Sie sprengt das fruchtlose Grübeln. Sie lässt uns tun,
was wir vorsorgend tun können. Sie sinnt auf Abhilfe.
Aber es gibt auch eine Sorge, die eine Schwester der Angst ist.
Sie macht uns ratlos, hilflos und oft genug auch schlaflos.

Wie werden wir unsere Sorgen los? Nicht vor ihnen fliehen!
Sie sitzen unter unserer Haut, wir nehmen sie überall mit.
Mit Menschen, denen wir vertrauen, überlegen,
was wir tun können und was wir lassen müssen.

Du lebst nur einen Tag:
Heute!

Am Glück fehlt stets ein Stück

Manche Menschen können nie glücklich sein.
Für sie hängt das Glück an tausend Dingen,
und etwas fehlt ihnen immer.
Am Glück fehlt stets ein Stück.
Das ganze Leben lang halten sie Ausschau
nach Stücken, die nicht da sind.
Sie sind blind für die vielen anderen Teile,
mit denen sie glücklich sein könnten.
Sie sehen nur die dunklen Flecken.
Ihre Tage sind grau, selbst bei Sonnenschein.

Um ein bisschen glücklich zu sein,
um ein bisschen Himmel auf Erden zu haben,
musst du dich mit dem Leben versöhnen,
mit deinem eigenen Leben, wie es nun einmal ist.
Du musst Frieden machen mit deinem Gesicht,
das du dir nicht ausgesucht hast,
mit deinem Leib, der nicht immer so will,
wie du gerne möchtest,
Frieden mit den Menschen um dich herum,
mit ihren Fehlern und Schwächen.

Das Glück ist wie ein Schatten:
Es folgt dir, wenn du nicht daran denkst,
als Schatten deiner Liebe.

Wer ist schuld?

Keine Frage: Die anderen sind schuld.
Die anderen, die anders denken,
anders glauben und anders leben.
Man selbst weiß es natürlich besser,
macht es besser und ist besser.
Man setzt sich auf einen Richterstuhl
und urteilt von oben herab:
Die anderen sind schuld.

Die meisten Richterstühle,
von denen wir über andere urteilen,
haben wacklige Beine:
Arroganz und Dummheit
und gnadenlose Rechthaberei.

Wo Menschen zusammenleben
und ein Unfehlbarer ist dabei,
einer, der immer recht hat,
da entstehen unter der Oberfläche
ständig Spannungen und Konflikte.

Mit einem, der immer recht hat,
mit so einem ist schlecht leben.

Aus der Verstrickung in Lügen,
aus der Verbitterung böser Worte
kann nur das Licht der Liebe retten.

Ich lebe liebend gern

Lebensfreude ist nicht selbstverständlich.
Freude wächst aus der Kraft der Bejahung.
Zustimmen ist oft schwerer als kritisieren.
Beim Starren auf die Fehler der anderen,
auf die Probleme des eigenen Lebens
geht leicht der Blick für das Gute verloren,
das wir doch auch täglich erfahren.
Und damit auch die Kraft, Ja zu sagen
zu den anderen samt ihren Mängeln
und Ja zu mir selbst trotz meiner Schwächen.

So wie eine Blume Sonne braucht,
um Blume zu werden,
so braucht ein Mensch Liebe,
um Mensch zu werden.

Liebe macht frei vom Beherrschtwerden
durch Gier und Geld, Lust und Laune,
frei von Verschlossenheit in sich selbst.
Sie freut sich nicht über Fehler der anderen.
Sie ist froh über alles Gute, das geschieht.

In die Augen schauen

Immer mehr Menschen leben heute allein.
Aus ganz verschiedenen Gründen.
Manche möchten leben können, wie sie wollen,
ungebunden, ohne Rücksicht auf andere.
Manche haben schlechte Erfahrungen gemacht,
sie möchten in Ruhe gelassen werden.
Manche haben niemanden gefunden, der sagte:
Lass uns gemeinsam durchs Leben gehen.

Jeder Mensch ist irgendwo allein.
Nie denkt und fühlt er genauso wie ein anderer.
Selbst in den innigsten Beziehungen
bleibt ein schmerzlicher Abstand.
Und dennoch sehnen wir uns immer wieder
nach lebendiger, liebevoller Beziehung.
Nach Menschen, die mich anschauen,
die mich mögen und verstehen.
Ihnen möchte ich in die Augen schauen,
denn mir selbst kann ich das nicht.

Schau andere freundlich an!
Wage ein erstes Wort.
So mancher wollte auch schon mit dir reden.

Leben geht nicht
im Alleingang.

Liebe Natur, bleib uns Menschen nahe

Du bist das Haus, in dem wir wohnen.
du bist die Lunge, mit der wir atmen.
Du bist das Brot, von dem wir leben.
Du bist das Paradies, in dem uns
das Wunder des Lebens glücklich macht.

Die Erzählung von der Schöpfung

Gott erschuf das Licht, den Tag und die Nacht,
das Land und das Meer, die Blumen und die Bäume,
grünes Gras, reine Luft und sauberes Wasser.
Gott erschuf die Sonne, den Mond und die Sterne,
die Fische im Meer, die Vögel in der Luft
und die Tiere auf dem Land. Es wurde Abend,
und es wurde Morgen. Und Gott sah, dass es gut war.

Dann kam der sechste Tag. Am sechsten Tag
machte Gott sein Meisterstück, den Menschen,
den König der Schöpfung. Er erschuf ihn
nach seinem Bild und Gleichnis.
Der Mensch ist geschaffen nach dem Bild
eines Gottes, der Liebe ist.
Was für ein unglaubliches Wesen!
Und am siebten Tag ruhte Gott und überließ
die ganze wunderbare Schöpfung,
das Paradies der Erde, dem Menschen.

Gott machte aus dem Chaos eine wunderbare Welt.
Der Mensch machte aus der Welt wieder ein Chaos.

Menschen sind frei

Allem, was Gott schuf, ist
ein festes Programm eingebaut:
„So musst du leben“.
Das dümmste Huhn weiß,
wie es ein Ei legen muss,
und jeder Vogel singt
noch immer dasselbe Lied,
das er im Paradies lernte.

Nur der Mensch, Gottes Meisterwerk,
bekam ein freies Programm eingebaut.
Gott vertraute ihm grenzenlos.
War das ein Fehler, liegt hier der Irrtum?

Die Bibel erzählt vom ersten Brudermord,
eine Geschichte, die zu allen Zeiten geschieht.
Wir werden täglich damit konfrontiert:
Menschen, die andere quälen
auf raffinierte und auf brutale Weise.
Das Böse, das Menschen einander antun,
sollten sie nicht Gott in die Schuhe schieben.

Gott lässt seine Schöpfung nicht im Stich.
In seiner Allmacht hat er alles erschaffen.
In seiner Liebe hat er alles neu erschaffen,
als die Zeit reif war für das Kommen Jesu,
für das Evangelium der Liebe.

Warum?

Wenn Gott existiert, wenn Gott Liebe ist,
warum dann so viel Leiden, warum Sterben,
warum so viel Böses in der Welt?

Ich weiß nicht, warum die schöne Natur so grausam sein kann.
Ich weiß nicht, woher die Stürme und Orkane kommen
und wer sie geschickt hat, Häuser zu zerstören
und Menschen zu verfolgen mit Vernichtung und Tod.
Ich weiß nicht, warum die Vulkane Feuer speien müssen,
warum die Erde beben und bersten muss.

Tag um Tag, Stunde um Stunde, in Dörfern und Städten,
in großen und kleinen Straßen und irgendwo am Straßenrand:
Menschen, die in tiefster Not ihr Gesicht in die Hände vergraben,
die aufschreien vor so viel unentrinnbarem Leid,
die fassungslos weinen über den unerbittlichen Tod.

Warum so viel Leiden? Warum die Lähmung?
Warum der Krebs? Warum die Behinderung?
Warum dieser Unfall und nie mehr gehen können?
Warum im Frühling des Lebens sterben? Warum?

Die Antwort Gottes

Wo kein Mensch auf der Welt eine sinnvolle Antwort hat,
ist es gut, in der Stille auf die Antwort Gottes zu hören.
Weil Gott Liebe ist und die Menschen
unendlich gern hat, wird er ein leidender Gott.
Er hat gelitten und sich kreuzigen lassen
in der Person Jesu von Nazaret,
und bis in unsere Tage durch alle Zeiten
leidet er das Leiden aller Menschen mit.

Wenn ein Mensch dem gekreuzigten Jesus begegnet,
kann er durch die Finsternis des Leidens und des Todes
hindurchsehen, und allmählich wird er mit dem Herzen
Dinge verstehen, die er mit Verstand nicht erklären kann.

Wir gehen durch jedes Kreuz hindurch
zum Licht, zum neuen Leben, zur Auferstehung.

In jedem Menschenleben das Kreuz

Früher oder später stößt du mit deinem Kopf
gegen den hässlichen Querbalken,
der dein Leben zu einem Kreuz macht.
Du wirst krank. Du verunglückst.
Ein geliebter Mensch stirbt.
Dein Berufsweg wird durchkreuzt.
Du wirst betrogen. Man arbeitet gegen dich.
Man macht dich fertig. Du kannst nicht mehr.

Das Kreuz ist eine Realität in jedem Menschenleben.
Viele verschließen ihre Augen davor.
Viele zerbrechen daran. Aber du hast keine Wahl.
Du trägst dein Kreuz, oder es wird dich erdrücken.

Das Kreuz, das du ablehnst, liegt dir auf allen Wegen quer.
Das Kreuz, das du annimmst, ist wie eine Antenne,
mit der du eine Botschaft von Gott empfangen kannst,
die Nachricht von seiner unvorstellbaren Liebe.

Du siehst alles anders und viel besser
mit Augen, die geweint haben.

Warten

Warten gehört zum menschlichen Leben.
Wir warten auf einen Anruf, auf ein Lebenszeichen,
auf Arbeit und Feierabend, auf Anerkennung und Erfolg,
auf Heilung und Erholung oder einfach auf schönes Wetter.
Wenn wir warten, können wir nicht viel machen.
Das Gefühl der Ohnmacht geht uns auf die Nerven.

Spannung aushalten; mit Ungewissheit leben;
an sich halten, wenn man aus der Haut fahren möchte;
ertragen, wenn sich Schmerzen nicht vermeiden lassen;
hinnehmen, was sich nicht ändern lässt – all das
erfordert eine schier übermenschliche Kraft: Geduld.

Geduld ist Stärke, nicht Dummheit.
Geduld verlangt Klugheit und Tapferkeit.

Geduldig sein heißt nicht mit allem einverstanden sein.
Geduldig ist nicht, wer alles mit sich machen lässt,
wer alles vor sich her schiebt, wem alles egal ist.
Geduld hält stand, auch gegen das Unrecht.

In der Geduld
zeigt sich die Größe
eines Menschen.

Nur die Wahrheit hat Zukunft

Die Wahrheit hat es schwer im Leben.
Zu gern wird sie unter den Teppich gekehrt.
Unangenehmes wird verschwiegen,
Gemeinheiten werden schöngeredet.
Nur zu oft wird Wahrheit dem Egoismus
geopfert: dem Geldgewinn,
dem Machterhalt, dem Lustprinzip.

Wenn das im Großen geschieht,
ist die Öffentlichkeit empört. Mit Recht,
denn sie wurde belogen und betrogen.
Aber das geschieht auch im Kleinen,
im Leben von uns allen.
Verletzungen der Wahrheit hinterlassen
auch hier tiefe Wunden.

Ehrlich währt am längsten.
Lügen haben kurze Beine.
Mit Lügen kommt man immer
ins Stolpern und am Ende zu Fall.
Nur mit Ehrlichkeit und Glaubwürdigkeit
werden Vertrauenskrisen überwunden.
Nur die Wahrheit hat Zukunft.

Sag nicht irgendwas. Sag die Wahrheit!

Wir werden nicht größer,
wenn wir andere
kleiner machen.
Wer voll ist von sich selbst,
ist im Grunde leer.

Ein Grashalm

Ich habe Menschen der Wissenschaft und Technik
gebeten, mir einen Grashalm zu machen.
Und sie machten einen Grashalm.
Es sah aus wie ein echter Grashalm,
so grün, so dünn und so biegsam.
Als ich ihm näher kam, sah ich, dass er tot war.

Der Grashalm konnte nicht atmen.
Er konnte nicht wachsen.
Er konnte nicht leben und nicht sterben.
Eigentlich hatte er nichts
von einem echten Grashalm, nur den Namen.
Keine Kuh und nicht einmal eine Ziege
konnte ihn fressen und Milch daraus machen.

Ich hörte, wie alle Grashalme der Welt
über den Grashalm der Menschen lachten:
Die großen Menschen können
mit ihrer ganzen Wissenschaft und Technik
nicht einmal einen kleinen Grashalm machen.

Die ganze Natur spricht.
Doch wer vermag zu hören?
Wer hat Augen, Ohren und ein Herz,
diese Sprache zu verstehen?

Endlich einmal frei sein!
Endlich nach Herzenslust ausruhen,
unbeschwert genießen,
Schönes sehen und Neues erleben,
neue Freundschaften schließen.

Auf die Stille hören

Wer sich auf die Stille einlässt,
wird tief im eigenen Innern
eine geheimnisvolle Stimme hören,
fremd und doch so vertraut,
leise und doch so glücklich machend.
Im Zwiegespräch mit dieser Stimme
kommen wir zu uns selbst.

Doch davor haben viele Menschen Angst.
Deshalb steht heute in jedem Hotelzimmer,
in jeder Ferienwohnung ein Fernseher,
um die Stille totzuschlagen.

Höre auf die Stille, komm zu dir selbst!
Der Weg, den du zurücklegen musst,
ist nicht weit. Es ist der Abstand zwischen
deiner Außenseite und deinem Innern.

Ist Frieden in deinem Herzen,
dann kannst du gehen, wohin du willst.
Es werden wunderbare Ferien sein.
Selbst wenn du zu Hause bleibst.

Die Reise ins Innere

Sommerzeit ist Reisezeit und Zeit der Ansichtskarten.
Sie zeigen die Welt von ihrer Schokoladenseite.
Für eine schöne Aussicht nehmen wir
allerlei Anstrengungen auf uns, um hinterher
die Erfahrung zu machen: Je mühsamer der Weg,
desto schöner der Ausblick und die Erinnerung daran.

Auch wer zu Hause bleiben muss,
kann sich eine reiselustige Fantasie bewahren.
Sie macht eine Reise ganz anderer Art möglich,
die nichts kostet und unvergleichlich wertvoll ist:
die Reise in unser Inneres.

Der Weg dahin führt
durch das Tor der Stille.
In der Tiefe unseres Ich wartet
ein geheimnisvolles Du,
das wir ansprechen können:
Führ, liebes Licht, mich an.

Vitamine für den Herbst

Wie erleben wir den Herbst?
Klagen wir, dass die Schatten länger werden,
dass Kälte und Dunkelheit zunehmen?
Befällt uns der Schmerz der Vergänglichkeit,
dass das Schönste des Lebens vorbei sei
und Schmerzen sich einstellen
wie ungebetene Gäste?

Oder können wir uns freuen
über die letzten leuchtenden Blumen,
das bunte Laub, die köstlichen Früchte,
die Ernte eines Jahres, über alles,
was in unserem Leben nicht nur verging,
sondern auch reifte zur Fülle?

Alles in diesem Leben ist vergänglich,
alle Freude, aber auch alles Leid.
Was bleibt, wenn alles hier vergeht?

Alles, was aus Liebe geschieht,
wird bleiben. Sie allein genügt.
Sie ist unser ewiges Zuhause.

Wir müssen loslassen

Wir möchten so viel festhalten:
glückliche Stunden, schöne Begegnungen,
die Früchte langer, mühsamer Arbeit.
Und doch müssen wir loslassen:
an jedem Abend das Licht des Tages,
an jedem Morgen die Ruhe der Nacht,
bei jedem Aufbruch ein Zuhause,
bei jeder Enttäuschung eine Hoffnung,
bei jedem Schmerz ein Stück vom Glück.

Am Ende unseres Lebens gibt es
nur eine einzige Lösung:
alles loslassen, sich fallen lassen
in das Geheimnis eines Gottes,
der uns grenzenlos liebt.

Gratis

Die wesentlichen Dinge
des Lebens sind umsonst.
Sie werden dir gratis gegeben.

Der Schoß deiner Mutter.
Eine Mutter, die singt.
Die Sonne und die Freundschaft.
Ein Platz am Tisch
und eine herzliche Umarmung.
Das Licht des Frühlings.
Das Lachen eines Kindes.
Das Lied eines Vogels.
Das Plätschern des Baches.
Der Saft in den Bäumen.
Die Wogen des Meeres.
Der Tag und die Nacht.
Die Ruhe und die Stille.
Der siebte Tag.
Das Leben und das Sterben.
Das Menschsein auf Erden.

Über alle Dinge, die gratis sind,
kannst du allein in Liebe verfügen.

Einfache Menschen

Ich glaube an einfache Menschen:
Menschen, die leben und lachen,
die sich an kleinen Dingen freuen,
die ja sagen zur aufgehenden Sonne
und zu allem, was aus dem Grund
von guten und schlechten Tagen wächst.
Ihr Name steht nie in der Zeitung.

Einfache Menschen: wunderbare Menschen.

Von ihnen geht ohne viel Aufhebens
ein Strom der Liebe aus in unsere Welt.
Sie sind Oasen in unserer Wüste.
Sie sind Sterne in unserer Nacht.
Sie sind die einzigen Lungen,
durch die unsere Welt noch atmen kann.

Kleiner Mensch, für mich bist du groß!
Du liebst das Leben und hast Menschen gern.
Du bist einfach Mensch, darum bist du groß.

Ich brauche nichts zu besitzen,
um an allem Freude zu haben.

Es gibt so viel Freude,
wenn ich auf die kleinen Dinge sehe
und auf die einfachen Menschen.

Es liegt in allen Dingen
eine Erinnerung an das Paradies.

Der Himmel muss auf der Erde beginnen,
dort, wo Menschen Freunde werden,
und wo die Güte weitergegeben wird.

Sei sanft

Du weißt, wie einsam Menschen sind,
wie empfindlich und verletzlich.
Du weißt, wie viel Tränen es gibt
und wie groß die Traurigkeit ist
in einem Herzen, das keiner versteht.
Du weißt, wie unerträglich
das Leben sein kann.

Sei sanft, zieh Güte an!
Lass keinen Menschen
in der Kälte stehen.

Suche mit den Menschen mitzufühlen.
Geh auf die Menschen zu
mit einer zarten Hand,
denn Menschen sind zerbrechlich.
Geh hinein in ihr Leid, in ihre Verlassenheit.
Steig hinab ins dunkle Tal der Menschen,
die allein sind und die leiden.

In der Sanftmut liegt ein unendlicher Trost
für alle, die am Leben leiden.

Zartes braucht Zärtlichkeit

Jeder Mensch fühlt sich wohl, wenn er Wärme spürt,
ein liebevolles Wort, eine zärtliche Berührung.
Das erfährt schon ein Säugling an der Brust seiner Mutter.
Davon können Liebende ein Lied singen.
Und selbst Sterbende brauchen in ihrer Todesangst
nichts so sehr wie den Trost menschlicher Nähe,
die Zärtlichkeit einer Hand auf ihrer kraftlosen Hand.

Menschen sind empfindlich.

Schon ein hartes Wort, ein ungerechter Vorwurf,
eine Rücksichtslosigkeit oder Gleichgültigkeit
kann tiefe Wunden hinterlassen. Selbst das größte Raubein
kann wie eine überempfindliche Mimose reagieren.

Zärtlichkeit ist nicht Kraftlosigkeit, sondern sanfte Energie.
Zärtlichkeit ist nicht gefühlvolle Aufdringlichkeit,
sondern das Fingerspitzengefühl, das bei aller Nähe
um Abstand weiß und die Freiheit des anderen wahrt.

Zärtlichkeit ist eine schwere Kunst.
Sie gehört zur Kunst des Lebens und des Liebens.

Engpässe im Leben

Das gibt es in jedem Leben: Zeiten, in denen es eng wird.
Ob in der Gesundheit, im Beruf, in der Partnerschaft
oder Freundschaft, auf einmal läuft es nicht mehr rund.
Bricht eine schwere Krankheit aus, ist nichts mehr wie vorher.
Die Situation im Unternehmen ist angeschlagen,
und am Ende stehen Menschen auf der Straße.
Die Beziehung, in der man einst so glücklich war,
kühlt sich ab und kommt in die Krise.

Engpässe im Leben verursachen Ängste.
Vertrauen verleiht die Kraft, sich nicht aufzugeben.

Der „Strohhalm“, der Halt verspricht, wird je nach Situation
verschieden sein, jeder Mensch hat sein eigenes Schicksal.
Eine Hilfe kann schon die Selbstermutigung sein:

„Es geht nicht anders, da musst du durch.“

In dieses Selbstgespräch mischt sich wie von fern
und doch so nah eine unhörbare Stimme:
Hab keine Angst! Du bist nicht allein, ich bin bei dir.

Woher bekommen sie die Kraft?

Ich denke an Eltern mit einem behinderten Kind,
an einen alten Vater, eine kranke Mutter,
auf Hilfe angewiesene Menschen, die unter großen Opfern
von Angehörigen zu Hause versorgt werden.
Ich denke an Menschen, die nach dem Tod des Partners
oder nach einer Scheidung allein dastehen
und allein für die Kinder sorgen müssen.
Ich denke an eine Frau, die seit vielen Jahren
ihren gelähmten Mann zu Hause betreut. Sie schrieb:

„Es ist spät abends. Ich bin sehr müde, aber glücklich.
Manche Menschen werden sagen: Wie ist es möglich,
mit so einem kranken Mann? Doch es ist so. Nach fünf Monaten
Klinik ist er wieder zu Hause. Und obwohl er sehr schwach
und die Pflege sehr mühsam ist, sind wir doch glücklich.“

Woher nimmt diese Frau,
woher nehmen so viele andere die Kraft?
Warum können diese Menschen
trotz allem glücklich sein?

Die Liebe macht sie stark.

Behinderte – meine Mitmenschen

Grundlegend für jede menschliche Gemeinschaft
und ganz besonders für den Umgang mit Behinderten
ist Achtsamkeit, Respekt vor dem konkreten Menschen.
Jeder hat seine Möglichkeiten und seine Grenzen.
Jeder muss sein eigenes Menschsein im täglichen Leben
so gut wie irgend möglich verwirklichen können.

Auch behinderte Menschen können sehr viel
zu einem glücklichen Miteinander beitragen.
Immer geht es um Anerkennung, Aufmerksamkeit,
Wertschätzung, Freundschaft von Mensch zu Mensch.

Konkrete Sorge für Behinderte zeichnet sich
durch eine große Ehrfurcht aus. Wer jahrelang
mit Behinderten lebt, für den sind Studien darüber
kaum eine Hilfe. Zu viele distanzierende Theorien
zerstören das zerbrechliche Geheimnis des Menschen.
Behinderte empfinden Mitleid von oben herab als Qual.

Die schwersten Hindernisse
für Behinderte liegen
im Herzen ihrer Mitmenschen.

Ungeliebte Sachen

Manchmal wollen wir an notwendige Dinge
im unserem Alltag einfach nicht heran.
Ob Abwaschen oder Aufräumen,
ein Anruf, ein Brief, eine lästige Arbeit,
ein längst versprochener Liebesdienst:

Wir haben keine Lust dazu.
Wir verschieben das auf morgen
und morgen auf übermorgen.
Und mit der Zeit entsteht eine Zentnerlast.

Suchen wir nicht, uns herauszureden.
Denken wir an das Zauberwort:

Sofort!

So ein Zuruf an uns selbst hat verwandelnde Kraft.
Was vorher Last war, wird hinterher Befreiung.
Wir können wieder unbeschwerter leben.

Es gibt viele Dinge,
über die muss man nicht reden,
die muss man nur tun.

Auf leisen Füßen kommt das Glück

Viele träumen vom großen Glück:
von der großen Liebe, vom großen Geld,
von der erfolgreichen Karriere.
Und dann kommt es anders, als sie dachten.
Enttäuscht und verbittert sagen sie:
Glück, das haben andere.

Es fällt ihnen schwer, zu glauben,
dass auch sie dazu geboren sind,
selbst glücklich zu werden
und andere glücklich zu machen.

Glück, das sind nicht nur die seltenen,
überwältigend schönen Momente im Leben.
Glück, das sind auch die vielen kleinen,
uns auf leisen Füßen entgegenkommenden,
erfreulichen Dinge im Alltag des Lebens.

*Wer das Helle dankbar genießen,
das Dunkle mutig annehmen
und beides umarmen kann,
das ist ein glücklicher Mensch.*

Ich will glücklich sein,
um andere glücklich zu
machen.

Aufwertung des Wortes

Das Wort ist mehr, als was du sagst
und was du schreibst.
Das Wort soll Wirklichkeit sein.
Das Wort ist, was du bist.
Ein einziges Wort, wenn es ins Herz dringt,
kann das Herz verwandeln.

Das alles kann ein Wort werden:
eine Geburt, ein Stück Brot
für einen neuen Anfang,
ein Stern, der vom Himmel fällt.

Friedensengel

Die große Sehnsucht
der Menschheit:
eine Welt ohne Krieg.
Nicht nur eine Welt
ohne Explosionen von Gewalt
in den Krisengebieten der Erde,
sondern auch eine Welt
ohne erbitterte Konfrontationen
in unserer Gesellschaft,
in Betrieben und Büros,
Ehen und Familien.

Wer würde sich das nicht wünschen: eine Welt ohne Kriege.
Eine Welt ohne Rosenkriege, Bürgerkriege, Wirtschaftskriege.
Eine Welt ohne Hass und Verlogenheit, ohne Wut und Gewalt.
Eine Welt ohne Opfer von Unrecht und Ausbeutung,
ohne Betrogene, Verlassene, Gequälte und Erniedrigte.

Bleibt diese Friedenssehnsucht ein Traum, eine Illusion?
Täglich machen wir die Erfahrung, dass überall gekämpft wird.
Um die Macht im Staat, um die Wähler, um die Karriere,
um den Arbeitsplatz, um den Umsatz, die eigenen Interessen.
Schnell wird aus Auseinandersetzung offene Feindschaft.

Doch es geht auch anders.
Es gibt auch Menschen,
die vermitteln und verbinden,
statt auseinander zu reißen;
die Versöhnung suchen,
nicht Vergeltung und Rache;
die heilen wollen und nicht
neue Wunden schlagen.
Solche Menschen sind Friedensengel.

Die Welt sucht händeringend
Friedensengel.

Der Weg des Herzens

Niemand hat Zugang zum Geheimnis des Menschen,
nur das Herz. Es gibt nur einen Weg zum Mitmenschen,
den Weg des Herzens. Wo Platz für das Herz gemacht wird,
da steht der kleine schwache Mensch wieder in der Mitte.

Liebe ist das Fundament
von allem glücklichen Zusammenleben.
Sag nicht: Worauf es ankäme,
sei allein Gerechtigkeit.
Gerechtigkeit ohne Liebe ist eine Utopie.
Liebe ohne Gerechtigkeit ist eine Lüge.

Unsere Gesellschaft hat einen Herzinfarkt.
Sie gehört auf die Intensivstation.
Sie muss das Serum der Liebe bekommen.
Ist das Herz der Menschen nicht gesund,
ist auch das soziale, das politische,
das wirtschaftliche Leben krank,
ist im Grunde alles todkrank.

Nähre dein Herz mit Frieden.

Das heißt: Mit sich selbst in Frieden leben.
Ist das Herz voller Misstrauen und Egoismus,
findet der Kopf niemals Wege zum Frieden.
Frieden fängt an, wo Hass und Gier aufhören.
Die Welt verändert man nicht mit Gewalt,
sondern mit dem Herzen.

Nähre dein Herz mit Frieden.

Das heißt: Atem holen in der Stille.
Eins werden mit allem, was lebt und stirbt.
Schluss mit dem täglichen Kleinkrieg.
Alle Gewalttätigkeit im eigenen Innern
beenden durch Gesten der Versöhnung.

Nähre dein Herz mit Frieden.

Das heißt: Allem mit Ehrfurcht begegnen,
was schwach und verletzlich ist.
Aufmerksam sein für alles, was glücklich macht.
Es gibt keinen Frieden in der Welt,
wenn es keinen Frieden gibt
in deinem und in meinem Herzen.

Mehr Menschlichkeit

Trotz allem Wohlstand in unseren Ländern
ist für viele Menschen das Leben ein Kreuzweg.
Sie werden enttäuscht, betrogen, beleidigt,
geschlagen, verachtet und verstoßen.
Warum tun Menschen das einander an?

Briefe, Anrufe, Gespräche versetzen mich in den Dschungel,
in dem Menschen einander quälen und zur Verzweiflung bringen.
Wenn ich dann ohnmächtig bei den Opfern sitze, die am Ende
ihrer Kräfte sind, dann möchte ich in diesen Dschungel schreien:

Zurück, Menschen!
Zurück zum einfachen Leben
zu einem menschlichen Leben.

Unsere kalte Welt braucht Wärme.
Die Menschen sehnen sich
nach einem verständnisvollen Wort,
einer liebevollen Geste.
Sie warten auf ein fröhliches Gesicht,
sie hungern nach Zärtlichkeit,
nach mehr Menschlichkeit.

Sei ein Segen für die Leidenden,
die in ihrer Verlassenheit
einen Mitmenschen suchen,
eine behutsame Hand,
ein mitfühlendes Herz.

Frei von Begierden

Herr, mach mich frei von meinen Begierden,
denen ich verfallen bin und die mich krankmachen.
Mach mich frei von meinen Einbildungen,
die mich entstellen, die mich so hässlich machen.

Herr, mach mich frei von meiner Habgier,
die mich betrügt und so gemein macht.
Mach mich frei von der Sucht nach Dingen,
die meinen Hunger doch nicht stillen.

Ich habe zwei Augen,
kostbar wie Diamanten,
einen Mund, um zu pfeifen,
und eine Gesundheit,
die ist nicht zu bezahlen.

Herr, das ist mir genug.

Ich habe eine Sonne am Himmel
und ein Dach über dem Kopf.
Ich habe einen Tisch und zu essen.
Und Menschen, die ich lieben kann.

Herr, das ist mir genug.

Habgierige haben niemals
Frieden mit Habgierigen.

Sie streiten wie die Hunde
um jeden Knochen,
auch wenn er aus Holz ist.

Wir müssen Abschied nehmen

Wer würde das nicht kennen:
Abschiedsszenen an der Haustür,
auf dem Bahnsteig, im Krankenzimmer
oder wo auch immer.
Menschen, die sich die Hand geben,
sich umarmen, alles Gute wünschen,
noch eine Weile winken.

Immer ist das ein großer Schmerz
oder eine leise Wehmut.
Wir müssen uns trennen.
Abschied ist aber nur die eine Seite,
die andere heißt Aufbruch.
Das ganze Leben des Menschen
steht in dieser Spannung.

Wir müssen loslassen, um Halt zu finden.
Wir müssen weggeben, um zu gewinnen.
Wir müssen fortgehen, um heimzukommen.

An den Tod denken

Ein unheimlicher Gedanke.
Wir sind für das Leben gemacht
und müssen doch sterben.
Hand in Hand mit der Freude am Leben
geht die Angst vor dem Tod. Im Spiel
des Lebens ist er der Spielverderber,
der überall mitmischt. Wir werden ihn
nicht los. Keiner kommt mit ihm zu Rande.

Halten wir uns den Tod ruhig vor Augen,
dann bekommen wir einen neuen Blick.
In jeder Angst vor dem Tod liegt auch
ein Keim der Hoffnung auf Leben.
An den Tod denken muss nicht lähmen.
Wir leben intensiver, konzentrierter.

Wenn du glauben kannst an einen Gott,
der dich gern hat, nicht nur wenn du lebst,
sondern noch mehr, wenn du stirbst,
dann heißt sterben:

*Wie ein Kind heimfinden zum Vater,
in ein Land, wo alles gut ist,
wo das Leben endgültig beginnt
in einem ewigen Jetzt.*

Nicht der Tod hat
das letzte Wort,
sondern eine
unbegreifliche Liebe.

Unvorstellbare Begegnung

Was geschieht in jenem Augenblick, in dem alles stillsteht,
alles aufhört, kein Herzschlag und kein Atem mehr,
in dem alles endgültig ist und den wir Tod nennen?

Am letzten Tag meines Lebens, will ich sagen,
auch wenn ich nicht mehr reden kann:

Alles ist gut. Ich bin nicht tot.
Ich bin nur am anderen Ufer.
Die Erde kann mir nichts mehr zuleide tun.
In Gott sind alle Wünsche erfüllt.
Mein Glück ist vollkommen.

Ich lebe. Ich bin im Frieden,
wenn ich geborgen bin in den Armen
eines unendlich lieben Gottes.

Den Himmel im Herzen

Ich liebe das Christentum.
Ich liebe den Gott
des Christentums.
Den Gott der Kleinen,
Armen und Schwachen.
Den Gott aller
wunderbaren Menschen,
aller Frauen und Männer,
die die Erde
bewohnbar machen
und den Himmel
im Herzen tragen.

Ein Paradies

Die Erde, ein wunderbarer Wohnplatz.
Alles Leben ist dem Menschen anvertraut.
Er darf Gärtner sein in einem Paradies.

Es besteht ein geheimnisvoller
Zusammenhang von allen Wesen
in der ganzen Schöpfung.
Die Menschen, die Tiere, die Bäume
atmen dieselbe Luft,
leben von derselben Sonne
und ernähren sich von den Früchten
derselben Mutter Erde.

Eine fantastische Liebe
ist eingebaut in die Schöpfung.

Eine zärtliche Hand,
eine sanfte Geste,
eine stille Umarmung.
Sie geben zu verstehen:
Ich fühle mit dir.
Du bist nicht allein.

Trost

Jeder weiß, wie das ist, wenn man traurig ist.
Gewöhnlich hat man Gründe: eine bittere Enttäuschung,
ein schlimmer Fehler, ein schwerer Verlust.
Wir sind wie gelähmt. Alles ist so trostlos.

An Tagen tiefer Trauer, kann man nicht einfach sagen:
Es wird schon wieder werden, das Leben geht weiter.
Trösten heißt nicht beschönigen und verharmlosen,
sondern unaufdringlich nahe sein, mitfühlen, mitleiden
und vor allem mithoffen. Trost wurzelt im Vertrauen.
Darin finden wir trotz aller Erschütterungen Halt.

Eine Quelle des Trostes können auch
die Wunder der Schöpfung sein:
eine Blume, ein Baum, ein Bach, ein Vogel,
ein Sonnenstrahl, ein Stern in der Nacht.
Wortlos können sie für uns Botschafter
der Zustimmung zum Leben werden.

Wir schöpfen neue Kraft, zu tun, was zu tun ist,
hinzunehmen, was wir nicht ändern können,
und bei allem Leid dennoch getrost zu leben.

Segen eines alten Menschen

Gesegnet seien, die verstehen,
dass meine Füße langsam geworden sind
und dass meine Hände zittern.
Gesegnet seien, die daran denken,
dass meine Augen nicht mehr gut sehen,
dass meine Ohren schwer hören.
Gesegnet seien, die nicht schimpfen,
wenn ich etwas fallen lasse,
und die mir helfen, meine Sachen zu finden.
Gesegnet seien, die mich anlachen,
die ein Schwätzchen mit mir halten.
Gesegnet seien, die meine Schmerzen lindern
und auf meine Krankheit Rücksicht nehmen.
Gesegnet seien, die mich Liebe fühlen lassen
und die zärtlich mit mir umgehen.
Gesegnet seien, die bei mir bleiben,
wenn ich den Weg in die Ewigkeit gehe.

Gesegnet seien alle, die gut zu mir sind.
Sie lassen mich an den guten Gott denken.
Und ich werde sie bestimmt nicht vergessen,
wenn ich einmal bei ihm bin.

Alt werden mit einem jungen Herzen

Nicht nur die Jugend ist schön. Auch älter und schwächer
gewordene Menschen sind wertvolle Menschen.
In ihnen ruhen Schätze. Sie können zeigen,
was das Leben des Menschen kostbar macht.

Freilich gibt es bei den Älteren nicht wenige,
die an allem etwas auszusetzen haben,
die verbittert und mit allem unzufrieden sind.

Aber es gibt zum Glück auch andere: Menschen,
die sich mit dem, was sie nicht mehr können,
versöhnt haben und die aus allem,
was ihnen noch möglich ist, das Beste machen.

Sie freuen sich über alles Gute der Vergangenheit,
sie können das Schöne in der Gegenwart dankbar genießen,
und sie schauen voller Hoffnung in die Zukunft.

Was ist das Geheimnis dieser Menschen,
bei denen Groß und Klein sich wohlfühlen
und die für ihre Umgebung ein Segen sind?

Sie haben sich ein junges Herz bewahrt.

Mensch sein,
ein guter Mensch sein –
das ist das einzige
wirklich Wichtige
in dieser Welt

Der Leib, eine wunderbare Gabe

Mit deinem Leib bist du gegenwärtig: sichtbar, greifbar, fühlbar.
Mit deinen Augen kannst du lachen und weinen.
Mit deinem Kopf kannst du denken, träumen, dich erinnern.
Mit deinem Mund kannst du essen, sprechen und singen.
Mit deinen Händen kannst du streicheln, arbeiten, schreiben.
Mit deinem Herzen kannst du lieb haben, zärtlich sein, trösten.

Der Leib ist eine wunderbare Gabe.
Der Leib ist ein Wagen der Liebe.
Ein gutes Wort ist möglich, weil du einen Mund hast.
Eine sanfte Gebärde, weil du Hände hast.
Ein liebevoller Blick, weil du Augen hast.

Der Leib braucht Wärme.
Liegt er zu lange im Eisschrank,
dann wird er starr und kalt.
Das pulsierende Leben stirbt ab.
Verbindungen zu anderen hören auf,
und der Mensch fällt tot
auf sein eigenes Ich zurück.

Lass dich fangen vom Wunder des Lichts,
vom Wunder des Lebens.
Sieh die Lerche, wie sie hoch am Himmel singt.
Weißt du warum? Weil die keine Miete zahlt.
Sieh in den Himmel und singe,
weil dir die Sonne umsonst scheint.
Mach dich zum Leben auf! Lebe!
Freude wird dein Herz erfüllen.

Leben heißt:

Menschen und Dinge umarmen
und wieder loslassen,
dass sie grünen und blühen
vor Gottes Angesicht.

Leben heißt:

dankbar sein für das Licht
und für die Liebe,
für die Wärme und Zärtlichkeit,
die in Menschen und Dingen
so einfach gegeben sind.

Leben heißt:

alles ansehen als Gabe Gottes,
alles seine Gabe sein lassen,
nichts und niemand besitzen
und jauchzen über jeden Stern,
der vom Himmel fällt.

**Liebe. Keine Erfindung von Menschen.
Eine Erfindung Gottes.**

Der Weg des Saatkorns

Jedes Saatkorn ist ein reiches Versprechen,
es trägt eine ganze Welt in sich.
Es trägt das Versprechen des blühenden Korns
über goldgelben Feldern: Scheunen voll Korn,
Brot für die Menschen.

Ein Saatkorn ist wie ein Gebet
eines Menschen in der Nacht.
Es liefert sich an geheimnisvolle Kräfte
der Mutter Erde aus, wo es
in einer stillen Umarmung sterben wird,
um zu neuem Leben aufzubrechen.

Das Saatkorn. Das große Geheimnis
von Leben und Sterben,
von Stille, Einfachheit, Verborgenheit.
Es überlässt sich der Dunkelheit der Erde,
es fühlt die Wärme der Sonne,
es trinkt den Segen des Regens.
Das Saatkorn sieht die Ähre nicht,
aber es glaubt daran.

Der Weg des Saatkorns
ist der Weg jedes Menschen
zur Fruchtbarkeit und Reife.

In der Stille

Wenn du müde geworden ist
vom Laufen nach den Sternen,
um den Menschen in der Nacht
ein wenig Licht zu bringen,
dann setz dich in der Stille nieder
und lausche auf die Quelle.
Wenn du tief genug vordringst
zum Kern der Dinge, bekommst du Augen,
um unsichtbare Dinge zu sehen,
und Ohren, um lautlose Dinge zu hören.

Es gibt Sterne in der Nacht,
die wir noch nie gesehen haben.
Wenn es noch dunkler wird, sehen wir sie.
Hoffnung ist da, ein Ausweg,
denn du siehst weiter.
Du schaust wieder nach oben.

Immer ist ein Weg da

Es gibt Vögel, die sitzen gefangen im Käfig,
und dennoch singen sie.
Du warst ein fröhlich zwitschernder Vogel,
nun sitzt du da mit einem gebrochenen Flügel.
Alles ist festgefahren, alles ist dunkel.
Du weißt nicht mehr, ob du noch leben willst.

Aber dein Geist ist stärker als dein Leib.
Er zündet wieder ein Licht an,
vielleicht nur ein kleines Kerzenlicht.
Aber du siehst doch wieder etwas.
Und dann sind Freunde, Freundinnen da,
dein Mann, deine Frau, deine Angehörigen:
Sie alle brauchen dich und dein Lächeln,
deine Gegenwart, deine Zuneigung.

Immer ist ein Weg da.
In jedem Stern ist so viel Licht,
in jeder Nacht sind so viel Sterne,
dass sich immer noch ein Weg finden lässt
und dass wir für jene, die nichts mehr sehen,
zu einem Weg werden können.

Vergiss das Gute nicht

Es gibt Menschen, die sitzen immer im Keller.
Jeder Rückschlag wird zu einer Katastrophe.
Das kleinste Leid versetzt sie in Panik.
Sie haben die Angewohnheit, alles zu dramatisieren:
Mir geht alles schief, ich habe einfach kein Glück.

Vergiss das Gute nicht, das dir jeden Tag
Freude machen kann. Es gibt tausend kleine
schöne Dinge, auf die du nicht mehr achtest.
Versauere dir nicht länger deine Tage
mit schlechter Laune und leidendem Gesicht.

Versöhne dich mit dem Leben,
wie es nun einmal ist.
Irgendwo bleibt uns immer
eine kleine Freude.

Wenn Geld zu einem Gott wird

Geld ist etwas Gutes. Für die meisten Menschen
bedeutet Geld das tägliche Brot, den Lebensunterhalt.
Jeder will es haben. Das ist ein gutes Recht.
Aber wenn jeder so viel wie möglich haben will,
fangen die Konflikte an, beginnt das Unglück.

Der Kampf ums Geld wird zu einem Tanz
ums goldene Kalb. Vor dem Götzen Geld
gehen Menschen in die Knie.
Es wird für sie zu ihrem höchsten Wert.
Geld macht Menschen skrupellos, sie fangen an,
andere ausbeuten und zu erpressen.

Die Gier nach Geld erstickt die Menschlichkeit.
Wegen des Geldes zerbrechen Familien
und Freundschaften, werden Menschen versklavt,
wird der Reichtum dieser Erde zerstört.

Reichtum des Herzens

Auch der reichste Mensch stirbt arm.
Das einzige, was er mitnehmen kann,
ist der Reichtum seines Herzens:
die Liebe, mit der er Menschen geliebt hat.

Reichtum des Herzens: ein Lächeln,
ein Händedruck, eine freundliche Geste,
ein fröhliches Wort, eine helfende Tat.

Der Graben, der so viele Menschen trennt,
ist der Graben zwischen Arm und Reich.
Es gibt Menschen, die schwimmen im Geld.
Andere können kaum ihren kleinen Zeh
ins Wasser stecken. Und doch sind diese anderen
den großen Schwimmern meistens im Weg.

Glück und Geborgenheit
kannst du nicht kaufen,
das Wichtigste bekommst du
geschenkt.
Liebe gibt es nur umsonst.

Mitten im Leben

Mitten im Leben steht der Tod.
Niemand will ihn sehen,
niemand will mit ihm zu tun haben.
Sterben ist unheimlich, wenn du
blindlings in ein Land gehst,
an das du noch nie gedacht,
von dem du noch nie geträumt hast.

An den Tod denken wirkt befreiend,
wenn man glauben kann an ein ewiges Leben.
Es öffnen sich ungeahnte Ausblicke.
Das Leben endet nicht in einem
dunklen Loch. Es gibt Zukunft
für das wunderbare Wesen Mensch.

Wenn du alt wirst, weißt du
mit absoluter Sicherheit,
dass du auf den Rand der Welt zugehst
und eines Tages fallen wirst,
schwindelerregend tief, und doch:

Lass dich ruhig fallen,
denn du fällst in die offene Hand
und in die zärtlichen Arme
eines unendlich lieben Gottes.

Wir werden von allen Wunden geheilt,
auch von der tiefsten Wunde, dem Tod.

Das Licht der Liebe

Zu den größten Wundern gehört das Licht,
auch wenn es uns selbstverständlich erscheint.
Nur im Licht der Sonne kann Leben gedeihen.
Alles, was lebt, braucht Licht,
sehnt sich nach Licht, wächst ins Licht.

Zum Leben des Menschen gehört Licht am Tag,
aber auch Dunkel in der Nacht,
tätiges Wachsein und erholsamer Schlaf.
Und zum Leben gehören auch Schattenseiten:
nicht nur Freude, sondern auch Leid,
die dunkle Last des Versagens,
die Verfinsterung durch das Böse.

Sosehr wir auch immer wieder versuchen,
das Dunkle zu verdrängen und zu verleugnen,
zuletzt bleibt uns nur dieser eine Weg:
Schatten annehmen und auf Licht hoffen,
auf das Licht aus der Höhe,
das in die Finsternis leuchtet,
sie durchdringt und verwandelt.

Das Licht der Liebe
wird alles
durchdringen.

Kostbare Erinnerungen

Eine Muschel, eine getrocknete Rose, ein abgegriffener Teddybär, eine vergilbte Postkarte, ein altes Foto – alles keine großen Wertgegenstände, und dennoch hängen wir an ihnen. Warum sind sie für uns so kostbar? Sie erinnern uns an Ferienfreuden, an eine Begegnung voller Liebe, an unvergessliche Kinderjahre, an Vater und Mutter, an eine lebensentscheidende Stunde. Alles kostbare Erinnerungen.

Kostbare Erinnerungen sind durchzogen
von goldenen Fäden der Liebe
So bilden sie ein krisenfestes Kapital
für die Zukunft und bringen Zinsen
in Form von Lebensmut und Optimismus.
Sie sind wie ein Geländer
von der Vergangenheit in die Zukunft,
Halt gebend und Weg weisend.

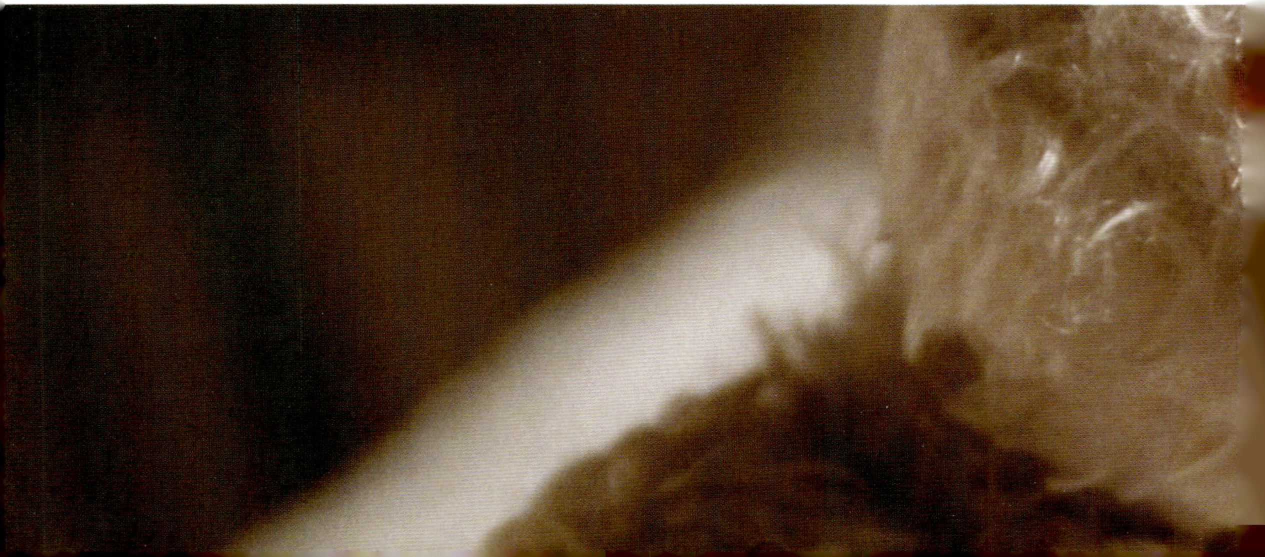

Aber es gibt auch andere Erinnerungen: Misserfolge, die wir erlebt haben, Verletzungen, die uns angetan wurden, Versagen, das wir uns eingestehen müssen. Schlimme Dinge, von denen wir betroffen, an denen wir beteiligt waren. Wohin mit den belastenden, den dunklen Erinnerungen?

Es kann eine Hilfe sein, mit erfahrenen Menschen
über das zu sprechen, was uns in der Seele weh tut.
Darüber hinaus ist es zutiefst menschlich,
sich an das göttliche Du zu wenden
und sich seiner heilenden Liebe anzuvertrauen.
Wenn wir unser Leben in seine Hände legen,
kommt es zu einer Erfahrung die unglaublich scheint:

Gerade meine schwersten Erinnerungen
können meine kostbarsten werden.

Für die Freude gemacht

Alle Menschen suchen Freude. Aber finden wir sie auch?
Wird unsere Suche nach Freude nicht immer wieder
von Leid durchkreuzt? Statt Lebensfreude Todesängste?
Oder gehört beides vielleicht doch enger zusammen,
als wir gewöhnlich meinen?

Freude hängt mit Verwandlung zusammen. Wenn Hunger gestillt,
Probleme gelöst, Krankheiten geheilt werden, freuen wir uns.
Freude hängt mit Liebe zusammen. Wo Liebe gesät wird,
wächst Freude. Sie ist die Frucht der Liebe.

Eines Morgens wirst du
auf deinem Weg einem Engel begegnen.
Er wird dir einen weißen Stein geben,
auf dem ein neuer Name steht,
dein eigener Name, so wie er
geschrieben ist in Gottes Hand.
Da wirst du überglücklich sein.

Menschenkind,
Kind des Lichtes,
Kind der Sonne,
Kind der Liebe,
Kind Gottes.

Mein Gebet

Wenn ich müde bin vom Weg zu den Sternen,
um den Menschen in der Nacht ein bisschen Licht zu holen,
dann setze ich mich in die Stille, und ich finde dich, mein Gott.
Dann lausche ich der Quelle, und ich höre dich.
Ganz tief in mir selbst und in allem, was um mich ist,
spüre ich ein großes Geheimnis.

Gott, für mich bist du ganz nah.
Für mich bist du da, spürbar, greifbar gegenwärtig.
Gegenwärtig bis du in mir, mehr als die Luft
in meinen Lungen, mehr als das Blut in meinen Adern.
Gott, mein Gott, ich glaube an dich.
So wie der Blinde an die Sonne glaubt,
nicht weil er sie sieht, sondern weil er sie spürt.

Lieber Gott, in Jesus hast du mich spüren lassen,
wie viel du von mir hältst. Wie sehr du mich liebst!
Deine Liebe zu mir hast du in die ganze Natur gelegt
und in die Menschen, die um mich sind.
Du bist ein Gott der Liebe.

Mit tausend Händen streichelst du mich.
Mit tausend Lippen küsst du mich.
Mit tausend Früchten speist du mich.
Auf tausend Flügeln trägst du mich.
Bei dir bin ich zu Hause wie ein Kind.

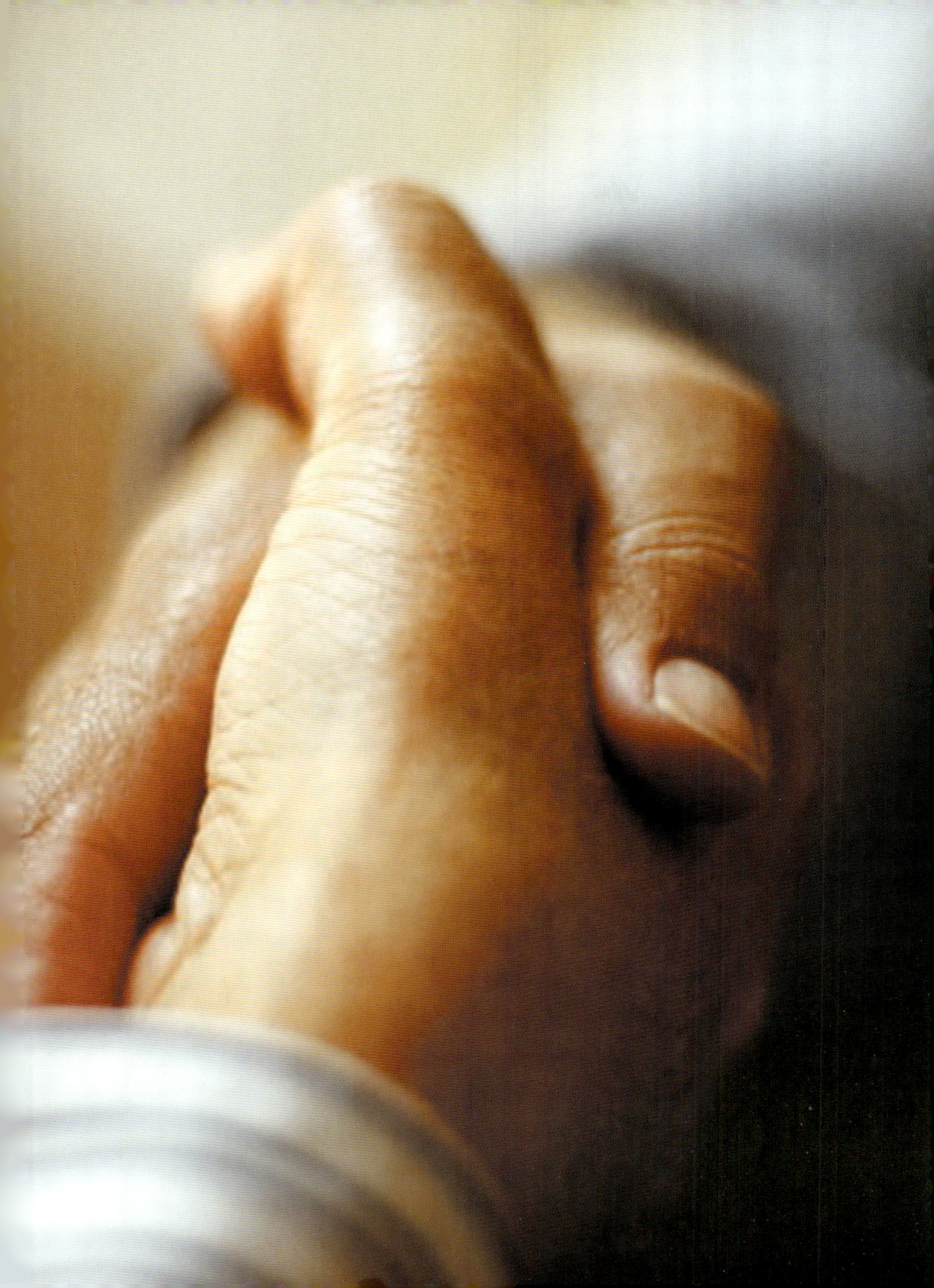

Gott, meine Oase

Ich weiß, dass in der Oase alles am Wasser liegt
und dass eine Wüste nur blühen
und fruchtbar sein kann, wenn Wasser da ist.
Ich weiß, dass die Oase des Menschen
in der Liebe liegt und dass Liebe der Ursprung ist
von allen Oasen unter den Menschen,
und ich glaube, dass Gott Liebe ist.

Wenn du in der Wüste des Lebens
irgendwo Liebe findest, wahre Liebe,
dann geh mit der Liebe mit,
und du kommst zur Quelle aller Liebe,
zu Gott, der großen Oase
für Zeit und Ewigkeit.

Wüstentage und Oasentage

Wie sehr wir auch Gott als Oase erfahren haben,
solange wir Menschen auf Erden sind, gibt es Wüstentage.
Wahre Oasentage sind eher selten. Häufiger erleben wir
die Welt als eine Wüste. Leere, Dürre, Öde um uns herum.
Verlassenheit, Armseligkeit, grenzenlose Ohnmacht.

Um Gott nahezukommen, um in Gott hineinzugehen
wie in eine Oase, müssen wir bereit sein, alles loszulassen.
Alles Loslassen heißt nicht, wir müssten die Augen
und alle Sinne zumachen vor dem Schönen und dem Guten,
den Herrlichkeiten und dem Wunder dieser Welt.
Im Gegenteil. Loslassen lehrt besser und klarer sehen.

Im Schatten der Liebe Gottes habe ich
Verlieren gelernt, so verlieren, dass ich
zum Schluss nichts mehr zu verlieren hatte.
Danach sollte ich alles gewinnen.
Was ich am meisten gewann, war Lebensfreude,
die Freude am Leben und die Freude an Gott,
der mir alles gegeben hat.

In allem,
was der Mensch erlebt und erleidet,
begegnet ihm das Geheimnis
des Unergründlichen
und erfüllt jeden Augenblick
unseres Daseins
mit seiner unaufdringlichen Gegenwart.

Aufgerichtet

Spüren Pflanzen die Sonne,
richten sie sich auf.
Spüren Menschen ein Herz,
können sie aufatmen.

Spüren Menschen die Sonne,
glauben sie wieder an das Licht.
Menschen werden aufgerichtet
und haben wieder Mut.

Spüren Menschen ein Herz,
glauben sie wieder an Menschen
und teilen miteinander
das Brot der Freundschaft.

Blumen haben keine Hände.
Sie wachsen. Sie blühen.
Sie geben, was sie sind:
Schönheit und Freude.

Danke!

Menschen waren gut zu mir. Sie sorgten für mich,
als ich klein war. Sie begleiteten mich, als ich größer wurde.
Sie machten mir Mut, als es mir schlecht ging.
Sie waren froh, weil ich froh war. Mein Herz vergisst das nicht.
Das Gedächtnis des Herzens heißt Dankbarkeit.

Danken heißt erkennen, was dir alles Gutes getan wird.
Hast du dir selbst das Augenlicht gegeben?
Hast du dir selbst die Finger an die Hand getan?
Irgendwie ist da ein Geheimnis der Liebe eingebaut.
Irgendwo hat dich jemand unglaublich gern.

Sag danke, kleiner Mensch,
für den Strom der Liebe
der in der Stille durch die Welt geht.

Leben jeden Tag

365 Vitamine für das Herz
978-3-451-32142-9
Für jeden Tag des Jahres ein inspirierender Text von Phil Bosmans.

Zum Glück zu zweit

978-3-451-27984-3
Vitamine für alle, die gemeinsam durchs Leben gehen. Phil Bosmans fasst in Worte, was als Sehnsucht und unzerstörbare Hoffnung in jeder Beziehung liegt.

Vergiss nicht zu leben

Gespräche zum Menschsein
978-3-451-29030-5
Der große Interviewband mit zahlreichen Fotos aus dem Leben von Phil Bosmans. In diesem Buch spricht er über die Erfahrungen seines reichen Lebens.

Dieses Buch beruht auf den Büchern von Phil Bosmans,
die alle von Ulrich Schütz ins Deutsche übertragen wurden
und im Verlag Herder, Freiburg im Breisgau, erschienen sind.

Der Auswahl liegt zugrunde die Textzusammenstellung
„Menslief, leef met je hart. De mooiste vitaminen voor het hart“
die im Verlag Lannoo, Belgien, erschienen ist:

Für die deutsche Ausgabe von Ulrich Schütz
neu arrangiert und bearbeitet

www.herder.de

Umschlagmotiv:
© Samuel Burt, iStockphoto.com

Layout und Fotomaterial des Innenteils:
© 2010, Uitgeverij Lannoo nv
Originaltitel: „Menslief, leef met je hart. De mooiste vitaminen voor het hart“
www.lannoo.com

Umschlaggestaltung und Innensatz:
Weiß-Freiburg GmbH – Graphik und Buchgestaltung

Printed in Slovenia
ISBN 978-3-451-32802-2